本研究是湖北第二师范学院人才引进科研启动经费项目（项目编号 18RC07）的研究成果，受到湖北第二师范学院"马克思主义"重点学科建设的出版资金资助

麦考莱史学思想研究

A STUDY ON
THE HISTORICAL THOUGHT
OF MACAULAY

刘志来　著

中国社会科学出版社

图书在版编目（CIP）数据

麦考莱史学思想研究／刘志来著. —北京：中国社会科学出版社，
2019.12
ISBN 978 - 7 - 5203 - 5915 - 3

Ⅰ.①麦… Ⅱ.①刘… Ⅲ.①麦考莱（Macaulay，Thomas Babington
1800 - 1859）—史学思想—研究 Ⅳ.①K095.61

中国版本图书馆 CIP 数据核字（2020）第 021437 号

出 版 人	赵剑英
责任编辑	宋燕鹏
责任校对	张依婧
责任印制	李寡寡

出 版	中国社会科学出版社
社 址	北京鼓楼西大街甲 158 号
邮 编	100720
网 址	http://www.csspw.cn
发 行 部	010 - 84083685
门 市 部	010 - 84029450
经 销	新华书店及其他书店

印 刷	北京明恒达印务有限公司
装 订	廊坊市广阳区广增装订厂
版 次	2019 年 12 月第 1 版
印 次	2019 年 12 月第 1 次印刷

开 本	710×1000 1/16
印 张	18.5
字 数	273 千字
定 价	98.00 元

凡购买中国社会科学出版社图书，如有质量问题请与本社营销中心联系调换
电话：010 - 84083683

托马斯·巴宾顿·麦考莱（1800—1859）

序

最初接触麦考莱的名字，应该是在上中学的时候。那时正处于改革开放初期，我几乎像所有喜欢读书的年轻人一样，在那个知识和书籍极端匮乏的年代，贪婪地阅读和抄录着所能找到的一切新鲜的书籍和名言警句。在我至今犹存的一个摘录了众多名家名言的蓝色封面的笔记本中，记录了这样一句话："在真相肯定永无人知的情况下，一个人的所作所为，能显示他的品格"——托马斯·巴宾顿·麦考莱（笔记本如此书写）。当时就觉得这句话说得特别好，直到后来考上大学历史系，做了大学历史教师之后，方知中国儒家"慎独"的意思与其基本类似，甚至比麦考莱的话拥有更丰富的含义。后来得知麦考莱是一位历史学家。但从未预料：若干年后，我竟然成为历史专业的学生和教师；更没想到：我指导的史学理论与史学史专业博士研究生刘志来竟然能选择麦考莱作为博士毕业论文的选题。

刘志来，湖北鄂州人氏。2004 年考入东北师范大学历史系，他给我的印象是性情纯良，安静温和，清澈的眸子辉映着白皙的脸庞，平日里总是在默默地读书。2008 年，因其学业优良，免试推荐为硕士研究生。据志来日后所言，是因为本科阶段喜欢我讲的思想史课程而选择了我和我所从事的史学理论和西方史学史专业。他对史学理论与西方史学史专业的喜爱痴迷肯定胜过我这个术业不专一的老师，竟一路本硕博读下来，终于在 2015 年博士毕业。刘志来的博士毕业论文，在答辩时就得到了答辩委员会主席中国世界近代史研究会会长阎照祥教授的高度肯定，评阅书的结论写上了"答辩委员会一致认为这是一篇优秀的博士毕业论文"的字样。日后的 2016 年吉林省高等院校优秀博士学位论文评选中，志来的博士论文如愿被评为吉林省优秀博士学位论文。2018 年，这篇论文又被中国社会科学出版社选中，予以公开出版。毕业之后坚持回到家乡湖北，服务于湖北第二师范学院的志来，顾念师生之谊，邀我写序，令我心中喜慰，与有荣焉。

托马斯·巴宾顿·麦考莱（Thomas Babington Macaulay，1800－1859）不仅是一位杰出的历史学家，更是一位近代世界历史上著名的政治家。麦考莱出身于一个具有虔诚宗教氛围的中产阶级家庭。从小具有惊人的文学禀赋和兴趣，18 岁进入剑桥大学三一学院后，虽然攻读的是法律专业，但依然初心不改，对文学和古典学术兴趣盎然，这极可能使他养成了酷爱自由，崇尚平等的人文精神。或许是由于人文精神本身固有入世情怀，或许是从他那担任过塞拉利昂总督的父亲身上继承了政治基因，麦考莱投身政界并且获得成功。由英国的市议员到驻印度总督参事会法律委员，麦考莱在印度，积极支持废除奴隶制度，支持出版自由以及欧洲人和印度人在法律面前平等，创立西方式的英语教育制度。1839 年麦考莱出任墨尔本内阁国防大臣，在任期间，恰逢中英"鸦片战争"，麦考莱积极主张对华开战。

至此，我们都会意识到麦考莱对中国的意义。可以说，麦考莱是西方文明打开闭关锁国的近代中国大门的先行者和最重要的叩门人之一！毋庸讳言，若无西方文明对古老的印度文明、中国文明的冲击，中国和印度今天绝对不是现在的景状。抛却对西方入侵者的主观动机的考量，单就客观后果看，正是以麦考莱为代表的西方文明，促使中国走向近现代。麦考莱对印度、对中国、对东方文明、对西学东渐的影响都是重大而深远的。

麦考莱另外给人以深刻印象的是他辉格党人的自由的帝国主义思想和他对宪政的推崇。麦考莱的《英国史》始于 1688 年英国"光荣革命"，计划写至乔治三世去世为止。麦考莱对英国"光荣革命"赞美备至，因为这场革命确立了议会至高无上的政治地位，这场革命对英国具有无比的重要性。麦考莱的这一观点深深影响了以后的世界历史教学。

对于中国这个具有几千年专制传统，崇尚运用暴力进行王朝更替的国度，麦考莱对传统王权与近代民主因素相结合的妥协革命观及其对宪政的颂扬，对我们中国的社会主义民主法治建设，无疑具有借鉴价值。

麦考莱以其文学家的文笔，气势磅礴、洋洋洒洒地书写了这本《英国史》，我的感觉是：麦考莱的书写风格几乎不见职业历史学家对事实本身真伪的质疑与探究，而更多的是对认定的事实进行胸有成竹、高屋建瓴式的叙述与评论，加之语言精练，文辞流畅，读起来引人入胜，全无大多数史书的枯燥乏味。当然，这仅是我的一孔之见，若想深入了解麦考莱其人和他的《英国史》，还是应该认真阅读刘志来的这本书。

志来的这本著作，无论是对麦考莱辉格史学思想的内容、麦考莱历史书写的浪漫主义风格，还是对麦考莱的帝国观念、他对英国史学大众化所做的贡献，志来都作出了自己的解释和论述，尽管不能臻于完美，但肯定值得阅读。

是为序。

周巩固

2019 年 2 月于长春伟峰东樾

目　　录

绪　　论

第一节　重读麦考莱的意义

托马斯·巴宾顿·麦考莱（Thomas Babington Macaulay，1800 – 1859，也译为马考莱）是 19 世纪中叶英国著名的历史学家、文学家和政治家。麦考莱的五卷本《英国史》主要记述了自 1685 年詹姆士二世继位到 1702 年威廉三世去世期间不到 20 年的一段历史，作者以详尽的史实和生动的文笔，提供了有关光荣革命这一英国历史上的重要事件的经典叙述和解释。麦考莱也因此跻身 19 世纪乃至英国史学史上一流史家的行列。据 19 世纪英国文化界和政治生活中颇有影响力的阿克顿勋爵的说法，英国史家威廉·斯塔布斯、德国著名历史学家蒙森在被问及从古至今全世界最伟大的历史学家的问题时，都首先提到了麦考莱。[①]可见麦考莱在比其小一两辈的杰出的职业历史学家心目中的崇高地位。20 世纪初期的英国史家乔治·古奇（George P. Gooch）在研究 19 世纪史家的专著中给予麦考莱的《英国史》高度评价，称其为"自吉本以来用英语写成的最伟大的历史著作"[②]。对于今日西方学术界而言，麦考莱关于光荣革命的一些史实的叙述不太准确，观点也并不深刻，被后

---

① ［美］J. W. 汤普森：《历史著作史》，下卷第三分册，孙秉莹、谢德风译，商务印书馆 1996 年版，第 478—479 页。

② ［英］乔治·古奇：《十九世纪历史学与历史学家》，耿淡如译，商务印书馆 1997 年版，第 494 页。引文对原译文有所改动。英文原版出版于 1913 年，1952 年再版。

世的研究成果超越或取代是在所难免的。麦考莱的《英国史》很可能静静地躺在个人或图书馆的书架上，布满灰尘，鲜有人问津。麦考莱的历史著作还有历史价值吗？这可能是萦绕在众多读者心中的疑问。美国历史学家格特鲁德·希梅尔法布（Gertrude Himmelfarb）在她梳理 20 世纪历史学家、史学流派的著作中也提出了这一问题——"现在谁读麦考莱？"这也是她收录的一篇文章的题目。希梅尔法布精辟地指出，麦考莱为未来的人们提供了理解"维多利亚时代的社会的标本"①。史家、史著和时代三者相互联系，史家通过史著表达对时代的看法，时代又会在史著中留下烙印。历史著作可以折射史家所处的社会风貌、时代特征，透过麦考莱的热情洋溢的文字我们能够感受到 19 世纪英国人乐观自信、热爱自由的时代精神，高扬自由观念是包括麦考莱在内的英国诸多史家著述的精神内核。

作为一位才华横溢的历史学家，麦考莱的历史著作以可读性强著称。近些年国内学术界不遗余力地译介西方经典著作。在笔者撰写本书时，麦考莱《英国史》有两个不同版本的中译本陆续问世。国内译者青睐这本书，一方面说明学术界非常看重这本著作的学术价值，另一方面也可能是人们发现麦考莱的文笔优美，便以为以叙述见长的历史著作有更广阔的市场前景。不过，阅读麦考莱的著作并非没有任何门槛。对于书中涉及的大量人物、地名、战争、宗教团体和历史事件，没有一定文化基础和历史知识背景的英国读者看后很可能也一头雾水，更遑论对英国历史文化传统陌生的国内普通读者。无论是 19 世纪还是今天并非任何人都有闲暇和能力阅读、鉴赏麦考莱的文字。翻阅麦考莱《英国史》的大多数人还是历史学专业的研究者，也有部分业余历史爱好者。那么作为中国学者，阅读和研究麦考莱有何意义呢？考察 19 世纪的英国史学发展情况，麦考莱是一位承上启下的关键史家。本研究希望填补国内英国史学史研究领域的薄弱环节。

首先，研究麦考莱的辉格史学思想有助于我们从整体上把握英国辉

---

① ［美］格特鲁德·希梅尔法布：《新旧历史学》，余伟译，新星出版社 2007 年版，第 183 页。

格史学的发展脉络、特征及其局限性。辉格史学是英国一个比较松散的自由主义史学派别，鼓吹自由进步，强调宪政制度和历史传统的连续性。19世纪初的麦金托什和哈兰被认为是辉格史学的先驱史家，麦考莱是19世纪中叶英国辉格史学的集大成者，继承了早期辉格史学的自由主义和连续性观念，其影响波及19世纪后期牛津学派的诸位史家。

其次，通过阐释和分析麦考莱浪漫主义史学思想及其表达形式，深化对历史学学科属性的认识，揭示历史著作广泛流传的文学因素。麦考莱的历史著作自出版后，收获大量好评，成为一部影响广泛的畅销书，这与他的浪漫主义的撰史风格和作品的艺术性有着重要关联。麦考莱认为历史学是一门偏向于艺术的学问，应该发挥想象在历史学中的重要作用，可以运用细节描写、戏剧化等文学手法和对比等修辞方法达到生动的表达效果。麦考莱鲜活、明晰和有力的文风为他赢得了广泛读者，阐明麦考莱文风的特征及其形成对于今日史家撰史不无启发意义。

再次，考察麦考莱的通俗史学实践可以帮助我们理解19世纪英国史学研究的科学化发展趋势以及20世纪以来英国的通俗史学研究。英国史学界的科学化和职业化进程起步较晚，直到19世纪后期才在阿克顿勋爵的大力提倡下加快发展的步伐。麦考莱是19世纪中期业余史家向职业史家，通俗史学向专业史学过渡的代表。他推动了历史知识的普及和史学的大众化。麦考莱既保留了英国文人史家重视历史叙述和表达效果的传统，也遵守了专业史家的基本研究规范，重视收集、整理档案史料和鉴别史料真伪。他的通俗史学写作范式成为20世纪以来英国通俗史学研究的源头。

最后，从麦考莱的帝国思想和立法实践可以管窥19世纪前期英帝国的殖民政策。麦考莱不仅是史学家和文学家，也是帝国的政治家。他做过英国政府内阁大臣，长期担任议会议员，还曾经出任英属印度总督参事会参事和印度公共教育委员会主席。他在印度期间参与了印度刑法草案的起草，并推动了印度的英语教育改革。他的这些改革措施对印度社会影响巨大，以至于他被后世称为"印度之子"。通过对麦考莱帝国观念的研究，我们能够加深对帝国主义实质和英国政府在19世纪前期对印度的统治政策的认识。

第二节　麦考莱的生平经历

麦考莱的人生经历颇为丰富，他因文才出名，进入议会下院，做过内阁大臣和英属印度殖民当局的官员。了解麦考莱的人生经历对于理解其史学思想的形成是十分必要的。[①]

一　少年以及中学时期

麦考莱 1800 年 10 月 25 日出身于英国中部莱斯特郡（Leicestershire）罗特莱（Rothley）的一个中产阶级家庭。他的父亲查可瑞·麦考莱（Zachary Macaulay，1768 – 1838）是一位苏格兰牧师的儿子，信仰福音派基督教，母亲萨琳娜·米尔斯（Selina Mills，死于 1831 年）出身于贵格派家庭。老麦考莱曾担任英属西非塞拉利昂殖民地的总督，1799 年返回英国与米尔斯结婚，婚后不久他们的家搬到了伦敦克拉彭区，一个聚集着许多宣传废奴思想、信仰福音派的工商业资产阶级人士的社区。麦考莱的童年就在伦敦克拉彭区度过。在福音派的宗教氛围中，麦考莱自幼熟读《圣经》，《圣经》的语言也塑造了他日后文章的风格。麦考莱在孩童时代表现出超出常人的文学天赋，9 岁多已经能作诗，还能够编写简单的世界史概览。麦考莱的母亲米尔斯温柔慈爱，与他的父亲查可瑞的严厉苛责形成鲜明对比。米尔斯没有因为儿子的过人禀赋就娇惯放纵他，对他的文章给出了精益求精的建议。"对自己的每一件事情深思熟虑，不要怕花费时间，也不要怕麻烦，尽可能使每一部

---

① 本书对麦考莱生平的介绍主要参考了下列文献：G. O. Trevelyan, *The Life and Letters of Lord Macaulay*, 2 vols, London：Longman, Green and Co., 1876；J. C. Morrison, *Macaulay*, London：Macmillan and co., 1882；William Thomas, "Macaulay, Thomas Babington, Baron Macaulay (1800 – 1859)," *Oxford Dictionary of National Biography*, Oxford University Press, 2004, online edn, January 2008〔http：//www.oxforddnb.com/view/article/17349〕。

分完善。"①父亲对麦考莱的管教颇为严厉，他不满麦考莱偏好文学，对儿子不当的言谈举止也有抱怨。1813 年到 1818 年，麦考莱被送到位于剑桥附近的小谢尔福德的一所由福音派牧师开办的中学。在中学期间，麦考莱勤奋地学习希腊语、拉丁语和数学等学科，他把课余时间用来孜孜不倦地阅读诗歌、散文，广泛地涉猎欧洲文学作品。

二　剑桥大学时期

1818 年，麦考莱进入剑桥大学三一学院学习。在大学期间，麦考莱继续中学时代的兴趣，沉浸于古典学术和法国、意大利等欧洲文学作品的海洋中。他厌恶科学，对数学一直不感兴趣。大学期间麦考莱多次获得学校的奖励。1820 年 4 月获得三一学院的奖学金，1821 年 3 月得到克拉文（Craven）奖学金，6 月获得表彰英语诗歌成绩的校长奖章。因为数学成绩不好，而通过数学考试是获得剑桥大学校长奖的必要条件，所以 1822 年 1 月麦考莱没有参加这项考试，最终他以一名普通学士的成绩从剑桥毕业。剑桥的学习时光带给青年麦考莱多方面的影响。首先，因为不精通数学，也厌恶思辨性的科学，麦考莱进一步发展了自己突出的文学特长，他后来在文学领域确实取得杰出的成就。其次，麦考莱锻炼了他的演说才能。麦考莱在剑桥辩论协会是一颗闪耀之星。他谈论问题滔滔不绝，与他人交流友善和直接，在离开剑桥之前获得了最佳健谈者的美誉。詹姆士·密尔（James Mill）这样评价麦考莱的口才："他给人的印象是，具有无穷的力量和天赋，他的天赋与其意志和性格相结合，似乎能统治世界"②。复次，麦考莱对基督教的基本教条产生怀疑，不再相信福音派的信条。麦考莱没有明确说明自己的宗教倾向，我们可以从他之后的著作中发现一些端倪。麦考莱肯定光荣革命期间国教徒的地位与作用，但他反对包括清教徒在内的一切形式的宗教狂热，欢迎关于天主教的解放法案。由此看来，麦考莱可能更倾向于天主教。

---

①　G. O. Trevelyan, *The Life and Letters of Lord Macaulay*, vol. 1, London: Longman, Green, and Co., 1876, pp. 31, 45.

②　Ibid., p. 76.

最后，在文学之外，麦考莱对政治的浓厚兴趣贯穿于他的一生。他起初倾向于托利党，后来转变成一个支持议会的辉格党人。在大学期间，麦考莱是一个坚定的自由主义者，并深受密尔功利主义哲学的影响。

三 在《爱丁堡评论》上崭露头角与初涉政坛

1822 年麦考莱大学毕业后，没有立即工作，而是进入林肯律师学院学习法律，不过他对法律的兴趣与他之前对数学的一样冷淡。1824 年 10 月，麦考莱被选为剑桥大学三一学院的研究员，开始了一段创作产量颇丰的时期。他不仅忙于法律事务的学习，积极参加剑桥辩论协会的活动，还为杂志撰写大量评论文章。早在 1823 年 6 月麦考莱就为《骑士季刊》（*Knight's Quarterly Magazine*）杂志撰稿。1825 年 1 月他发表了在《爱丁堡评论》（*Edinburgh Review*）杂志上的第一篇作品《论西印度的奴隶制》，由此开启他为这本辉格党机关杂志长期供稿的历程。他对奴隶制的抨击明显受到了他父亲的影响，查可瑞是伦敦废奴协会的领导人之一，废除奴隶制也成为麦考莱此后长期关注的目标。1825 年 8 月，麦考莱发表了使他声名大震的《论弥尔顿》（*Milton*）。从 1825 年到 1842 年，他几乎连年为《爱丁堡评论》杂志撰稿，总共写了 30 余篇评论文章。即使在 1842 年开始写作《英国史》之后，他也没有终止为《爱丁堡评论》撰稿，在此期间比较有名的文章是 1842 年发表的《腓特烈大帝》（*Frederic Great*）和 1844 年的《查塔姆勋爵》（*Lord Chatham*）。

从 1828 年起，麦考莱的家庭出现了经济困难。查可瑞 1808 年与他的外甥共同创办了一家商业公司，但查可瑞把大部分时间投入废奴运动，将商业事务完全交给外甥处理。由于外甥的经营失误，公司到 1826 年已经濒临破产。到 1828 年查可瑞掌管公司后，情况依然没有好转，需要依靠友人的接济才能渡过经济困境。这一年，麦考莱步入政界，他得到大法官林德赫斯特（Lyndhurst）的赏识，后者任命麦考莱为破产委员会的专员（Commissionership in Bankruptcy）。麦考莱在《爱丁堡评论》上与密尔的论战文章引起当时辉格党政治家兰斯多恩勋爵

（Lord Lansdowne）的注意，1830 年 2 月他举荐麦考莱为代表卡恩（Calne）市的议员，从此麦考莱登上政治舞台。1830 年 4 月麦考莱在议会发表了首次演讲，但真正为他赢得声誉的是他随后在 1831 年议会改革中的精彩演说。麦考莱主要做了 5 次支持议会改革的演讲，每次都是精心准备，演讲内容充满文学和历史知识，取得良好效果，与会的众多政治家都对他雄辩的口才大加称赞。议长告诉麦考莱，"在他所有漫长的经历中，他从没有发现议会处于如此激动的状态"，当时的反对派领袖皮尔（Robert Peel）给了他非常大方的赞扬，另一个人则表示自福克斯（Charles James Fox）以来从没有听过如此激动人心的演说。① 后来成为辉格党和自由党领袖的格拉斯通（William Gladstone）则评价说："只要他开始演说，就像是充满整个议会的集结号。"② 在 1832 年 12 月改革后的议会中，麦考莱被选为利兹市（Leeds）的议会代表，此前，他已被任命为政府印度委员会的秘书和下院印度事务的代言人。政府提出的废奴法案规定奴隶的工资必须用来偿还奴隶主的损失。对此，克拉彭派的废奴主义者表示反对，而麦考莱则支持这一提议。这使麦考莱受到来自父亲和废奴主义者的指责和压力，他两次向政府递交辞呈，但都被拒绝。1833 年通过的特许状法案提出建立新的印度最高委员会，在英国驻印总督参事会设立了一个立法委员的新职位，这一职位最后由麦考莱担任。

四　印度的经历

1834 年 3 月 15 日麦考莱启程前往印度，开始了在印度近四年的生活。印度经历对于麦考莱来说，是一段充满情感创伤的"流亡之旅"，使他的内心更加投向母国的怀抱。麦考莱终身未婚，亲属的陪伴特别是两个妹妹的陪伴给了他强大的情感支持。麦考莱启程前往印度之前，劝说他的妹妹汉娜（Hannah）陪同他一起出行。汉娜到达印度后与查理

---

① G. O. Trevelyan, *The Life and Letters of Lord Macaulay*, vol. 1, London: Longman, Green, and Co., 1876, p. 172.

② J. C. Morrison, *Macaulay*, London: Macmillan and co., 1882, p. 21.

斯·屈威廉（Charles Edward Trevelyan）相恋并结婚。缺少汉娜的陪伴对于麦考莱孤寂的内心世界是一个沉重的打击。然而不幸不止于此，不久之后麦考莱的另一个妹妹玛格丽特（Margaret）死于猩红热。这使麦考莱陷入巨大的悲伤之中，他只能通过工作和阅读来化解情感创伤。"文学拯救了我的生活与理性"，"即使是在工作的间隙，没有图书在手我也不敢一个人待着"。① 除了阅读，麦考莱投身于印度事务，他为印度带来两项影响深远的改革。一项是 1835 年 2 月 2 日提出的《印度教育备忘录》，推动印度的英语教育和西方科学文化的传播。另一项是1837 年完成的《印度刑法典》草案。由于立法委员会的其他成员身体欠佳，所以《印度刑法典》基本上是由麦考莱一人制定的，这是麦考莱在印度的司法改革中耗费时间最长的立法工作。1838 年年初麦考莱决定回国，他与妹夫屈威廉一同在 6 月初回到了英国。

麦考莱的印度经历对他的生活和思想都产生了一定的影响。首先，麦考莱在印度的职位给其带来可观的收入，帮助其家族渡过财政危机，不再为生计问题发愁。当时许多英国贵族和政治家的子弟都把去印度当作捞取财富的便捷途径，麦考莱也不例外。他总共积累了一万多英镑的收入，当他回到英国后，这笔收入足够支持他的家庭开销和经济独立。其次，印度经历塑造了麦考莱的帝国观。在进入印度之前，麦考莱对于这个遥远东方国家的认识都是从书本中获取的。与印度的亲身接触没有改变他对印度国家和民族根深蒂固的轻视，还强化了作为英国人的民族优越感。最后，在英属印度的经历为麦考莱提供了认识英国的新视角。学者霍尔（Catherine Hall）指出印度经历"使得麦考莱清晰地区分了民族和帝国，这对于写作一部民族历史是必要的"②。

---

① T. B. Macaulay, "The Letter to Thomas Flower Ellis," Sept. 30, 1835, in *The Letters of Thomas Babington Macaulay*, vol. 3, Thomas Pinney ed., Cambridge：Cambridge University Press, 1976, p. 158.

② Catherine Hall, "Macaulay's Nation," *Victorian Studies*, Vol. 51, No. 3 (Spr., 2009), p. 516.

五 《英国史》的写作与政治活动的"干扰"

麦考莱在回国后不久产生了写作一部《英国史》的想法。1838 年 7 月给友人的信中他谈到了自己的写作计划。

> 一回国，我就应该开始我的历史写作。第一部分（我计划是八开纸张的 5 卷本著作）将从光荣革命延续到沃尔波尔长期统治的开端，这是一段长达三十三、四年的包含众多历史事件的时期。从沃尔波尔统治初期到美国独立战争的爆发，对事件的描写会更为简洁。美国战争以来的历史有必要写得多一些。这至少是我现在的想法，我还没有决定写到多远。乔治四世的去世将是最佳的终点。历史将是对发生在两次革命之间的所有事件的全景描述，这两次革命分别是使得国王与议会和谐相处的光荣革命，和使议会与国家和谐共处的 1831—1832 年议会改革。①

可见，麦考莱初步打算写一部从光荣革命到乔治四世去世这一时间段的历史。后来麦考莱在写作当中调整了自己的计划，他发现按照已有的写作速度，完成这一计划要花费 50 多年时间。实际上，麦考莱最终叙述的只是从 1685 年詹姆士继位到 1702 年威廉去世，前后不过 17 年的英国历史。麦考莱写作《英国史》的一个有利条件是他接收了麦金托什爵士所收集的有关光荣革命的大量珍贵史料，这些史料成为麦考莱写作的重要参考文献。不过麦考莱没有马上动笔，而是先进行了一次意大利的旅行。1838 年 10 月，他前往罗马，实地探访一些古代历史的遗迹，为他的《古罗马之歌》的写作积累素材。他还参观了许多教堂，游历了那不勒斯、佛罗伦萨等地。1839 年初，经过一番思考，麦考莱决定以导言的形式介绍光荣革命以前查理二世和詹姆

---

① T. B. Macaulay, "The Letter to Macvery Napier," July 20, 1838, in Thomas Pinney ed., *The Letters of Thomas Babington Macaulay*, vol. 3, Cambridge: Cambridge University Press, 1976, p. 252.

士二世时期的历史。直到 1839 年 3 月，麦考莱才开始动笔写作《英国史》。然而这一工作进行没有多久，麦考莱被政府邀请代表爱丁堡参选议员，并于 6 月成功当选。在 9 月 17 日，麦考莱被首相墨尔本勋爵（Lord Melbourne）任命为内阁的国防大臣。他在内阁的两年中没有什么大的作为，在关于中英鸦片战争的争论中，他赞成对中国发动侵略战争。他主张自由贸易，支持废除《谷物法》，但这一时期废除《谷物法》的议会斗争收效甚微。1841 年从内阁大臣卸任后，麦考莱终于开始集中精力写作《英国史》。

> 我最终开始了我的历史写作，对这一工作我无比高兴和兴奋。我认为，在我们的史学研究中不曾有过如此大的空白留待我填补，从光荣革命到法国革命的历史对于受过教育的人而言也是未曾发现的领域。我敢说，即使像艾默生和赛尼尔这样的人也很难依次准确地背诵首相的名字。①

从 1842 年到 1848 年，麦考莱将时间主要用来写作《英国史》前两卷，他每天以两页多篇幅的速度勤奋地写作。但《英国史》的写作不是麦考莱这一时期唯一的活动，他参与议会的次数逐渐减少，1845 年有一次短暂的入阁经历，担任罗素（Russell）内阁的军需大臣。1847 年 7 月的爱丁堡选举中，麦考莱失败。此后麦考莱逐渐淡出政界，但直到 1856 年初，他才最终告别议会。在《英国史》问世之前，麦考莱于 1842 年出版了一部大受欢迎的诗歌集《古罗马之歌》。另外，1843 年麦考莱的《评论与史论》整理出版，这部文集收录了麦考莱此前为《骑士季刊》《爱丁堡评论》所写的大部分文章。起初麦考莱并不打算这么做，因为他认为期刊文章的活力不会太长，他的一些散文都是匆匆写就的，有许多不完善之处。但是在美国出现了盗版的散文集之后，麦

---

① T. B. Macaulay, "The Letter to Macvery Napier," Nov. 5, 1841, in Thomas Pinney ed., *The Letters of Thomas Babington Macaulay*, vol. 4, Cambridge: Cambridge University Press, 1977, p. 15.

考莱决定重印他的评论性文章。

经过不懈的努力，1848 年 12 月 2 日，《英国史》前两卷问世，一经出版便引起强烈轰动，销量十分惊人。在一片赞誉声中，也有一些天主教、贵格派的人士批评《英国史》的宗教倾向，并怀疑作者是否是一位基督教徒。《英国史》的热销超出了麦考莱的预期。在前两卷的鼓励下，麦考莱 1849 年继续投入到《英国史》第三、四卷的写作中。像写作《英国史》前两卷一样，他用了 6 年的时间游历爱尔兰、苏格兰地区，实地探访都柏林、利莫里克、伦敦德里等城市和古战场。1849年 2 月，他在日记中透露了这一计划。

> 我会首先使自己清楚整个问题，通过阅读和游历全面了解威廉统治时期的历史。我估计这将花费 8 个月的时间。我必须访问荷兰，比利时，苏格兰，爱尔兰和法国。必须仔细搜查荷兰和法国的档案。我将考虑一下是否从其他的外交记录中获得某些材料。我必须考察伦敦德里、波茵河、奥赫里姆、利莫里克、金萨尔、那幕尔。必须翻阅成百上千的小册子。必须探访牛津的图书馆，迪文许郡的报纸，不列颠的博物馆，并且要做记录。然后我就要动笔了。①

麦考莱在日记中还记载了其历史写作的进程：

> 6 月 28 日。早餐后去博物馆一直待到了下午三点，阅读和做摘录。我翻阅了三卷的报纸和记录。……我发现某些奇怪的东西会径直出现在眼前，这些研究的主要优势在于思想回到了一百五十年前，熟悉了过去一代人的习惯和思维方式。
>
> 6 月 29 日。去不列颠博物馆，阅读和摘录资料到五点。在这一工作中我找到了日益增长的快乐。威廉三世统治时期的历史一个

---

① G. O. Trevelyan, *The Life and Letters of Lord Macaulay*, vol. 2, London: Longman, Green, and Co., 1876, pp. 218 – 219.

星期前对我来说还很神秘，现在逐渐呈现出清晰的面貌。我开始看清人，理解了他们所有的困难和嫉妒。①

亲身实地的探访和档案文献的仔细收集使《英国史》的细节描写丰富而又动人。1855 年 12 月，《英国史》第三、四卷问世，销量仍然十分火爆。

六 晚年

晚年的麦考莱受到风湿、心脏病等疾病的困扰，精力不如从前。他将其后半生的时光献给了《英国史》第五卷的写作。除此之外，他为不列颠百科全书写作了有关艾特伯里、拜伦、戈登·斯密斯、约翰生和威廉·皮特五人的传记。1857 年 8 月，麦考莱被授予贵族头衔。同年 10 月，他被选举为剑桥郡的高级教长。1859 年 12 月 28 日他在家中的寓所去世。由于作者的过早离世，《英国史》这部史学名著其实是一部未竟之作。麦考莱没有完成他原定的写作计划，《英国史》第五卷没有写完，其残篇在麦考莱去世后的 1861 年出版，其内容比较粗略，水准不如前面几卷。

麦考莱去世已逾一个半世纪，他的《英国史》、评论和史论、演讲集和诗歌等作品依然在重印。学术界对麦考莱史学思想的研究也没有中断，随着时代的变迁而推陈出新。

第三节 麦考莱的著作与国内外研究综述

一 麦考莱的著作

麦考莱在其不算漫长的一生中，留下了大量的著作，包括诗歌、评论、历史散文、演讲词、传记、书信和日记。它们是研究麦考莱史学思

---

① G. O. Trevelyan, *The Life and Letters of Lord Macaulay*, vol. 2, London：Longman, Green, and Co., 1876, p. 260.

想的一手文献。下面撷其要者，予以介绍。

1. 《自詹姆士二世继位以来的英国史》

1848—1861 年，麦考莱的五卷本名著《自詹姆士二世继位以来的英国史》（下文简称《英国史》）陆续出版。[①]《英国史》讲述了光荣革命前后 17 年的史事，全书详细描述了国王和议会的冲突，辉格、托利两党联合发动的光荣革命的过程以及英国的对外军事战争等史事。麦考莱热情歌颂光荣革命和威廉三世，赞美英国的自由和宪政原则，为英国社会的进步感到骄傲与自豪。全书虽然主要涉及的是政治军事史，但其中的第三章叙述了 17 世纪 80 年代英国的社会史，是全书的一大特色。

2. 评论和史论

麦考莱为《骑士季刊》《爱丁堡评论》两份杂志撰写了大量评论性文章。刊登于《骑士季刊》中的文章后来收录到《麦考莱杂集》之中（即本书所引用的纽约和伦敦白厅版《杂集》的第八卷），发表在《爱丁堡评论》上的部分文章结集为《评论与史论》于 1843 年出版。[②]麦考莱的评论按其内容可分为文学、政治和历史几大类，其中史学评论占据

[①] T. B. Macaulay, *The History of England from the Accession of James the Second*, Vols. I and II. , 1849；Vols. III and IV, 1855；Vol. V, 1861, London：Longman, Brown, Green, and Longmans（下文引用此书时简称为 *The History of England*）。麦考莱的《英国史》版本众多，有单行本，也有作为个人作品全集的一部分；有各式的节选本，也有全本；有英国伦敦的版本，也有美国纽约、费城等版本。虽然一些学者认为由历史学家弗斯（C. H. Firth）编辑的六卷本《英国史》（London：Macmillan & Company, Limited, 1913 – 1915）在众多版本中比较权威，但从学者们实际使用的版本来看，则十分多样化，有英国人人图书馆出版的四卷本、有伦敦朗曼的五卷本，也有前述弗斯的版本，还有一些学者参考的是麦考莱全集的《英国史》。本书选择的版本是伦敦朗曼出版的五卷本。麦考莱《英国史》已有两个版本的中译本问世，一个译本由北京时代华文出版集团出版，另一版本由吉林出版集团有限责任公司出版，由刘仲敬独译。本书在引用麦考莱《英国史》时从英文原著译出，并参考了中译本。

[②] T. B. Macaulay, *Critical and Historical Essays*, London：Brown, Green and Longmans, 1843. 其中收录的文章后来全部被收入《麦考莱杂集》（Lady Trevelyan ed. , *The Miscellaneous Works of Lord Macaulay*, 10 vols, New York and London：G. P. Putnam's Sons, 1898. ）的第一卷到第六卷。杂集除了收录麦考莱的评论和史论（第一卷到第六卷），还收录了他的人物传记，印度刑法草案（第七卷），诗歌集（第八卷），演讲集（第九卷到第十卷）。

多数。①在史论类文章中，《论历史》和《论哈兰的〈宪政史〉》两篇文章集中体现了麦考莱的浪漫主义史学思想。《论麦金托什》一文则预示了《英国史》的主要内容。此外，麦考莱关于不列颠帝国在印度的殖民者克莱夫（Lord Clive）和威廉·哈斯廷斯（Warren Hastings）的文章也非常出名，以此可以管窥他的帝国思想。

3. 书信与日记

麦考莱的外甥，历史学家乔治·奥托·屈威廉（George Otto Trevelyan）在麦考莱去世后，一直在阅读和整理他留下的大量书信和日记。1876 年，屈威廉利用这些材料编成一部论述麦考莱生平的传记。②这部传记按时间顺序记载了麦考莱的生活、游历和著述活动，交代了麦考莱写作《英国史》的起因和过程。由于作者大量摘录麦考莱的书信和日记，使得这部著作成为当时以至于现在研究麦考莱的重要史料。不过，这部两卷本传记的权威性也受到质疑。为了维护家族的声誉，屈威廉对麦考莱书信、日记中的一些内容进行了删减、改动和润色。尽管如此，因作者和麦考莱有过密切接触，这部传记在叙述麦考莱的经历时，常有作者的亲身见闻在内，其所录的麦考莱的日记书信大部分内容是可信的，《麦考莱的生平与书信》一书仍然具有较高的史料价值。

屈威廉去世后，麦考莱书信、日记的手稿都交给了他的儿子，著名历史学家乔治·麦考莱·屈威廉（George Macaulay Trevelyan）手中，小屈威廉和其父亲一样，都不主张公开出版麦考莱的手稿。后来的一个妥协方案是，学者可以参阅这些手稿，但是其研究成果在出版前必须经过

① 麦考莱的史论大部分发表在《爱丁堡评论》上，有 "Machiavelli," March 1827；"History," May 1828；"Hallam's Constitutional History," September 1828；Hampden, December 1831；"War of Succession in Spain," January 1833；"Horace Walpole," October 1833；"Lord Chatham," January 1834；"Mackintosh's history of Revolution," July 1835；"Sir William Temple," October 1838；"Gladstoneon Church and State," April 1839；"Clive," January 1840；"Ranke's history of the Popes," October 1840；"Lord Holland," July 1841；"Warren Hastings," October 1841；"Frederick the Great," April 1842；"Lord Chatham," (2nd Art.) October 1844。参见 Lady Trevelyan ed., *The Miscellaneous Works of Lord Macaulay*, 10 vols, New York and London：G. P. Putnam's Sons, 1898。

② G. O. Trevelyan, *The Life and Letters of Lord Macaulay*, 2 vols, London：Longman, Green and Co., 1876.

屈威廉审阅。这种研究限制在 1962 年屈威廉去世后被打破，他的女儿将麦考莱的手稿交给了剑桥大学三一学院。学者们可以自由地阅读这些手稿，从而在学术界重新燃起麦考莱研究的热潮。与此同时，对麦考莱书信和日记的整理与出版工作也在进行之中。20 世纪 60 年代，剑桥的托马斯·宾利教授（Thomas Pinney）开始其宏大的麦考莱书信集的整理工作，在 1974 年到 1981 年间，陆续出齐六卷本的麦考莱书信集。①

2008 年，威廉·托马斯教授（William Thomas）主编的麦考莱日记全集问世。②相对于书信，日记更能反映一个人的内心世界。麦考莱从 1838 年开始记日记，到 1839 年 6 月因为参加议会活动而中断，此后，除了 1855 年为完成《英国史》三、四卷而没时间写日记，从 1848 年到 1859 年他连续记日记。麦考莱的日记记录了他日常的饮食、读书、写作、会客和游历等活动。他在日记中很少对同时代的学者作出评论，也没有体现对政治事务的关注。托马斯指出，麦考莱日记带给我们三点新认识：一是麦考莱是一个被高估的善变的政治家；二是他对妹妹汉娜（Hannah）和她的孩子有一种自私的占有；三是麦考莱写作《英国史》不仅是为了歌颂辉格党的兴起，也是为了赚钱。托马斯认为，日记反映的麦考莱的形象是好斗、霸道和自私，但也是一位具有非凡的谈吐、学识、阅读能力和智慧的杰出人士。③

二 英文研究文献

1. 史学史及思想史研究中的麦考莱

早期的史学史著作以历史学家和史学流派为中心，包含了丰富的资料，比较全面地介绍了学者的生平、著作和观点，其代表是古奇

---

① Thomas Pinney, ed., *The Letters of Thomas Babington Macaulay*, 6 vols, Cambridge：Cambridge University Press, 1974 –1981.

② William Thomas, ed., *The Journals of Thomas Babington Macaulay*, 5 vols . London：Pickering and Chatto, 2008.

③ William Thomas, ed., *The Journals of Thomas Babington Macaulay*, vol. 1, London：Pickering and Chatto, 2008, preface, p. 22.

（George Gooch）和汤普森（J. W. Thompson）的著作。1913 年，英国历史学家古奇在其名著《十九世纪历史学与历史学家》中论述了麦考莱的史学思想。古奇称麦考莱是辉格党历史哲学最为著名和雄辩的解释者。他指出麦考莱的史论和《英国史》各有长处和缺点。麦考莱的史论文章清晰流畅，论证自信雄辩，但有时言辞浮夸、粗鲁，带有党派偏见，对于一些思想和人物缺乏深入的洞察力；《英国史》虽然精彩，但对人物的理解比较肤浅，对历史的描写存在夸张和歪曲。①1942 年，美国学者汤普森在《历史著作史》中也谈论了麦考莱的史学思想。与古奇相比，他的研究没有那么详细。汤普森认为麦考莱与卡莱尔和夫鲁德一样都是文学型史家，麦考莱的《英国史》体现了辉格派史家的党派特征，其主要缺点是论述比例失调。②古奇和汤普森的著作对于我们初步了解麦考莱的生平与史学思想具有一定的参考价值，但他们缺少一种问题意识和连贯的论述线索。比如，他们没有说明辉格史学的发展状况，也没有具体论述麦考莱辉格史观的内涵。战后苏联学术界对英国史学史有过综合研究。1959 年，苏联学者维诺格拉多夫刊行的《近代现代英国史学概论》探讨了麦考莱的辉格自由派史学思想。维诺格拉多夫指出麦考莱的历史著作具有较强的政论性和文学性，肯定了麦考莱历史哲学思想中有关历史学诗性的论述。但他对麦考莱的历史著作基本持否定态度，认为麦考来的《英国史》错误百出，毫无价值可言，其对史料的批判比较肤浅，喜好类比，将历史极端人格化。③维诺格拉多夫对麦考莱的一些批评意见是合理的，但完全无视他的史学贡献也是不客观的。

2005 年，苏格兰历史学家米歇尔·本特利（Michael Bentley）在其《英国史学的现代化》一书中对 1870 年至 1970 年的英国史学进行了宏

① ［英］乔治·古奇：《十九世纪历史学与历史学家》，耿淡如译，商务印书馆 1997 年版，第 483—499 页。
② ［美］J. W. 汤普森：《历史著作史》下卷第三分册，孙秉莹、谢德风译，商务印书馆 1996 年版，第 401—411 页。
③ ［苏］维诺格拉多夫：《近代现代英国史学概论》，何清新译，商务印书馆 1961 年版，第 33—37 页。

观的研究，有关辉格史学传统的论述是该书的一个重要组成部分。本特利展现了整个辉格史家的系谱，麦考莱是这一系谱中的重要一环。他认为，辉格史学在 19 世纪经历了兴起、发展和衰落的过程，但是它并没有消亡，在战后依然存在。本特利分析了以麦考莱为代表的强调历史想象的文学性史家对战后英国史学界的影响。[1]英国思想史研究专家约翰·伯罗（John Burrow）2007 年出版了他的西方史学史著作《历史学的历史》。作者明显偏爱英国史家，麦考莱的地位比较突出。相比于伯罗此前在研究维多利亚史家的专著中对麦考莱的详细阐释，此书只能算是一个概要的分析和介绍。伯罗指出，苏格兰启蒙思想家的进步思想、1832 年英国的改革法案和1848 年的法国革命都对《英国史》的写作有所影响。他声称，麦考莱是最后一位伟大的新古典史家，他的卓越之处"不在于他是社会史家（他当然不是），而在于其历史作品的情感范围与深度、图画般的生动与具体，以及戏剧张力"[2]。由以上西方史家的研究历程可以看出，在史学史研究中学者们对麦考莱的评价变得越来越积极。

　　麦考莱的自由主义史学思想引起了西方一些杰出学者的关注。英国著名的政治哲学家和战后西方的自由主义大师哈耶克1960 年在其《自由秩序原理》中总结了麦考莱的贡献。麦考莱通过《英国史》将法治和自由的观点传播给广大公众，重新引起人们对自由主义的重视。[3]作为辉格党人，麦考莱对辉格主义理论的发展做出了自己的贡献。剑桥思想史学派的创始人之一，享有世界声誉的政治思想史专家波考克（J. G. A. Pocock）1985 年在他的一篇长文中细致梳理了英国从排斥法案到改革法案时期辉格主义的演变。波考克认为麦考莱在福克斯派的影响下，对伯克的新辉格主义和苏格兰的科学辉格主义作出了调和，他的历

---

① Michael Bentley, *Modernizing England's Past*: *English Historiography in the Age of Modernism*, 1870 – 1970, Cambridge: Cambridge University Press, 2005.

② ［英］约翰·布罗：《历史的历史：从远古到 20 世纪的历史书写》，黄煜文译，广西师范大学出版社 2012 年版，第 351—360 页。

③ ［英］弗里德利希·冯·哈耶克：《自由秩序原理》，邓正来译，生活·读书·新知三联书店 1997 年版，第 219、396 页。

史观是伯克的传统观念和苏格兰的进步观结合的产物。①

2. 研究或涉及麦考莱史学思想的英文文献

历史研究的创新总是伴随着新史料的出现，对麦考莱的研究也是如此。1876 年《麦考莱生平与书信》的问世，20 世纪 60 年代麦考莱手稿的公开，及随后麦考莱书信集的出版都推动了麦考莱研究的深入。到了 2008 年，麦考莱日记出版后，对麦考莱的研究又逐渐升温。下文大致依据这些文献的出版时间，将学术界的相关研究分为四个时期。

第一个时期，从《英国史》的陆续出版到 1876 年

麦考莱的五卷本《英国史》分为三批出版，每当《英国史》各卷问世，都会引起学术界热烈的讨论，在一片赞扬中也夹杂着非常尖锐的批评。总体来看，早期评论家对于麦考莱以肯定为主，他们一方面要澄清麦考莱《英国史》的史实，另一方面也在探究麦考莱历史叙述和编撰的特点。②无论是称赞者，还是批判者，他们都承认麦考莱是一位卓越的讲故事的大师，《英国史》字里行间洋溢着对英国自由的歌颂，他的文风清晰、生动，对历史的叙述富有画面感和戏剧性效果。

---

① ［美］波考克：《德行、商业和历史：18 世纪政治思想与历史论辑》，冯克利译，生活·读书·新知三联书店 2012 年版，第 446—463 页。

② 持赞赏态度的有 Anonymous，"Macaulay's History of England," *Edinburgh Review*，vol. 90，(July1849)，pp. 249 – 292；James Moncreiff，"Macaulay's History of England," *Edinburgh Review*，vol. 105，(January 1857)，pp. 142 – 180. James Moncreiff，"Macaulay's History of England-Fifth Volume," *Edinburgh Review*，vol. 114（October1861)，pp. 279 – 317；Henry Reeve，"Lord Macaulay," *Edinburgh Review* 111（January 1860)，pp. 273 – 276；Smith, C. C.，"Lord Macaulay as an historian," *North American Review*，vol. 93（October 1861)，pp. 418 – 456。持否定态度的有 John Paget，"Macaulay and Marlborough," *Blackwood's Magazine* 85（June 1859）and his "Lord Macaulay and the massacre of glencoe," *Blackwood's Magazine* 85（July 1859)，"Macaulay and the High-lands of Scotland," *Blackwood's Magazine* 86（August 1859)，"Lord Macaulay and Dundee," *Blackwood's Magazine* 88（August 1860)。John Paget 的上述四篇论文，加上另一篇关于 "Willam Penn" 的文章结集为 The New Examen；*or an Enquiry into tlte Evidence relating to certain Passages in Lord Macaulay's History*，Edinburgh nnd London：William Blackwood and Sons，1861。褒贬参半的有 Archibald Alison，"Macaulay's History of England," *Blackwood's Edinburgh Magazine*，vol. 65（April 1849)，pp. 383 – 405；Margaret Oliphant，"Macaulay," *Blackwood's Magazine*，vol. 80（August 1856)，pp. 127 – 141，and his "Macaulay," *Blackwood's Magazine*，vol. 80（September 1856)，pp. 365 – 378；"Macaulay's History of England," *Bentley's Miscellany*，vol. 39（January 1856)，pp. 206 – 220。

麦考莱的缺点也是明显的。他很难简单地讲述一件平常的事情，虚饰过多，依据个人情感叙述历史。①贝格霍特（Walter Bagehot）指出麦考莱的表达方式太过确信和武断②。麦考莱的批评者主要攻击的目标是麦考莱所叙史实的准确性，所用史料的权威性和人物评价的客观性。帕吉特（John Paget）是这些攻击的主要代表。他指责麦考莱对苏格兰高地人民存有偏见，麦考莱为参与格伦科（Glencoe）屠杀的威廉三世辩解，他对马尔伯罗公爵（John Churchill, 1st Duke of Marlborough, 1650 – 1722）的指责太过严厉，对潘恩（Willam Penn）的描述不符合史实。③针对帕吉特的批判，一些人积极为麦考莱辩护。曼克里夫（James Moncreiff）认为麦考莱叙述的史实在总体上是准确的，他使历史细节具有小说的魅力和趣味。④另一位学者则在《北美评论》上为麦考莱辩解道，麦考莱的细节性错误没有影响他作为历史学家的声誉，对他的指责没有一项能经受住批判性考察的检验。⑤

毫无疑问，对于《英国史》这样一部细节非常丰富的著作来说，不可避免地会出现一些事实的错误，比如说弄错了历史日期和人名。对麦考莱持赞扬和批评意见的双方理应争论的问题是，是否因为一些细节性错误就否定一位史家的贡献。早期争辩的双方未能认识到这一点，他们各执一词，一方关注的是麦考莱的叙述艺术和修辞，另一方则紧紧盯着麦考莱史实上的错误。实际上，对麦考莱的评价应该将两方面的认识结合起来。

第二个时期，从 19 世纪 70 年代末到 20 世纪 60 年代初

1876 年，《麦考莱的生平与书信》出版后，对麦考莱更加全面的研

---

① Anonymous, "Macaulay's History of England," *Edinburgh Review*, vol. 90, July1849, p. 291.

② Walter Bagehot, *Literary Studies*, 3 vols, NewYork：Longman's Green and co. , 1898.

③ John Paget, *The New Examen*；*or an Enquiry into tlte Evidence relating to certain Passages in Lord Macaulay's History*, Edinburgh and London：William Blackwood and Sons, 1861.

④ James Moncreiff, "Macaulay's History of England-Fifth Volume," *Edinburgh Review*, vol. 114 (October1861), p. 286.

⑤ C. C. Smith, "Lord Macaulay as an Historian," *North American Review*, vol. 93 (October 1861), p. 453.

究成为可能。19 世纪末 20 世纪初，正是英国史学科学化的关键阶段，新一代学者按照科学的研究方法从事历史学研究，对麦考莱批评和非难的声音逐渐占据多数，但随着时间的推移，第二次世界大战结束后的不少学者重新认识麦考莱作为历史学家的意义。这一时期有关麦考莱的研究基本围绕三个方面展开。

第一，关于麦考莱在学术史上的地位。麦考莱的史论具有独特的文学价值，评论界有人因麦考莱出众的文笔而强调他的文学成就，也有人以《英国史》的广泛流行而突出他的史学贡献，另一些人的观点比较综合。

英国著名政治家格拉斯通（W. E. Gladstone）在《麦考莱的生平与书信》这部传记出版后，曾写过一篇评论。格拉斯通认为麦考莱是一位诗人、艺术家和雄辩家，缺少反思的能力。[①] 1879 年，斯蒂芬（Leslie Stephen）提出了略微不同的看法。他认为麦考莱不是严格意义上的诗人，也不是哲学家，而是一个典型的辉格党人和一位雄辩家。斯蒂芬还批评麦考莱是腓力斯丁者（philistines），即那种忽视或否定高级思想的人。[②] 除了斯蒂芬，莫利（John Morley）对麦考莱的批判也非常敏锐。莫利认为麦考莱算不上一流的修辞家，但他作为文学艺术大师要比作为历史学家受人尊重。[③] 胡格斯（D. A. Hughes）的博士论文专门分析了麦考莱《英国史》的段落和句子结构，用详细的例证说明麦考莱叙述、描述、阐释、论证的方式和使用的各种修辞方法。[④] 保罗（Herbert Paul）则梳理了针对麦考莱的一些批评，他肯定了麦考莱的史学成就，认为他

---

① W. E. Gladstone, "Macaulay," *Gleanings of Past Years*, 1844 – 1878, vol. 2, London: John Murray, 1879, pp. 265 – 341, reprinted from *Quarterly Review* (July 1876).

② Leslie Stephen, "Macaulay," *Hours in a Library*, third series, London: Smith, Elder, and co., 1879, pp. 279 – 324.

③ John Morley, "Macaulay", *Critical Miscellanies*, vol. 1, London: Macmillan and co., 1886, pp. 253 – 291.

④ D. A. Hughes, *Thomas Babington Macaulay: the Rhetorician, an Examination of his structural Devices in the History of England*, the Dissertation of the degree of Doctor of Philosophy, Cornell University, 1898.

的史学贡献属于人类的永久遗产。①

　　1882 年出版了两部研究麦考莱的著作。坎宁（A. S. G. Canning）在他的《麦考莱勋爵：散文家和历史学家》中评述了麦考莱的散文和历史著作的内容，指出它们既富于教益也有趣味性，但麦考莱的人物描写掺杂过多的个人感情。②同年，莫里森（Morrison）出版了《麦考莱》一书，此书在内容上更胜一筹，不仅按照时间顺序介绍麦考莱的生平、经历和著述，还对他的性格、散文和历史著作的特征分别进行考察。莫里森认为麦考莱是优秀的故事讲述者，视野开阔，具有观察历史的整体视角，但缺乏思想和说理的深度。他的散文带有明显的辉格党偏见，但其《英国史》的党派偏见并不十分强烈。莫里森总结了《英国史》的主要缺点，即缺乏概括，叙述冗长，将当下的观点强加于过去。③总之，莫里森的这本著作可以说是第一部有关麦考莱的研究性传记，至今仍有参考价值。

　　第二，麦考莱的文风一直是学术界关注的焦点，它既是麦考莱赢得众多读者的重要原因，也是其饱受诟病的根源。格拉斯通认为麦考莱的散文既有演说的特点，也有诗歌的特征。斯蒂芬称赞麦考莱文风的清晰，批评他在行文中用词重复，句式单调和机械。莫利认为麦考莱的文风存在口语化、尖刻、夸张、武断和肤浅等缺点。

　　第三，对《英国史》的批判与辩护共存。格拉斯通指出麦考莱对复辟时期的英国教师的婚姻、收入、藏书等情况的说明有遗漏和夸张之处。后来有学者继续了这方面的批判，迪斯菲尔德（P. H. Ditchfield）利用 17 世纪地主、牧师的日记和书信证明麦考莱的很多评价是不准

---

① Herbert Paul, "Macaulay and his Critics," *Men and Letters*, London：John Lane, 1901, pp. 284 – 313.

② A. S. G. Canning, *Lord Macaulay：Essayist and Historians*, London：Smith Elder, and co., 1882.

③ J. C. Morrison, *Macaulay*, London：Macmillan and co., 1882.

确的。①

19世纪末英国史学界涌现出一批杰出的科学史家，他们主要在牛津大学和剑桥大学任教，形成了所谓牛津、剑桥历史学派。剑桥学派的自由主义历史学家阿克顿按照科学史家的标准对麦考莱有所批评，但他在总体上肯定麦考莱的史学贡献，高度赞扬麦考莱的文学成就和自由主义思想。牛津大学钦定近代史讲座教授弗斯（C. H. Firth）1938年发表了《麦考莱〈英国史〉评论》②。该书在学术界第一次对麦考莱的《英国史》作出了比较全面的批判性研究。这本著作共计13章，可以分为两个部分，前半部分侧重史学的认识论和方法论研究，分析了麦考莱《英国史》产生的背景，麦考莱的历史观念、写作方法、史料运用以及《英国史》的错误之处，弗斯尤其讨论了麦考莱对文学类史料的发掘运用。全书后半部分主要是对《英国史》中的一些章节、人物、史实的评析。弗斯认为麦考莱的史学缺乏科学性，对他作出了严厉的批判。戴维斯（Godfrey Daves）的文章指出了麦考莱在宪政史解读中的错误与疏漏③。

另一方面，也有不少学者为麦考莱辩护。瑟伊尔（William Thayer）在麦考莱去世50年之后写了一篇回顾性论文，对麦考莱的浪漫主义史学与当时流行的科学史学模式的冲突进行了考察，肯定麦考莱作为浪漫主义史家的贡献。④加拿大学者哈扎德（Albert Hassard）1918年出版了《麦考莱新观察》，为麦氏的史家声誉辩护。他认为麦考莱的声誉源于他的文学和修辞性史学风格。麦考莱的批评者的错误在于，他们混淆了

---

① P. H. Ditchfield, "The Errors of Lord Macaulay in His Estimation of the Squires and Parsons of the Seventeenth Century," *Transactions of the Royal Historical Society*, Third Series, Vol. 9 (1915), pp. 77 – 93.

② C. H. Firth, *A Commentary on Macaulay's History of England*, London: Macmillan and Co., 1938.

③ Godfrey Daves, "The Treatment of Constitutional History of Macaulay's History of England," *Huntingdon Library Quarterly*, Vol. 2, No. 2 (1939), pp. 179 – 204.

④ W. R. Thayer, "Macaulay Fifty Years After," *North American Review*, Vol. 190 (July/Dec 1909), pp. 735 – 752.

事实陈述与价值判断。①

20 世纪初叶，学术界有关麦考莱的研究成果不多。这与两次世界大战带给欧洲人的心灵创伤有很大关联，战后欧洲人积极乐观的心态消失了，人们对历史的进步产生普遍的质疑，这对麦考莱宣传的进步史观是一种明显的打击。在学术界，也开始了对辉格史学的反思与批判。以巴特菲尔德教授出版的《历史的辉格解释》一书最为有名。②由于巴特菲尔德（Herbert Butterfeild）的猛烈攻击，使得一段时期内辉格史学成为一个人人批判否定的对象。

20 世纪中期，在麦考莱逝世 100 年之际，学术界又发表了一些纪念性文章。1948 年，斯库勒（R. L. Schuyler）发表论文分析了麦考莱《英国史》成功的原因及其缺点。他认为，麦考莱广泛的阅读和惊人的记忆力是其成功的主要原因。他批评麦考莱没有参与到历史科学化的事业中，也没有对历史批评做出贡献；其论断总是过于确信和独断；他常常以今人的眼光看待历史，赞美现在而贬低过去。③第二次世界大战结束后，不少学者重新发掘和认识麦考莱的意义。研究 18 世纪英国的著名史家普拉姆（J. H. Plumb）给予麦考莱很高的评价，他认为麦考莱是仅次于吉本的历史学家，他的《英国史》兼有学术性和文学性。④布朗宁（Andrew Browning）回顾了学术界对于麦考莱的评价，他指出麦考莱的辉格主义的政治观并没有支配其历史写作，他的缺点不是他的党派色彩，而是过度的夸张。⑤研究麦考莱的专家约翰·克莱夫（John Clive）则从麦考莱对人物、风俗习惯的观察，对历史的同情和日常的遐想等方面分析

---

① A. R. Hassard, L. *A New light on Lord Macaulay*, Toronto：Rockingham Press, 1918.

② Herbert Butterfield, *The Whig Interpretation of History*, New York：The Norton library, 1965, 初版出版于 1931 年。中译本［英］巴特菲尔德：《历史的辉格解释》，张岳明、刘北成译，商务印书馆 2012 年版。

③ R. L. Schuyler, "Macaulay and his History-A Hundred Years," *Political Science Quarterly*, Vol. 63, No. 2 (Jun. , 1948), pp. 161 – 193.

④ J. H. Plumb, "Thomas Babington Macaulay," *University of Toronto Quarterly*, Vol. 26 (1956).

⑤ Andrew Browning, "Lord Macaulay, 1800 – 59," *The Historical Journal*, Vol. 2, No. 2 (1959), pp. 149 – 160.

了麦考莱的性格和他的历史想象力之间的互动关系。①格里芬（J. R. Griffin）在其博士论文《麦考莱的思想背景》中主要研究了麦考莱的历史观念和进步观。在他看来，麦考莱文风的肤浅不能说明其思想的肤浅，他的历史著作既有高度的艺术性，也有科学性和理论性。②

第三个时期，从 20 世纪 60 年代到 21 世纪初

在麦考莱书信和日记的手稿开放后，学者们可以自由查阅这些资料。从 20 世纪 60 年代末期到 80 年代是麦考莱研究深入发展的时期，也是成果倍出的阶段。约翰·克莱夫 1973 年出版的《麦考莱：历史学家的塑造》是一部研究麦考莱的里程碑式的传记作品，值得单独加以说明。作者使用了包括麦考莱未刊书信、日记在内的许多资料，为人们细致描绘了麦考莱从出生到 1838 年期间的家庭环境、学生生活、文学创作、政治活动和任职印度的经历。这本著作的特点是对麦考莱在印度时期的经历做了非常详细的叙述，分析了麦考莱主持印度教育法案和起草刑法典的背景及其历史影响。这本著作的缺点在于，它只叙述了麦考莱的前半生，没有涉及他后来的人生经历，没能完整地阐释麦考莱的史学思想，这是一个相当大的缺憾。③

除了克莱夫的传记研究，这一阶段的研究可以分为以下三个方面。

第一，探讨麦考莱史学作品的文学性和文风是这一时期研究的一大方向。1968 年梅登（William Madden）发表了《麦考莱的散文》这篇常被后人引用的著名论文。梅登在麦考莱的散文中区分了三种不同类型的文风，演说型、审慎型和戏剧型，他认为麦考莱未能很好地整合这几类文风，形成自己统一的风格。梅登还分析了麦考莱的文风与他的成长环境之间的关系。④同年，乔治·列文（George Levine）出版了《虚构的界

---

① John Clive, "Macaulay, History and the Historians," *History Today*, Vol. 9, No. 12 (1959), pp. 830 – 836.

② J. R. Griffin, "The Intellectual Milieu of Lord Macaulay," D. P. Dissertation , University of Ottawa, 1963.

③ John Clive, *Macaulay: The Shaping of the Historian*. New York: Knopf, 1973.

④ William Madden, "Macaulay's Styles," in George Levine and William Madden eds. , *The Art of Victorian Prose*, London: Oxford University Press, 1968, pp. 127 – 151.

限》，麦考莱是他探究的三位史家中的一位。在这本著作中，列文揭示了《英国史》和小说等文学样式的趋同，细腻地分析麦考莱在《英国史》中运用的小说、史诗、通俗剧等文学手法，他批评麦考莱缺乏对历史人物的同情和理解。①

1973 年，米尔盖特（Jane Millgate）发表了关于麦考莱的研究。她认为麦考莱最为突出的特征是他敏锐的读者意识和非凡的叙述天赋。米尔盖特的论述游走于麦考莱的政治经历和他的文学创作之间，她分析了麦考莱的散文由青涩走向成熟的演变过程，比较了《英国史》前两卷和后三卷的内容。她还指出麦考莱的缺点，以一种固定的模式表现人物，忽视个体人物与历史运动之间的复杂联系。米尔盖特总结麦考莱的成就是"一位大众的教育家"②。彼得·盖伊（Peter Gay）1974 年在其著作《历史的风格》中对麦考莱的文风做出多层面的解读。他分析麦考莱的私人信件、演讲词和《英国史》三种不同文本的风格，指出麦考莱的文风有时是膨胀的，有时是焦虑的。盖伊认为，麦考莱不仅是英国古典主义的传承者，也是西方启蒙进步思想的继承人。③

1985 年，美国学者詹恩（Rosemary Jann）出版了他杰出的博士论文《维多利亚时期史学的艺术与科学》④。该书研究了维多利亚时期的六位历史学家如何在他们的著作中保持历史学的科学性、思辨性和艺术性的平衡。詹恩提出，麦考莱在历史写作中协调了事实与虚构、想象和理性的关系，是一位"现实主义的浪漫主义者"，他还指出麦考莱在 19 世纪史学大众化中的贡献。詹恩认为，麦考莱的缺点是高傲、缺少同情心，对人物的认识比较机械。戴维斯（W. A. Davis）发表于 1987 年的文章研究了麦考莱的期刊风格。他在比较了麦考莱的散文《腓特烈大帝》和《英国史》对腓特烈的描述之后指出，对同一历史人物的描写，

---

① George Levine, *The Boundaries of Fiction：Carlyle, Macaulay, Newman*, Princeton：Princeton University Press, 1968, pp. 79 - 163.

② Jane Millgate, *Macaulay*, London and Boston：Routledge and Kegan Paul, 1973.

③ Peter Gay, *Style in History*, New York：Basic Books, INC, 1974.

④ Rosemary Jann, *The Art and Science of Victorian History*, Columbus：Ohio State University Press, 1985.

《英国史》在细节上更为详细，更加注重历史的整体性，评价也更为客观。《散文》的创作没有过多限制，它总是以直接生动的风格来吸引人的注意力。①菲利普斯（Mark Phillips）1989 年发表的论文则分析了 19世纪的浪漫主义理论和历史小说对麦考莱的历史叙述和理解的影响。②

　　第二，对麦考莱辉格史学思想的研究。之前已有学者指出麦考莱的辉格党政治信念并没有严重影响他的历史写作。美国历史学者约瑟夫·汉博格（Joseph Hamburger）更进一步，他对麦考莱的辉格党人身份提出质疑。1976 年，在《麦考莱与辉格传统》中汉博格提出了一个颇具颠覆性的观点，麦考莱并非正统意义上的辉格党人，他首先是一个机会主义者，然后才是辉格主义者，他的辉格主义思想源于机会主义。汉博格旁征博引，从麦考莱的历史著作、散文、信件和日记中，揭示了他的宗教观念、革命观和史学观中的机会主义，讨论了麦考莱的机会主义、民主思想及其与辉格主义之间的关系。③

　　荷兰学者博拉斯（Blass）的著作《连续性与时代错置》是一部研究辉格史学思想的力作。他概括出辉格史观的三点特征，时代错置（Anachronism），目的论和对连续性的追求，并以此来分析麦考莱的史学思想。他认为麦考莱的著作体现了尊古与崇今之间的张力。④1980 年，斯派克（Speck）在其论文中指出麦考莱有关光荣革命的阐释依然是后世学者研究光荣革命的起点。他阐明了麦考莱《英国史》的辉格史学特征和取得成功的原因。⑤英国历史学家伯罗（John Burrow）1981 年出

----

① W. A. Davis, "This Is My Theory: Macaulay on Periodical Style," *Victorian Periodicals Review*, Vol. 20, No. 1 (Spring, 1987), pp. 12 – 22.

② Mark Phillips, "Macaulay, Scott, and the Literary Challenge to Historiography," *Journal of the History of Ideas*, Vol. 50, No. 1 (Jan/Mar., 1989), pp. 117 – 133.

③ Joseph Hamburger, *Macaulay and the Whig Tradition*, Chicago: University of Chicago Press, 1976.

④ P. B. M. Blass, *Continuity and Anachronism: Parliamentary and Constitutional Development in Whig Historiography and in the anti-Whig Reaction between 1890 and 1930*, The Hague: Boston M. Nijhoff, 1978, pp. 111 – 139.

⑤ W. A. Speck, "Thomas Babington Macaulay," in John Cannon ed., *The Historian at Work*, London: George Allen & Unwin, 1980.

版了《自由主义的系谱：维多利亚时代的史家和英国的过去》①，这本著作为伯罗赢得了英国历史学界的沃夫森奖。该书对五位维多利亚时代的历史学家进行了卓越和深入的分析。伯罗讨论的主题是麦考莱与辉格传统。他认为，19世纪的辉格主义在内容上除了包括对古代宪法的崇拜，又融入人类的自然权利、社会进步观和伯克的政治传统观等新的因素。伯罗分析了休谟的社会进步观对麦考莱的影响，还讨论了麦考莱辉格式妥协的内涵。麦考莱以一种实用主义的方式对待一切宪政和社会理论，不再盲目崇拜古代宪法，而是信奉一种与时代相适应的宪政观，以实现自由与秩序的妥协。

　　第三，有关历史学的教益的研究。麦考莱希望通过自己的《英国史》向读者传达人类的政治和道德教训。因此，麦考莱的史学功用观也为研究者所注意。约翰·克莱夫的论文《娱乐与教益：麦考莱与吉本》研究了这一问题。克莱夫发现麦考莱与吉本写作历史有一些共同的目标，即使读者获得娱乐与教益。对于吉本来说，历史写作是为了娱乐而娱乐，对于麦考莱而言，娱乐性只是实现教益这一目标的手段。克莱夫指出，麦考莱《英国史》的主要教益与其说是辉格主义的，不如说是一种机会主义。②汉伯格在他的《麦考莱与辉格传统》一书中有专章研究麦考莱所谓的"历史的政治教训"。按照汉伯格的阐释，麦考莱试图总结的政治教训是一种机会主义，一种适时妥协的智慧。这些分析对本研究有很大的启发意义。

第四个时期，2006年以来的研究

　　进入21世纪，在殖民主义等视角下，学术界对麦考莱的研究有了新的进展，表现在以下几个方面。

　　第一，从殖民主义和帝国主义的角度，关于麦考莱的研究取得了许多新成果。其中以凯瑟琳·霍尔教授（Catherine Hall）的研究比较突

---

　　①　J. W. Burrow, *A Liberal Descent：Victorian Historians and the Past*, Cambridge：Cambridge University Press, 1981.

　　②　John Clive, "Amusement and Instruction：Gibbon and Macaulay," *Proceedings of the Massachusetts Historical Society*, Third Series, Vol. 87（1975）, pp. 45 – 56.

出。2006 年她在《精通历史：麦考莱与英格兰史》一文中认为，麦考莱的《英国史》实际上是一部不列颠的内部史，他将不列颠内部的国家、地区分成若干等级，苏格兰和爱尔兰是不列颠内部文明不发达的地区。相比于不列颠的内部历史，帝国史指的是英伦三岛的海外殖民史。在《英国史》中，英国位于中心，殖民地处于外围，对帝国的说明处于边缘地位。①霍尔在另一篇文章中进一步论述了她对麦考莱国家观的看法。她认为，与自己是否具有相同的民族血缘成为麦考莱选择某一地区进行历史叙述的主观动机，他在印度的经历使其认识到民族和帝国的区别，这对于他写一部民族历史是必要的。②除了霍尔，克蒂斯谢克（Theodore Koditschek）也从帝国主义的角度重新解读麦考莱。他认为麦考莱的著作是一部关于大英帝国的自由主义的传奇（浪漫主义）故事，加强了英国读者沾沾自喜的自满之情。麦考莱将不列颠的对外扩张视为人类进步的先驱，帝国边缘的殖民地应该向先进的英国学习，放弃自己的民族认同和文化传统，从而被英国同化。克蒂斯谢克还探讨了殖民地人民对于《英国史》接受的过程。③

2008 年，苏利文（R. E. Sullivan）出版了《麦考莱：权力的悲剧》，这是一部有关麦考莱的内容丰富、观点深入的传记研究，相比于前述克莱夫的传记，苏利文的研究范围跨越麦考莱的一生。他认为麦考莱对于人类的狭隘同情与麦氏对权力的追求相互冲突，由此构成麦考莱个人的悲剧。苏利文宣称麦考莱是最后一位古典史家，因为他的知识背景本质上是古典的，他在写作中运用了许多古典的修辞技巧。值得注意的是，苏利文介绍了麦考莱的《英国史》在美国、印度传播的情况。他还概括了麦考莱的思想遗产；他的世俗化风格培育了英国的市民宗

---

① Catherine Hall, "Home with History: Macaulay and the *History of England*," in Catherine Hall and S. O. Rose, eds., *At Home with the Empire: Metropolitan Culture and the Imperial World*, Cambridge: Cambridge University Press, 2006, pp. 32 – 52.

② Catherine Hall, "Macaulay's Nation," *Victorian Studies*, Vol. 51, No. 3 (spring, 2009), pp. 505 – 523.

③ Theodore Koditschek, *Liberalism, Imperialism, and the Historical Imagination: Nineteenth-Century Visions of a Greater Britain*, New York: Cambridge University Press, 2011, pp. 99 – 149.

教；他参与制定的印度刑法典、教育改革带给印度社会长期影响；他的史学风格被 20 世纪下半期的史家继承。①

第二，延续了之前的研究传统，继续关注麦考莱的历史著作的文学性。克蒂斯谢克的研究即是把麦考莱的著作视为一部传奇。爱德华·亚当斯（Edward Adams）认为麦考莱的《英国史》的创作原型与其说是小说，不如说是史诗。他指出，《英国史》勾画的是一部 17 世纪英国的自由主义史诗。②亚当斯后来在他 2011 年的新著《自由主义史诗》中重申了以上观点。他提出，早期的麦考莱欣赏浪漫主义和小说的样式，但在他后来的散文和《英国史》中，又回到了新古典主义史诗的尚武精神和英雄传统，描写了很多战争场面，但是麦考莱的史诗已经打破了血腥的杀戮，强调的是文明的进步和自由的实现。③

第三，通过对麦考莱某些著述的重新解读，挑战传统的观点。2006年，《19 世纪散文》杂志出版了一期研究麦考莱的专号，八位学者从不同的角度发表了有关麦考莱的最新研究，它们体现了麦考莱研究中的连续、创新和新方向，其中不乏一些挑战传统看法的文章。④比如，欧文·爱德华（O. D. Edwards）通过对麦考莱一篇散文的重新解读，挑战了麦考莱缺乏历史的同情这一传统看法。

此外，也有不少比较研究涉及麦考莱。哈斯凯斯（Ian Hesketh）的论文研究的是历史学家西利和弗里曼如何对待麦考莱遗留下的史学遗产和传统。他指出，西利和弗里曼都是历史学科化的推动者，但两人对

---

① R. E. Sullivan, *Macaulay: The Tragedy of Power*, Cambridge, MA: Harvard University Press, 2009.

② Edward Adams, "Macaulay's History of England and the Dilemmas of liberal Epic," *Nineteenth-Century Prose*, Vol. 33, No. 2 (2006), pp. 149 – 174.

③ Edward Adams, *Liberal Epic: The Victorian Practice of History from Gibbon to Churchill*, Charlottesville, VA: University of Virginia Press, 2011.

④ O. D. Edwards, "The ranks of Tuscany: Macaulay on Ranke's Die romischen Papste," *Nineteenth-Century Prose*, Vol. 33. No. 2 (2006), pp. 49 – 81; D. C. Hanson, "Precocity and sibling relations: Goethe and Macaulay family life writing," *Nineteenth-Century Prose*, Vol. 33. No. 2 (2006), pp. 18 – 48; Jack. Harrington, "Macaulay, Lord Clive and the imperial tradition," *Nineteenth-Century Prose*, Vol. 33. No. 2 (2006), pp. 124 – 148; G. J. V. Prasad, "A minute stretching into centuries: Macaulay, English, and India," *Nineteenth-Century Prose*, Vol. 33. No. 2 (2006), pp. 175 – 198;

历史读者的认识存在分歧，这也导致二人对于麦考莱的不同态度，弗里曼肯定麦考莱面向广大读者的撰史态度，而西利则认为麦氏腐化了公众的历史感。①史家之间的比较研究一直是国外博士论文的选题之一。2012 年，布里格曼（Brigman）的博士论文比较了休谟和麦考莱的史学思想。长期以来，学术界认为休谟史学是不偏不倚的，麦考莱则充满偏见，布里格曼质疑这种观点。麦考莱之所以被认为是片面的，是因为他被贴上了辉格史家的标签，在 20 世纪上半叶学术界对辉格史学进行了猛烈的批判。另外，麦考莱热衷信仰的进步观念，也因为两次世界大战对人类自信心的打击，而受到冷落。布里格曼指出，今天的历史学家可以结合休谟的客观性和麦考莱的撰史方法，创造出一种可读性强的客观性历史。②

总而言之，一个半世纪以来，国外学术界有关麦考莱的研究可以概括为如下三个方面。第一，麦考莱的史家身份问题。麦考莱是历史学家，还是文学家，这是一个曾长期引发争论的问题，与史家身份争议密切相关的是对麦考莱历史著作的艺术性或文学性的讨论。现在学界已经承认麦考莱的历史学家的地位，并且高度评价麦考莱历史著作的文学价值。第二，对麦考莱辉格史学思想的研究。尤其是麦考莱的进步观，在他的英国史、帝国史叙述和殖民地的立法活动中都有所体现。第三，麦考莱文风的特征。历史学者多从历史叙述的艺术层面来分析麦考莱的历史著作的风格。文学家则从文学表现手法、修辞技巧等方面阐明麦考莱文本风格的多样性和统一性。

---

① Ian Hesketh, "Writing History in Macaulay's Shadow: J. R. Seeley, E. A. Freeman, and the Audience for Scientific History in Late Victorian Britain," *Journal of the Canadian Historical Association*, Vol. 22, No. 2, 2011, pp. 30 – 56.

② D. S. Brigman, *English History through the Historians' eyes: Revisiting David Hume and Thomas Babington Macaulay*, An Abstract of a thesis submitted in partial fulfillment of the requirements for the degree of Master of Arts in the Department of History and Anthropology University of Central Missouri, 2012. (http://centralspace.ucmo.edu/xmlui/bitstream/handle/10768/151/DBrigman_HISTORY.pdf? sequence = 1)

三　中文研究文献

20 世纪 80 年代初，国内一些学者关注到麦考莱，陈明鉴和谭英华两位先生先后在《世界历史》撰文讨论麦考莱的史学思想。[1]陈明鉴的论文带有较为浓厚的意识形态批判和阶级斗争的意味。谭英华主要考察了麦考莱的历史认识论和历史编撰艺术，分析了他的宪政史观的内涵。谭先生对麦考莱历史编撰的优点和缺点都有评论，他精辟地指出麦考莱"历史编撰的指导原则不是求真，而是求美；对于史学家，艺术性重于客观性，趣味性重于准确性"，他还评论了麦考莱在史学史上的地位与贡献。谭先生对于麦考莱的研究是比较全面的，他的很多论述至今仍有参考意义。此后出现了一个麦考莱研究的空白期。直到 2007 年，阎照祥发表了《英国辉格史学派先驱者论略》一文，麦考莱重新出现在学术界的视野中。他在文中提出辉格党人福克斯、罗素等人是辉格史学的先驱，麦考莱是辉格史学的集大成者。[2]2008 年，肖英芳在论述 19 世纪辉格史学的硕士论文中，辟出一章分析了麦考莱的辉格史观。[3]2011 年，张娜的硕士论文从历史认识论，宪政史观，"麦考莱体"三方面探讨了麦考莱的史学思想。这篇论文在文献的运用上有所缺陷，很多观点未能从原始文献入手展开论证，也没有参考一些较新的研究成果。[4]国内西方史学史的著作对麦考莱均有所介绍。大多数学者把麦考莱作为英国辉格史学流派的主要代表加以论述。比如张广智的《西方史学史》[5]、何平的《西方历史编撰学史》[6]。易兰在西方史学通史近代卷中，既把麦

① 陈明鉴：《马考莱的史学观点》，《世界历史》1981 年第 4 期；谭英华：《试论马考莱的史学》，《世界历史》1983 年第 1 期。

② 阎照祥：《英国辉格史学派先驱者论略》，《河南大学学报》（社会科学版）2007 年第 6 期。

③ 肖英芳：《论 19 世纪英国辉格派史学》，硕士学位论文，山东大学，2008 年。

④ 张娜：《论马考莱的史学思想》，硕士论文，山东大学，2011 年。

⑤ 张广智：《西方史学史》，复旦大学出版社 2000 年 1 版，此后 2 版、3 版对于麦考莱的论述都没有变化。

⑥ 何平：《西方历史编撰学史》，商务印书馆 2010 年版，第 161—163 页。

考莱放在辉格史学的派别之下，也放在英国的浪漫主义史学中加以探讨。①

纵观国内外麦考莱研究的成果，国内学术界基本以史家思想的评介为主，欠缺综合性的专题研究。国外学界的研究成果史料翔实、视角新颖、观点深入，但学者多选择麦考莱的一个面向，如辉格史学、作品风格进行研究，缺乏全面和系统的探究，也就难以形成对麦考莱史学思想的整体考察。

第四节　研究内容与新意

本书试图回答下面几个问题。第一，麦考莱辉格史观的内容、特征及其评价。第二，麦考莱史学思想的浪漫主义、理性主义内涵及其表现形式。第三，麦考莱自由的帝国主义思想的内容，他在印度的立法改革以及对印度社会的影响，该如何评价他的改革措施和种族主义观念。第四，麦考莱的学术影响，他留下了哪些辉格史学遗产，他的文风的特征和形成过程，以及他对英国史学通俗化的贡献。

如果说这本书有什么新意的话，主要是它站在中国研究者的立场上，充分运用原始文献和各种研究资料，努力回应西方学术界关于麦考莱的争论，又结合当下国内的学术研究热点阐明麦考莱著作的学术价值。

第一，运用多种史料对麦考莱进行横向和纵向的立体研究。本书从麦考莱的文本出发，运用麦考莱的《英国史》、史论、书信、日记、议会演讲，还有英国议会议事录等多种史料来阐释麦考莱的史学思想，重视对当时的社会和思想背景的研究，分析这些背景因素对麦考莱的影响。既把麦考莱放在英国整个辉格史学的发展脉络中进行考察，也注意把他与其他历史学家进行横向比较研究。

---

① 易兰：《西方史学通史》第 5 卷近代时期下，复旦大学出版社 2011 年版，第 173—187 页。

第二，深入阐释麦考莱进步观的复杂内涵。本书对麦考莱的进步观进行了更为全面的考查，进一步阐述了麦考莱思想中一个容易被人忽视的地方，即他认为人们的想象、诗歌等精神领域的发展不是一种累积和连续的进步，麦考莱的进步观是线性进步观和非线性发展观的结合。

第三，从新的研究视角发掘麦考莱史学的社会价值。本书尝试从国家认同的角度分析麦考莱的民族和国家历史叙事，阐释麦考莱对英国性的认识和他建构英国国家认同的方式。此外，还从通俗史学的层面上研究麦考莱史学的影响。通过对英国通俗史学的个案研究，以期对当下国内的史学讨论有所助益。

第一章　麦考莱史学思想的形成背景

历史学家总是时代的产物。麦考莱身处的 19 世纪上半叶是自由资本主义蓬勃发展的历史阶段，工业革命向纵深推进。英国政府为促进经济发展，对经济运行采取不干预的自由放任政策，商业迅速发展。工业革命带来英国经济的巨大繁荣和社会结构的深刻变化，资产阶级的力量日益发展壮大，他们不满足于国内市场，走上了海外扩张的道路，将广大的亚洲、非洲和美洲地区的国家纳入其殖民范围，逐渐将全球变成英国的原料产地和商品市场。工业革命产生新的社会阶层工人阶级，他们是未来推动普选权的宪章运动的主要力量。以工业资产阶级为代表的社会中等阶层要求进入议会分享更多的政治权利。到 19 世纪 30 年代英国社会掀起风起云涌的议会改革浪潮。在思想文化方面，19 世纪初的英国思想界仍然受到 18 世纪启蒙思想的影响，从德国传来的浪漫主义文学思潮在英国本土传播开来，声势日甚，与此同时，英国的功利主义哲学也成为思想界的重要流派。

第一节　历史背景

一　反《谷物法》斗争与自由资本主义的发展

19 世纪前期英国的自由资本主义迅速发展，到 1832 年英国完成了议会改革，工业革命也接近尾声，英国成为世界上第一个工业化国家。

英国的经济思想和政策从重商主义向贸易自由主义转变。亚当·斯密等政治经济学家认为实行商业垄断对殖民地和母国的经济发展是不利的，只有实行自由贸易才是符合双方共同利益的选择。斯密提出的自由主义经济学说得到工商业资产阶级的热情拥护，实力增强的工商业资产阶级迫切要求实行自由贸易，呼吁政府放弃国家干预的经济政策，实行完全的"自由放任"政策。《谷物法》（*Corn Law*）成为他们开展自由贸易运动的突破口。历史上的《谷物法》的主要内容是限制谷物的进出口贸易，早在 12 世纪就有文献记录。[①]工业革命之前的英国实行重商主义政策，鼓励谷物出口，对出口谷物免除关税并给以奖励，目的是保证本国地主阶层的利益。拿破仑战争期间，谷物价格的快速上涨使得农业经营有利可图。不少地主投入大量资金开垦贫瘠土地扩大农业生产，以谋求更多的利润。但随着战争的结束，粮食价格逐渐回落，农业利润也逐渐萎缩，对地主的利益形成很大的冲击。1815 年，利物浦勋爵领导的托利党政府通过了一项《谷物法》，规定当国内谷物价格低于每夸特 80 先令时，禁止国外廉价谷物进口，以保证国内市场谷物的高价位。[②]《谷物法》的颁布使得英国国内谷物的供应相对短缺，粮食价格偏高，这样能够保证土地贵族获取高额利润，却增加了工业资产阶级的生产成本与工资成本。19 世纪 30 年代，一些工厂主成立反谷物法同盟，投入大量财力和人力展开反谷物法的宣传活动，吸引了一些工人群众加入同盟。工商业资产阶级领导的反谷物法同盟形成巨大的政治压力，也广泛传播了自由贸易思想。

　　1831 年到 1841 年掌权的辉格党政府大部分时间没有决定废除《谷物法》。但是辉格－自由党议员查理斯·维利耶（Charles Pelham Villiers）从 1837 年到 1845 年每年都会提出废除《谷物法》的提案。[③]在此期间作为议员的麦考莱每次都会为废除《谷物法》作出辩护。1842 年在反对《谷物法》的议会斗争中，他阐述了废除《谷物法》的主要理

①　https：//www. britannica. com/event/Corn-Law-British-history.
②　王觉非主编：《近代英国史》，南京大学出版社 1997 年版，第 460 页。
③　https：//en. wikipedia. org/wiki/Corn_Laws.

由。一方面，谷物的自由贸易可以平抑国内谷物和食品的价格，有利于工资较低的工人阶级的生活。另一方面，麦考莱担心过高的食品价格会引发民众的骚乱甚至导致无政府状态。[①] 1845 年，谷物法的问题再次被议会讨论，麦考莱向爱丁堡的公众演说道："自从我进入政治生活，我的观点从未变化，我一直认为对农业的保护原则是一个有害的原则。"[②] 麦考莱主张自由贸易政策的立场是坚定不移的。尽管辉格党的提议一次次被否决，但议会反《谷物法》的力量逐渐增强，直到支持自由贸易的托利党政治家罗伯特·皮尔（Robert Peel）上台，反《谷物法》运动才取得实质性进展。在皮尔担任内阁首相期间，英国的经济政策开始向贸易自由主义的方向转变，英国与各殖民地之间逐步实现了自由贸易。1846 年，在皮尔的坚持下议会最终通过废除《谷物法》的法案。[③]这标志着英国放弃了保护关税的政策，自由资本主义最终取得了胜利。

二　议会改革的浪潮

随着英国自由资本主义的发展，英国的政治制度也需要作出相应的调整。改革的呼声既来自底层的工人群众，也来自社会中上层的工商业资产阶级和贵族统治阶级。改革的浪潮可谓是一浪高过一浪。从 1815 年反法战争结束到 1831—1832 年的议会改革，是支持议会改革的各派力量——辉格、托利派统治阶层，中等阶层和工人阶层力量分化、重组的时期。在各派改革力量的共同努力下，终于通过了 1832 年的议会改革法案。

工人阶级包括传统手工业工人和工业革命之后的工厂工人两个阶层。19 世纪最初的 10 年，手工业工人开展了各种秘密结社活动，其中以 1811—1812 年的卢德运动最为有名。由于手工劳动被工业革命时代

---

① T. B. Macaulay, "On the Corn Laws," 21 February. 1842, *Hansard*, 3rd Series, vol. LX, pp. 746 – 760.

② T. B. Macaulay, "Corn-Law," speech, 2 Decmber, 1845, in Lady Thevelyan ed., *The Miscellaneous Works of lord Maeaulay*, vol. 10, p. 120.

③ 参见王觉非主编《近代英国史》，第 459—462 页。

的机器生产取代，手工业者大量失业，生活困难，他们便袭击工厂主、打砸机器以发泄仇恨。工厂工人偏重于经济斗争，对议会改革兴趣不大。他们在政治上的要求是实行普选制，对贵族阶层和中等阶级的改革不抱希望。手工工人的政治斗争传统更加悠久，为争取普选权进行了长期斗争，他们的目标只有一个，即实行彻底的成年男子普选权。所以当1831—1832年议会改革期间辉格党提出他们的妥协提案时，英国的手工业者是持反对态度的。事实上，工人阶级没有从议会改革的结果中获利，但他们的态度对于推动议会改革的发展起到了关键作用。

议会改革最终是由统治阶级提出并实施的。拿破仑战争结束以后，托利党人长期执掌英国政权，英国历史进入了一段保守反动的统治时期。托利党政府严厉镇压工人阶级的集会和中等阶级的议会改革运动。1822年，在卡斯尔雷去世后，托利党的领导权落到有一定改革精神的新一代政治家手中，他们被称为托利党自由派，主要成员有乔治·坎宁和罗伯特·皮尔。坎宁派实行了带有自由主义色彩的改革，调整了政治、经济和外交政策，他们与以威灵顿（Lord Wellington）为首的托利党保守派的斗争越来越激烈。坎宁死后，帕麦斯顿领导的坎宁派也站在议会改革的一方，托利党内部发生分化。19世纪20年代末，托利党保守派因为爱尔兰天主教徒的解放问题再次发生分裂。1829年，面对爱尔兰的分离趋势，为了将爱尔兰留在不列颠的版图内，威灵顿于1829年通过了《天主教解放法》，放弃了独尊国教的基本国策。于是，托利党内一批反对天主教解放的极端保守派转向了改革。辉格党在托利党人当政期间曾消沉过很长时间。进入二三十年代，辉格党逐渐活跃起来，吸收了一些中等阶级的代表进入党内，罗素与麦考莱都是这样的人物。1830年，隐退10年的格雷勋爵（Lord Grey）复出成为辉格党的领袖，他与坎宁派结盟，共同进行改革。辉格党提出的取消衰败选邑、扩大选举权的改革措施比人们设想的要彻底。辉格党的提案在下院经过一番斗争后被通过，但在上院遭到托利派贵族的顽强抵制。在中等阶级改革派组织的万人群众集会，工人阶级的一些小规模暴动的威胁之下，威灵顿领导的托利党向辉格党妥协，一些顽固的托利党人退出上院。1832年6

月，改革法案最终在上院通过，并得到国王批准，改革终于取得了成功。①作为辉格党的新人，麦考莱在1831—1832年议会改革期间充分展现了自己雄辩的口才，论证议会改革法案的合理性，赢得一片喝彩。

三 不列颠帝国的扩张与殖民政策的转变

工业革命带来的巨大生产力使得资产阶级对原材料和商品市场的需求比之前任何时期都要迫切，他们把侵略的魔爪伸向亚洲，不惜使用"坚船利炮"的武力政策打开中国等东亚国家的贸易大门。印度在英国殖民体系中占有举足轻重的地位，是英国侵略东亚的跳板，对于英帝国的经济和军事利益具有重要战略价值。地理大发现之后，英国就开始了对印度的占领，它对印度的蚕食鲸吞由17世纪的殖民据点逐步扩展为大片的领土。18世纪的英国殖民者在印度发动了许多殖民战争，抢夺了印度广袤的领土和巨额的财富，英国人最终将法国的殖民势力赶出印度，确立起自己在印度次大陆的霸主地位。这一时期，东印度公司是英国征服和统治印度的主要工具，是英国在印度统治的代表，公司垄断了英属印度的商业贸易和与中国的贸易特权。庞大的权力滋生了巨大的腐败，英国统治印度的官员、公司职员对印度人民敲诈勒索，疯狂掠夺，聚敛起大量财富，他们的一些行为激起了印度民众的反抗。英国国内工业革命对于海外市场的需求，英国殖民统治的腐败，以及福音派等人道主义思想的宣扬，都为英国调整海外殖民地的统治政策提供了动力。②

自18世纪70年代起，并一直持续到19世纪中期，英国对印度殖民地的统治政策进行了旨在消除东印度公司腐败的根本性改革。在经济上逐渐打破东印度公司的垄断贸易，向自由贸易转变；在政治上则是加强英国议会对印度的直接统治，由东印度公司的一元统治转变为公司和英国议会的二元统治，最终将东印度公司从一个事实上的政治实体转变

---

① 关于1831—1832年英国议会改革的历史参见王觉非主编《近代英国史》，第404—443页。

② 关于福音派、人道主义思想的论述可参见张本英《自由帝国的建立——1815—1870年英帝国研究》，安徽大学出版社2009年版，第196—210页。

为单纯的贸易机构。当时英国管理印度的最高机构由两个部分组成，一个是由国王任命的印度事务委员会，另一个是在伦敦的东印度公司董事会，具体执行者是东印度公司。帝国统治印度的最高长官是英国驻印总督，直到 1858 年驻印总督都由东印度公司提名，英国政府任命产生。1813 年议会通过的特许状法案废除了东印度公司对中国、印度的贸易垄断权，1833 年的特许状法案决定改革英国统治印度的政府机构，麦考莱因而担任驻印总督参事会新设立的立法委员一职，为印度起草和制定了不少法律，以此来制约东印度公司的腐败和西方人的特权。

第二节 思想背景

青年麦考莱受到英国新旧文化思潮的交叉影响。18 世纪启蒙哲学、伯克的辉格主义在麦考莱的脑海中留下深深烙印。与此同时，19 世纪初的浪漫主义文学思潮和功利主义哲学方兴未艾。关于浪漫主义对麦考莱的影响后文会结合具体问题加以分析，此处我们着重论述其他三方面的内容。

一 苏格兰启蒙思想家的进步观

麦考莱继承了休谟、约翰·米勒（John Millar）等苏格兰启蒙思想家的社会进步观。苏格兰思想家认为人类的政治制度是理性的产物，社会是不断进步的，其发展呈现出由低级到高级的阶段性演进特征。各国发展有快有慢，不同时代的两个国家可能处在相同的社会阶段，同一时代的不同国家可能处于不同的历史发展阶段。米勒将英国社会发展划分为三个阶段，撒克逊占领时期、封建时期和商业阶段。他的社会发展阶段理论对麦考莱的历史进步观有所影响。[1]麦考莱在《英国史》认为英格兰的社会发展水平远高于同时期的苏格兰、爱尔兰。他说英格兰与爱尔兰"位于文明的不同阶段上"，"边缘的爱尔兰人就像拉布拉多的野

---

① T. B. Macaulay, "The Letter to Hannah More," 11 November, 1816, in Thomas Pinney ed. , *The Letters of Thomas Babington Macanlay*, vol. 1, Cambridge：Cambridge University Press, 1974, p. 82.

蛮人一样",苏格兰高地人民"是一个几乎与非洲的新几内亚一样蛮荒的地方"。①英格兰是麦考莱所描述世界的文明和进步的中心,除此之外的印度、美洲殖民地,甚至与英格兰毗邻同属不列颠岛的爱尔兰、苏格兰都是未开化的蛮荒之地。

苏格兰启蒙思想家认为进步的动力来自商业的发展。休谟是 18 世纪苏格兰启蒙运动中最为重要的哲学家,也是经济学家和历史学家。他的《英国史》是当时非常流行的历史著作,体现了休谟的社会进步观。麦考莱在 14 岁之前就读过休谟的《英国史》,并指出休谟历史撰述的缺点。②他认为休谟只是注意到英国城市的进步,但没有认识到政府偿还国债能力的增长。

> 他只是看到了周围事物的进步,逐渐发展的城市,扩展的农田,不足以容纳船只的港口,连接了内陆的主要工业市镇与主要沿海港口的人工运河,良好的街道照明,漂亮的房屋装饰,昂贵的衣服在商店里出售,快速的马车沿着平坦的大道前行。他确实只是将他年青时的爱丁堡与他晚年的爱丁堡相比较。……他的预测对于后人而言是一个值得记住的错误的例子,即使是最为强大的思想家也难免会犯下这样的错误。③

休谟没有以发展的眼光看待英国未来的经济增长,他目光所及的是他所生活的历史时期的城市的发展、进步。

另一位苏格兰思想家亚当·斯密比休谟看得更远。斯密认为"国债的负担是巨大的,但国家实际上以一种没人能够预见的方式支撑巨额国债,

---

① T. B. Macaulay, *The History of England*, vol. 2. London: Longman, Brown, Green, and Longmans, 1849, pp. 127, 424; T. B. Macaulay, *The History of England*, vol. 4, London: Longman, Brown, Green, Longmans, 1855, p. 199.

② T. B. Macaulay, "The Letter to Zachary Macaulay," 25 August, 1814, in Thomas Pinney ed., The Letters of Thomas Babington Macaulay, vol. 1, p. 51; T. B. Macaulay, "The Letter to Selina Mills Mancaulay," Cambridge: Cambridge University Press 1974, October, 1814, in Ibid., p. 53.

③ T. B. Macaulay, *The History of England*, vol. 4. London: Longman, Brown, Green, and Longmans, 1855, p. 328.

并在这种情况下经济繁荣"①。麦考莱同意斯密的看法，他对英国经济、社会的进步充满信心，国债的持续增长也是社会经济发展的一个体现。

二 辉格主义思想

辉格主义是斯图亚特王朝复辟期间成长起来的议会党人的政治纲领。他们主张议会权力至上，对非国教新教徒实行宗教宽容，反对信仰天主教的国王继承英国王位。光荣革命之后，英国的政治实践又赋予辉格主义温和、妥协的内涵。因此，辉格主义是一种强调议会权力、崇尚宪政传统的意识形态。在辉格党的众多思想家中，洛克与伯克是两位卓越的代表。

伯克是18世纪的辉格党政治家，英国保守主义政治学说的鼻祖。麦考莱对传统、先例的尊重继承了伯克的辉格主义思想。伯克从光荣革命注重妥协的历史经验出发，批判破坏一切传统的法国大革命。他认为真正的自由是现实生活中具体的自由，而不是法国大革命时期思想家所谈论的抽象自由。伯克宣称："我们迄今所进行的一切改革都是根据对古代的尊崇这一原则在进行的；而且我希望——不，我坚信不疑——今后所可能进行的一切改革，都将根据类似的前例、权威和典范而小心翼翼地来形成。"②他所说的传统是指《自由大宪章》《权利法案》等法律遗产，也指宗教信仰、道德风尚等文明成果。伯克对传统的尊崇并不排斥变化与革新，"英格兰的人们很懂得世袭的观念提供了一条确凿的保守原则和一条确凿的传递原则，而又一点也不排除一条改进的原则。"③改进的原则为在传统的基础上进行改革提供了理论依据。伯克尊重古代宪法传统又接纳变革的观点被著名的西方政治思想史专家波考克称为"连续性中的变化"（change-in-continuity）④。麦考莱接过伯克的思想火

---

① T. B. Macaulay, *The History of England*, vol. 4. London: Longman, Brown, Green, and Longmans, 1855, p. 328.

② ［英］伯克：《法国革命论》，何兆武、许振洲、彭刚译，商务印书馆1998年版，第41页。

③ 同上书，第44页。

④ J. G. A. Pocock, "Burke and the Ancient Constitution-A Problem in the History of Ideas," *The Historical Journal*, Vol. 3, No. 2, 1960, pp. 125 – 143; J. W. Burrow, *A Liberal Descent: Victorian Historians and the Past*, Cambridge: Cambridge University Press, 1981, p. 22.

炬，认为光荣革命是对古老宪法的致敬，是对宪政原则的回归。他承认英国的宪政制度是不完善的，这为接下来的改革留下了空间。麦考莱所主张的改革不是推翻先前的一切制度设计，而是在尊重宪政传统的前提下进行有限的改革。英国学者伯罗在分析伯克对麦考莱的影响时说道："议会与国家的调和不仅依靠议会对选民的责任感，也依赖于选民自己的性格，他们需要接受自我克制的必要限制。对于麦考莱而言，要培育这种克制，没有什么比保留连续性重要，持续尊重体现在历史和制度中的国家政治经验，这是一种标准的伯克立场。"①

辉格主义的另外一位代表性思想家是洛克，麦考莱对洛克的态度比较冷淡。按照常理来说，活动于光荣革命时期的洛克应该在麦考莱《英国史》中留下重要的一页。实际的情况是，麦考莱对洛克的介绍较为简略，连他著名的《政府论》都未提及。麦考莱认为洛克的自然权利学说较为激进，因为根据洛克的自然权利说，普通民众有权起来反抗暴君的统治。洛克的思想属于辉格主义的激进派，麦考莱则更为保守，他十分恐惧民众的暴力革命，担心革命会带来无政府主义，动荡无序的社会威胁统治阶层的利益。

作为辉格主义者，麦考莱批评托利党人的著作及其观点。休谟的《英国史》曾长期占据英国史学界的主流，影响颇大。虽然休谟本人宣称他只是一位历史哲学家，不属于任何政治派别，但由于他同情国王查理一世和大臣斯特福德，厌恶革命以及激进派政治家，所以后世将他视为托利派史家。休谟为专制政府进行辩护，认为权威对于自由的存在是必要的。麦考莱反对休谟的这一看法，在他的《英国史》中鼓吹自由，反对专制统治。

麦考莱的辉格主义思想是伯克式辉格主义和苏格兰启蒙思想家进步观的调和。剑桥大学政治思想史专家波考克指出，苏格兰启蒙思想家，科学辉格主义者米勒相信历史可以给后世提供效仿的案例和实践的指

---

① J. W. Burrow, *A Liberal Descent*: *Victorian historians and the Past*, Cambridge: Cambridge University Press, 1981, pp. 87 - 88.

南，他的任务"是写一本有关老行动如何变成新行动，并能够用来为后者正名的环境史。如果能做到这一点，即可证明甚至革命也可以是一种保守的行动"。而与此相反，"伯克及其门徒的立场似乎是，1688 年是不可重复的，它没有包含有关以后的实践的指南，这成为对 1688 年以后建立的宪政不能进行改革的依据"。①波考克认为，麦考莱在辉格党政治家福克斯的影响下，调和了伯克的新辉格主义和苏格兰的科学辉格主义，他的历史观结合了伯克的传统观念和苏格兰的进步观。

三 功利主义哲学

麦考莱 19 世纪 20 年代在剑桥大学学习时，边沁的功利主义学说成为流行的哲学理论。詹姆士·密尔（James Mill）也是边沁学派的重要成员。麦考莱在坚持边沁主义的基本信条的同时，以中产阶级的温和态度弱化了密尔的激进观点，以培根式的归纳法替代了密尔的演绎法。边沁主义是一种功利主义的哲学体系。在《道德与立法原理引论》一书中，边沁给出了功利主义的基本定义："他按照看来势必增大或减小利益有关者的幸福的倾向，亦即促进或妨碍这种幸福的倾向，来赞成或非难任何一项行动。任何法律的功利，都应由其促进相关者的愉快、善与幸福的程度来衡量的。"②边沁功利主义哲学的两大基本原理是最大幸福原理和自利原理。关于前者，边沁认为快乐是好的，痛苦是坏的，因为人的行为都是趋利避害的，所以任何正确的行为都必须产生绝大多数人的最大幸福。自利原理是指每个人的行为都是为了追求自身的利益。1823 年，边沁与詹姆士·密尔共同创办了《威斯敏斯特评论报》，给哲学激进派提供了舆论的阵地。麦考莱赞成密尔的一些基本观点，但反对密尔先验主义的演绎推理方法。为此，他在 1829 年的《爱丁堡评论》上接连发表三篇反驳密尔的文章。麦考莱反复申说的观点是，他不是要建立一个与密尔对立的政府理论，而是要证明密尔论证方发的错误。他

---

① ［美］波考克：《德行、商业和历史：18 世纪政治思想与历史论辑》，冯克利译，生活·读书·新知三联书店 2012 年版，第 447、448 页。

② ［英］边沁：《道德与立法原理导论》，时殷弘译，商务印书馆 2000 年版，第 59 页。

宣称:"我们的目标与其说是攻击和捍卫任何特殊的政治制度,不如说是揭示一种完全不适合道德和政治讨论的推理模式的错误。"①

密尔从普遍的人性原理出发推导有关政府的抽象理论,但是关于人性原理的认识就存在分歧和不确定性。在麦考莱看来,动机的不确定使得人性原理难以固定下来,根据一个不确定的先验原理是无法概括出有关良好政府的普遍原理的。麦考莱写道:"我们必须发现在特殊的政府形式中是什么动机迫使统治者采取坏的措施,什么动机迫使他们采取好的措施。然后我们必须比较两种不同类型的动机的结果,当我们发现一种动机或另一种占优的时候,我们必须宣判所考查的政府形式的好坏。"②动机的不确定性还会导致行为结果的多变。麦考莱指出人们无法确定一种动机一定会带来好的结果。由于事物的复杂性,任何一般性的规则都可能找到反例。统治者对财富的追求不会必然导致弊政,他们赢取民心的做法也不一定会产生好的政府,比如有些君主会大兴土木,搞一些公共工程,实际上却加重了人民的负担。在否定了密尔的演绎法之后,麦考莱诉诸培根的归纳法,归纳法"在真实的实用性上要远远胜过"演绎法。③通过比较古今历史中的不同事例,从中归纳概括出政治理论,然后让其接受新的政治实践的检验,最终形成科学的理论。麦考莱的《英国史》可以说是归纳法的具体运用,他通过比较各种君主、政治家和历史现象,总结历史的经验教训。

除了批判其论证方法,麦考莱还指出了密尔理论中的矛盾之处。比如,密尔在人性论上的前后抵牾。密尔一方面认为人性是统一的,另一方面又区分男性和女性的选举权,他提出男性的普选权,却将女性的权利排除在外。密尔试图实现多数人的最大幸福,却无法解决个体在追求最大幸福的过程中与多数人的最大幸福之间的冲突。此外,密尔对权

① Macaulay, "Mill on Government," *Edinburgh Review*, March 1829, in Lady Trevelyan ed., The Miscellaneous Works of Lord Macaulay, vol. 1, New York and London: G. P. Putnam's Sons, 1898, pp. 393 – 394.
② Ibid., p. 397.
③ Ibid., p. 399.

力、高兴和痛苦等概念没有作出明确的定义，他对君主制等概念的界定前后不一致。

麦考莱与密尔在一些具体问题上的看法观点各异。比如，密尔是成年男性普选权的支持者，麦考莱并不赞成密尔的这一激进观点，他站在中等阶级的立场上，认为中等阶级掌权的政府是最为稳定的。再如，密尔认为国王、贵族与人民三者之间或任何两者都无法实现权力的长期平衡，所以他认为不存在混合制的政府。麦考莱则认为混合制是实际存在的，他反对贵族政体，支持民主政体。麦考莱所主张的民主局限于中产阶级的范围，他的民主观与密尔相比显得保守和狭隘。

尽管麦考莱反对密尔的论证方式和一些具体观点，但他并没有否定边沁和密尔的本质观点，即一个好的政府应该让人民幸福。笔者在下文还将说明，密尔的法制、教育思想以及功利主义哲学主张对麦考莱在印度的立法实践和他后来的历史写作的影响。

第二章 麦考莱的辉格史观

"辉格"（Whig）一词源于17世纪40年代英国王政复辟时期托利党给辉格党起的绰号，原意是"强盗"，指苏格兰西南地区一伙清教徒盟约分子，他们反对天主教，主张限制国王特权，多为拥护议会制度的新教徒。托利（Tony）一词最早见于复辟王朝初期，原指爱尔兰的天主教流民。[①] 17世纪70年代斯图亚特王朝复辟时期，当时英国议会内部各种派别矛盾激烈，形成支持议会的辉格派和拥护国王的托利派两个党派，它们不是现代意义上的政党，只是一些具有相似政见和宗教观念的松散集团。两党的得名源于各自给对方起的绰号，这一绰号也反映了两党的宗教立场，辉格党属于新教阵营，托利党则同情天主教。

辉格史学（Whig history or Whig historiography）应该说是英国政治发展的独特产物。从狭隘意义上说，它是辉格党人通过历史小册子、著作宣传本党政治纲领、攻击托利派的史学形式。辉格史学的起源可以追溯至17世纪议会斗争时期。当时的辉格史家多为议会党的领导人和普通法律师，他们利用历史写作与托利派等王党势力作斗争，将辉格派塑造为正义的化身，托利派则是邪恶的代表，其历史著作讲述的是正义终将战胜邪恶的故事。这种善恶二分、好坏分明的二元论具有摩尼教主义色彩，是辉格史学的一个鲜明特征。18世纪上半叶，英国政党制度发展比较成熟，辉格党一度掌权长达半个世纪，直到18世纪末其政治势力才有所衰退，被托利党取代。一些英国学者把18世纪中后期的福克

①　阎照祥：《英国政治制度史》，人民出版社2012年版，第185页。

斯（Charles Jamas Fox, 1749 – 1806）、麦金托什（James Mackintosh, 1765 –1832）和罗素（John Russel, 1792 – 1878）视为英国辉格史学派的先驱人物。①福克斯、麦金托什和罗素都是辉格党的政治领袖，他们努力宣传辉格主义意识形态，鼓吹自由，反对专制，批评和反对当时的托利党政府及其政策。他们将英国历史描述成国王与议会，辉格党与托利党相互斗争的历史，处于正义一方的议会和辉格党人最终取得胜利。福克斯等人的著作是在辉格党政治上失势期间写作的，既有党派斗争也有鼓舞辉格党人士气的意图。辉格史学在其兴起的早期与辉格党有着密切的联系，随着19世纪历史学专业化的发展，辉格史学的党派性变得不是那么强烈，其与辉格党也没有必然的联系。从认识论和方法论的角度去看，辉格史学的特征几乎在多数史学作品中都能找到踪迹。比如，牛津学派的代表史家斯塔布斯（William Stubbs, 1825 – 1901）是托利党人，但他是一位辉格史家。学术界公认的辉格史家主要集中于19世纪，早期的代表有哈兰（Henry Hallam, 1777 – 1859）、林加德（John Lingard, 1771 – 1851）等人，1828年哈兰发表了他的《英格兰宪政史》，标志着辉格史学派的诞生。到19世纪中期，由于麦考莱的《英国史》的巨大影响力，辉格史学发展到顶峰。麦考莱成为辉格史学的集大成者，也是辉格史观著名的代表。19世纪晚期的辉格史家代表有斯塔布斯、弗里曼（Edward August Freeman, 1823 – 1892）、格林（John Richard Green, 1837 – 1883）和加登纳（Samuel Rawson Gardiner）。20世纪上半叶辉格史家的主要代表是弗斯（Charles Harding Firth, 1857 – 1936）和屈威廉（George Macaulay Trevelyan, 1876 – 1962）②，两人分别担任过牛津大学和剑桥大学钦定近代史讲座教授，但辉格史学的发展已经在走下坡路，其影响力大不如从前，这从屈威廉被称为最后一位辉

---

① 阎照祥:《英国辉格史学派先驱者论略》,《河南大学学报》（社会科学版）2007年第6期,第8页。

② 关于辉格史家的简单评述可参见 Michael Bentley, *Modernizing England's Past: English Historiography in the Age of Modernism*, 1870 –1970, New York: Cambridge University Press, 2005, pp. 6 –8。

格史家也可以看出端倪。

20 世纪以来的学者对辉格史家这一松散的史家群体和辉格史学流派进行了持续深入的研究。英国史家费舍尔（H. L. Fisher）作出较早的尝试。他在 1928 年的《辉格史学家》一文中指出，辉格史学应被认为是政治性的史学而非是进步或目的论史学。①费舍尔的界定太过狭窄，被后来的学者所修正。1931 年，英国历史学家巴特菲尔德（Herbert Butterfield）发表了奠定他日后学术声誉的著作《历史的辉格解释》。这本小书篇幅不大，影响却非常广。它第一次揭示了英国史学中辉格式历史解释的各种特征，并对辉格史学的认识论和方法论严厉批判，使得辉格史学和辉格解释一词在历史学界和其他社会科学领域变得声名狼藉。根据巴特菲尔德的定义，辉格式历史解释是一种"许多历史学家站在新教和辉格党的立场上写作的趋向，他们赞美曾经成功的革命，强调历史的某些进步原则，写出的故事如果不是赞美也是肯定现在。历史进程的辉格说明与某些历史组织和推论的方法相联系——除非不是历史研究，否则所有的历史学都会犯下辉格式的错误"②。概言之，巴特菲尔德认为辉格式历史解释带有党派和宗教倾向，将现代的价值观强加于过去，其目的是突出现代的地位，强调历史进步性。辉格式历史解释没有立足于历史现象发生的具体情境，而是用当下的立场、价值观和概念范畴认识、评价过去，对过去的说明就可能歪曲历史真相，犯了认识论上的"时代错置"（anachronism）的错误。巴特菲尔德还提醒我们，辉格式的历史解释具有普遍性。对此，有学者通过具体的研究证实了辉格式错误的共性。辉格式历史解释的方法并不是辉格史学独有的，托利派史学作品的历史解释方法与辉格派史学的方法并无二致。③

---

① Michael Bentley, *Modernizing England's Past: English Historiography in the Age of Modernism*, 1870 – 1970. New York: Cambridge University Press, 2005, p. 171.

② Herbert Butterfield, *The Whig Interpretation of History*, New York: The Norton library, 1965, P. V. 译文可参见 ［英］巴特菲尔德《历史的辉格解释》，张岳明、刘北成译，商务印书馆 2012 年版，第 1 页。

③ Mark Knights, "The Tory Interpretation of History in the Rage of Parties," *The Huntington Library Quarterly*; Vol. 68, No. 1, 2005, pp. 357 – 359.

巴特菲尔德批判的主要辉格史家是著名的阿克顿勋爵。阿克顿是19世纪末英国以学识渊博著称的历史学家，是兰克客观主义史学在英国的推手，他主张历史学家应该对过去的历史现象进行道德审判。巴特菲尔德指出，对历史做道德审判是辉格史家的普遍性特征，阿克顿在这方面已经达到辉格史家的最高境界。[①]由于学术界公认的最为著名的辉格史家代表是19世纪中叶的英国史家麦考莱，因此一些学者认为巴特菲尔德对辉格式历史解释的批评也针对麦考莱。但实际上，巴特菲尔德高度评价了麦考莱的史学贡献。在他看来，麦考莱的辉格式错误不能算是最严重的。他还指出，麦考莱利用丰富的想象力和同情，复活了过去的历史，以至于他能像现在的人们谈论当代政治争论一样讲述过去的政治，他的历史叙述能给人以教育意义，又能使人身临其境地走进历史现场。[②]麦考莱对历史细节的详细刻画与巴特菲尔德为纠正辉格史学简化、节略历史的错误提出的技术性方法有异曲同工之妙。在笔者看来，虽然巴特菲尔德的批评矛头没有指向麦考莱，并对他给以好评，但这不是说麦考莱的历史著作没有表现出辉格史学的特征。相反，麦考莱的宗教观念、政治意识形态立场和历史认识视角与巴特菲尔德对于辉格解释特征的阐释非常契合。

1978年，荷兰历史学者伯拉斯出版了他精深的博士论文《连续性和时代错置》，这本著作对19世纪末到20世纪30年代的辉格史学作了系统和详细的研究。伯拉斯概括了辉格史学的三个特征，即时代错置、目的论和夸大连续性。[③]2000年，学者科斯格罗夫（Richard Cosgrove）在其论文中总结出辉格史学的十个特征，它们是：以道德评判作为历史解释的终极评判、以现在为参照研究过去、突出宪政史的地位、强调历

---

① Herbert Butterfield, *The Whig Interpretation of History*, New York：The Norton library, 1965, p. 111.

② K. C. Sewell, *Herbert Butterfield and the Interpretation of History*, New York：Palgrave Macmillan, 2005, p. 85.

③ P. B. M. Blass, *Continuity and Anachronism：Parliamentary and constitutional Development in Whig Historiography and in the anti-Whig Reaction between 1890 and 1930*, The Hague：Boston M Nijhoff, 1978, pp. 10 – 31.

史的连续性、强调连续性对解释英国历史的重要作用、英国例外论、新教视角、政治实用主义、强调进步和目的论。① 上述学者概括的辉格史学的各项特征在辉格史家的作品中表现的程度是不均衡的，比如说，辉格史学的先驱福克斯没有强烈的党派偏见和实用主义。

笔者试图给辉格史学作出如下的定义：辉格史学是以英国的宪政和法律制度的发展演变为主要研究对象，以英国人争取自由权利、反抗专制的斗争为主要内容，歌颂自由，强调历史进步性的史学流派。从目的论的层面来说，辉格史学的目标是论证英国的宪政制度和自由事业终将取得胜利。从认识论的角度来看，辉格史家倾向从现在的概念、价值观出发认识和评判过去。根据这一定义，笔者从历史观和史学观两个方面对麦考莱辉格史观的内涵和特征展开研究。在此之前，我们先考察一下辉格史学的先驱麦金托什与哈兰的相关研究。

第一节　早期的辉格史家：麦金托什与哈兰

一　麦金托什的光荣革命研究

麦金托什（James Mackintosh，1765 – 1832）是苏格兰记者，辉格党政治家和历史学家。他最初在爱丁堡大学学习医学，后来放弃医生职业改行从事律师。1791 年，麦金托什出版了让他声名鹊起的《为法国革命及其英国支持者辩护》②，这本著作是对伯克《法国革命论》一书的回应。作者为法国大革命辩护，替自由主义代言，反击伯克的保守主义思想。当法国革命期间的暴力愈演愈烈，麦金托什开始改变之前的激进观点，站在伯克一边，对法国革命持怀疑态度。尽管麦金托什对法国大革命的看法前后不一，但他为人权作出的辩护是辉格党重要的思想财

① R. A. Cosgrove, "Reflection on the Whig Interpretation of History," *Journal of Early Modern History*, Vol. 4, No. 2, 2000, pp. 147 – 167.

② James Mackintosh, *Vindiciæ Gallicæ*: *Defence of the French Revolution*, a Critical Edition edited by Edmund Garratt, New York: Palgrave Macmillan, 2008.

富。麦金托什在印度当了九年的法官，回到英格兰后开始参与政治活动，他为辉格党的机关刊物《爱丁堡评论》积极撰稿，在下院发表演说大力宣传议会改革，为其赢得广泛的政治声誉。在政治活动之外，麦金托什试图撰写一部有关光荣革命的历史，但截至他去世之前，他的《1688 年光荣革命史》也没有完成，只是一些零散的片段。麦金托什试图阐明革命的起因，他从詹姆士二世即位开始写起，到詹姆士二世与威廉亲王矛盾爆发前夕就戛然而止。①他叙述了詹姆士二世内阁主要大臣的性格、能力和品德，国王对法院的改组，对政府官员、军官士兵和大学的控制。詹姆士颁布《信仰自由令》暗中发展天主教势力，大量天主教徒被提拔担任政府公职人员和教会神职人员，英国政坛上下、军队都受到极大震动。在写完英国的内政情况后，麦金托什开始写英国和荷兰之间的关系，荷兰奥伦治家族的简史，威廉亲王的个性、处境和计划，威廉的政策与英国事务的联系。麦金托什去世两年后，1834 年由出版社将他的不完整的光荣革命史续写到威廉三世解决王位问题为止。

麦金托什是自由的坚定维护者。他对詹姆士二世加强中央集权的做法提出批评，主张宗教宽容和信仰自由，反对詹姆士二世推行天主教、打压国教的政策。他写道："英格兰人民对法律的尊重尤其突出，正直的牧师热爱自由，受到这一情感的激励，当他们看到法庭变成镇压或颠覆的工具，失望到极点，无比愤怒。"② 在 1831—1832 年议会改革期间麦金托什支持解放天主教的法案，为打破宗教歧视、实现信仰自由而呼吁。麦金托什指出自由、法律和国教是人民反抗迫害的依据，"人民自由，市民法和大多数人的宗教一样都是被敌视的目标，它们也是反对最终迫害的最好保证"③。他还揭示出光荣革命爆发的原因，即詹姆士二世侵犯了人民的基本权利。

---

① James Mackintosh, *History of the Revolution in England in* 1688, London: Longman, 1834, advertisement.

② Ibid., p. 64.

③ Ibid., p. 133.

　　麦金托什的历史写作强调对历史人物作出道德评判。他认为撰写历史的目标中"最重要的是依靠历史重要人物的道德感来加强道德情感"①。透过麦金托什对威廉三世、詹姆士二世和贵族大臣的冷静分析，可以看出他对人物的褒贬和评判。对历史人物的道德评价在麦考莱的历史著作中也可以找到很多例证。

　　麦考莱十分欣赏麦金托什历史著作的风格。他曾写了一篇关于麦金托什的光荣革命史研究的长篇书评。这篇书评较少着墨于麦金托什著作的内容、观点，而是铺展延伸开来，谈到麦金托什的议会演说和文风，他与福克斯的比较，与哈兰撰史风格的对比，并借此机会阐明麦考莱本人对光荣革命性质的看法。麦考莱对麦金托什《光荣革命史》的评价相当高，称赞麦金托什"对人物和党派的评价温和、平静和公允"，他的作品多研究分析，较少叙述，融合了哈兰和骚塞二人的长处，是最引人入胜的英语著作之一。②

　　比较遗憾的是，《光荣革命史》是一部未竟之作。麦金托什留下的大量研究资料为麦考莱研究詹姆士二世时期的历史提供了有力的史料支撑，也为麦考莱节省了许多查阅资料的时间。麦金托什花费数年时间在欧洲与英国广泛搜集材料，在他去世后，他的儿子将麦金托什收藏和整理的大量珍贵档案文献转交给麦考莱，这无疑是一笔巨大的财富。麦考莱在《英国史》的脚注中专门对麦金托什表达了谢意。③这批文献经过麦金托什的选择、归类，共计 40 卷，涉及 1688 年到 1702 年的英国历史，内容包括 1682—1688 年的新闻通讯集，从法国外交部复印的 12 卷信件，荷兰和西班牙驻英国大使 1685—1689 年的信件，英国驻法国大使在 1680—1688 年的通信选集，以及威廉三世与他的亲信本尼迪克和

---

① Anonymous, "A Notice of the Life, Writings, and Speeches of Sir James Mackintosh," in James Mackintosh, *History of the Revolution in England* in 1688, London: Longman, 1834, CLX.

② T. B. Macaulay, "Mackintosh's 'History of Revolution'," *Edinburgh Review*, July 1835, in Lady Trevelyan ed., The Miscellaneous Works of Lord Macaulay, vol. 3, p. 337, pp. 338 – 339.

③ T. B. Macaulay, *The History of England*, vol. 1, London: Longman, Brown, Green, and Longmans, 1849, p. 391.

海因斯乌斯信件的复印件。①从时间上来讲，麦金托什收藏整理的这批文献刚好涵盖光荣革命前后的历史时期，对麦考莱进一步研究帮助很大。

二 哈兰的宪政史研究

因为麦金托什的著作并不完整，所以从严格意义上说，哈兰是第一位真正的辉格派历史学家。他出生于一个高级教士家庭，父亲曾任布里斯托地方教长。幼时的哈兰比较早熟，4 岁就已经读过不少书籍，10 岁时就能写作 14 行诗了。哈兰曾就读于著名的伊顿公学，毕业于牛津大学，之后做了几年律师。哈兰在印花税委员会获得一个清闲而又收入不错的工作，使他得以从律师工作中抽出时间进行历史研究。经过 10 年的辛勤劳动，他在 1818 年出版了自己的第一部历史著作《中世纪的欧洲国家观》，这部著作叙述了从公元 5 世纪至 15 世纪英国、法国、意大利、西班牙和德国等欧洲国家的社会、商业、习俗和文学，考察了英国的封建、教会和政治制度。1828 年哈兰的成名作《英格兰宪政史》出版，描写了亨利七世继位到乔治三世继位时期的英国宪政发展的历史。哈兰谴责玛丽和伊丽莎白统治时期的宗教迫害，抨击都铎王朝和斯图亚特王朝的专制统治，歌颂 1688 年的光荣革命。但他对查理一世、克兰默和查理一世宠臣劳德主教不是全盘否定。麦考莱高度赞扬了哈兰的客观公正，认为他的著作"整体气质是法官的而非律师的，他的概括冷静、沉着、公正，既不激进也不保守，不掩饰，不夸张。……就一般情况而言，我们毫不犹豫地说《宪政史》是我们读过的最为客观的著作"②。哈兰站在辉格党的立场上，依据宪政主义原则叙述和解释历史，挑战了休谟的史学解释，标志着英国辉格史学派的诞生。哈兰没有进入

---

① C. H. Firth, *A Commentary on Macaulay's History of England*, New York and London: G. P. Putnam's Sons, 1898, London: Macmillan and Co. , 1938. pp. 58 – 59.

② T. B. Macaulay, "Hallam's 'Constitutional History'," Edinburgh in Lady Trevelyan ed. , The Miscellaneous Works of Lord Macaulay, vol. 1 , Review, Sept. 1828, New York and London: G. P. Putnam's Sons, 1898, p. 242.

过议会，属于辉格党的右翼，他在政治上偏于保守，反对1832年议会改革中激进派的做法。

哈兰的宪政史观具有下面几方面的内容。

首先，在解释英国历史时，习惯于诉诸古老的宪政传统。这也是辉格史学的突出特征。哈兰没有对古代宪法的含义做出明确的说明。他指出，不同的人从古代宪法的内容中各取所需为自己服务。比如，大治安官根据古代宪法获得了统领军事力量的权力；克伦威尔之子理查德召开议会试图取消革命措施以逐步恢复往日的宪法；保王党人恢复的古老宪法必然是有利于君主统治的宪法。①哈兰所说的古代宪法是指在君主制下，保障人民自由权利的法律和惯例。

在宪法传统中，哈兰十分强调《自由大宪章》的历史作用。大宪章作为中世纪英国的重要封建法律文件，是英国宪政制度的渊源和基石。1215年6月15日，国王约翰被迫与封建贵族在泰晤士河畔的一片草地上签署了著名的《自由大宪章》（拉丁语 Magna Carter，英语 Great Charter）。其中第一款宣称要保障英格兰教会的自由，还要保护自由人的自由。大宪章规定了国王与贵族的权利与义务，比如，贵族每年向国王缴多少贡赋，继承遗产时纳多少遗产税。这些条款保障了贵族的财产权和人身权。《自由大宪章》确立了一条重要的原则，即不经过议会同意国家不得征税。这成为辉格史家主张议会权力至上的最重要的宪政依据，也是他们在历史著作中必然会提及的内容。在《英国宪政史》开篇，哈兰总结了对于王权的几点制约：国王不经议会同意不能征税；除非有合法理由证明其犯罪否则不能监禁一个人；有罪或无罪的事实都应由公共法庭来决定，由陪审团来裁决；侵犯个人自由和其他臣民权利的王国官员应该被控诉。②哈兰所讲的这几点宪政原则都可以追溯到大宪章。哈兰援引大宪章的条款批评查理一世时期王室刑室法庭的残酷审判与惩罚措施，他还以大宪章关于课税蠲免的条款来反对查理一世的强制

① Henry Hallam, *The Constitutional History of England*, vol. 2, London： William Clowes and Sons Limited, 1897, pp. 129, 269, 276.

② Ibid., pp. 2－3.

征税。①

其次，在议会与国王的关系中，突出议会的权力和地位。哈兰指出，伊丽莎白女王统治时期，王权尽管较为强大，议会依然有权纠正政府管理中的弊端，英国的议会"绝不像其他国家的等级议会一样完全从属于国王"②。哈兰认为英国实行的是有限君主制，"与欧陆主要国家的情况不同，英国政府是一个受到法律限制的君主国，这看上去似乎是一个明显和基本的事实"③。欧洲大陆国家实行的是绝对君主制，王权十分强大。相比之下，议会及其通过的各种法案对于英国王权起到了其他国家所没有的制约作用。

最后，强调英国自由的独特性。哈兰认为休谟等史家不恰当地将英国的民主政治与法国的专制统治相提并论，和欧洲其他国家相比，英国人所拥有的自由是前所未有的。④英国人对自己享有的自由权利引以为豪，构成其民族自信心的重要来源。

麦考莱的《英国史》吸收了哈兰的许多观点。他非常重视古代宪政传统，如作为自由基石的《自由大宪章》的作用。麦考莱将近代保障自由权利的法案比附为大宪章。查理一世批准的权力请愿书（Petition of Right）被麦考莱视为第二份大宪章；光荣革命之后通过的宽容法案（Toleration Bill）被认为是有关信仰自由的大宪章。⑤强调议会至上的原则，宣传自由主义也是麦考莱史学作品的显著特征。

第二节 麦考莱的辉格历史观

史学研究既要探究过去发生的政治、军事、经济和社会各种现象，

---

① Henry Hallam, *The Constitutional History of England*, vol. 2. London: William Clowes and Sons Limited, 1897, pp. 35, 142.

② Ibid., p. 264.

③ Ibid., p. 277.

④ Ibid., p. 145.

⑤ T. B. Macaulay, *The History of England*, vol. 1, London: Longman, Brown, Green, and Longmans, 1849, p. 85; T. B. Macaulay, *The History of England*, vol. 3, London: Longman, Brown, Green, and Longmans, 1855, p. 81.

和这些现象所反映的制度体系、思想观念和规律趋势，还要考察历史学家对过去的记载本身，即关于过去的历史书写，这便是历史观和史学观的分别。辉格历史观和辉格史学观是笔者为了分析的方便作出的区分，概括来讲，二者都属于辉格史学思想或辉格史观的范畴。宪政史观、进步观与温和革命观构成麦考莱辉格历史观的主要内容。宪政史是辉格史学最为重要的研究对象。19 世纪许多重要的英国历史学家，都将宪政制度的起源、发展和演变作为自己的研究对象。辉格史学的先驱哈兰，牛津学派的斯塔布斯、弗里曼等史家都是如此，麦考莱也不例外。

一　宪政史观

当代英国中古政治史专家阿莫诺在与中国学者的访谈中对宪政史做了如下的解释：

> 在英语中，constitutional 既可以表示"关于基本制度的"，也可以表示现代意义上的"民主的"。第一个意义是客观的，没有价值判断，第二个意义是主观的，是一种定性。当我们现在使用术语"constitutional history"时，并不暗示一种辉格式的方法，要追求议会民主制胜利的历程，而仅仅表示要讨论关于一个时代的基本制度的历史。在当前的学术语境下，无论宪政史还是新宪政史，都不意味着学者试图把我们自己的政治理念强加于过去。①

阿莫诺区分了辉格史家和当代学者对于"宪政史"概念的不同理解，他指出了辉格史家所说的"宪政史"的两个特征。第一，宪政史家认同议会、自由和民主的价值，宪政史研究的对象是近代民主政治制度的典范——英国立宪君主制的确立的过程。第二，宪政史家可能会将自己个人的政治理念强加于过去。下面我们从议会民主制原则、自由精神和渐进式改革观念三个方面阐述麦考莱的宪政史观。

---

①　M. 阿莫诺、蔺志强：《英国中古政治史研究的学术系谱与模式转换——关于斯塔布斯、麦克法兰和新宪政史的对话》，《史学史研究》2013 年第 3 期。

（一）议会至上

英国议会的地位和权力在与国王的斗争中逐渐确立和上升。议会的本质是国王、教俗贵族和市民三个等级在一起开会商讨决定国家重大事务。麦考莱在《英国史》开篇指出英国国王受到三条重要的宪政原则的制约，它们是："一、不经议会同意国王不得立法；二、不经议会同意，国王不得征税；三、国王应该根据王国法律来执政，如果他违背了这些法律，由他的幕僚和代理人承担责任。"[1]这些原则历史非常悠久，以至于麦考莱无法确切地考证它们产生的时间。三条原则中有两条都与议会有关，它们规定了议会的立法权和征税权，同时也体现出"王在议会""议会至上"的宪政精神。据学者研究，"议会至上"的宪政原则萌发于都铎王朝统治时期。16世纪20年代、30年代是英国议会迅速发展的时期，国王开始承认"王在议会"的原则，议会由国王、上院和下院三部分组成。此前，人们认为议会是由教士、贵族和平民三个等级组成的两院制机构，国王和议会是两个相互分离的政治实体。都铎时期王权相对强大，国王在议会中居于主导地位，"这无疑会加重议会在国家政治天平中的分量，提高议会两院的政治功能，使上之宫廷多数朝臣下至众多黎民百姓更加看重议会的作用和权威"，因为国王和两院共同组成议会，所以最高权力由三者共享，但是这"三者地位高低不同，权力大小不等"，国王处于权力的中心。[2]在麦考莱对光荣革命的叙述中，议会开闭幕、法案讨论、表决和通过情况，议会内部党派斗争都是主要的研究内容。

长期议会是英国内战期间对抗国王专制统治的重要力量。1640年11月，查理一世为镇压苏格兰人民起义被迫召开议会讨论征税问题，资产阶级和新贵族组成的反对派拒绝了国王的要求，这一事件成为英国内战爆发的诱因。长期议会断断续续地开了13年之久，直到1653年才

---

① T. B. Macaulay, *The History of England*, vol. 1, London：Longman, Brown, Green, and Longmans, 1849, p. 30.

② 阎照祥：《英国政治制度史》，人民出版社2012年版，第115—118页。

被解散。哈兰从道德上谴责长期议会，他认为长期议会最终导致克伦威尔的个人专制统治。他说："这一议会的优点不一，名声多变，它获得了我们更高的感激，对我们的自由产生的影响比此前召开或之后召开的议会要大，它最后以颠覆自己曾经强化的宪法为结局，并衰老沉沦。在公众的蔑视之下，篡夺者盲目地集中了权力。"①与哈兰不同，麦考莱对长期议会持一种肯定的态度。他指出，长期议会在限制查理一世专制王权的斗争中发挥了积极的作用。"在世界的任何角落，那些享受到宪政带给其幸福的人，都会怀着感激和尊敬的心情来看待这届议会。"②长期议会通过了一系列的法律，使议会制度变得更加完善。比如，规定议会召开的时间间隔不得超过三年；未经议会同意，国王无权延期、中止或解散议会；废除刑室法庭、高等教会法庭以及约克特殊法庭。

光荣革命使国王与议会的长期矛盾斗争得以解决，确立了议会至高无上的权力和地位。1688 年，詹姆士二世在政治、军事和宗教领域的专制政策，威胁议会和英国国教徒的利益，迫使辉格和托利两党联合发动政变，邀请荷兰执政奥伦治亲王威廉和他的王后玛丽公主入主英国，共享王冠，后称威廉三世和玛丽二世。这次成功的政变即为"光荣革命"。威廉入主英国的前提条件是承认议会权力高于国王。在率领大军渡过海峡登陆英国前夕，威廉发布了一份公开宣言，声称"他的唯一目标是召集一个自由合法的议会，他庄严地发誓他会将所有公私问题留给议会决定"③。实际上，威廉确实信守了他的承诺，在他率军进入伦敦后不久，就召集部分查理二世时期的老议员和伦敦的市政代表开会，商讨召开新议会的事宜。麦考莱还比较了 1642 年的议会党人与光荣革命期间的辉格党、托利党政治家，认为他们的共同目标是保证议会的权力优势。"1642 年圆颅党的领袖与半个世纪后光荣革命的领导人具有完全

① Henry Hallam, *The Constitutional History of England*, vol. 2, London：William Clowes and Sons Limited, 1897, p. 94.

② T. B. Macaulay, *The History of England*, vol. 1, London：Longman, Brown, Green, and Longmans, 1849, p. 97.

③ Ibid. , p. 457.

一致的目标，通过议会完全控制行政权，终结国王与议会之间的斗争。光荣革命的领导人通过间接的改朝换代实现了这一目标，而 1642 的圆颅党人无法改朝换代，只能采取直接的措施实现它。"①在议会与国王的斗争中，由于不同时期双方力量的强弱不同，解决二者矛盾的方式也有革命和改革之分。

光荣革命以后，议会获得的权力范围扩大，除了立法权和征税权，还将权力的触角延伸至行政、外交领域。麦考莱写道："在英国，议会比它过去要有权力，不仅建立了自己的法律权威，也建立了干预政府中每一行政部门的权力。任命内阁、外交、战争与媾和这些事务不再依赖国王的好恶，而是依靠两院的喜好。"②麦考莱指出，17 世纪末议会对国王的胜利带来了一个新的危险——议会的专制，国王和议会可能联合起来反对整个国家。由于无人制约议会的权力，导致贿选、买卖议席等议会腐败现象丛生，辉格党利用议会的腐败实现了一党的长期专政。随着党派制度的健全和民主法制的完善，直到 1832 年议会改革之后议会腐败才得到有效控制。

（二）歌颂和追求自由

自由是英国人十分珍视并不断为之奋斗的权利。经过长期的斗争，英国人民逐渐拥有人身、财产、信仰、言论、选举和出版等方面的公民自由（civil liberty）。歌颂自由之精神，叙述自由之实现是宪政史的重要主题。麦考莱认为英国的自由起源于 13 世纪。他说："我们不应该对我们国家 13 世纪的历史做不适当的类比，我们编年史中的那一部分是贫瘠和模糊不清的，但我们必须在这里寻找我们的自由、财产和荣誉的起源。"③麦考莱指出，英国自由是独特的岛国地理环境和风俗习惯的产

---

① T. B. Macaulay, *The History of England*, vol. 1, London: Longman, Brown, Green, and Longmans, 1849, p. 112.

② T. B. Macaulay, "Hallam's 'Constitutional History'," in Lady Trevelyan ed., The Miscellaneous Works of Lord Macaulay, vol. 1, New York and London: G. P. Putnam's Sons, 1898, pp. 284 – 285.

③ T. B. Macaulay, *The History of England*, vol. 1, London: Longman, Brown, Green, and Longmans, 1894, p. 17.

物。"我们的自由既不是希腊的，也不是罗马的，它本质上是英国的，它有自己的特征，带有源自骑士时代的情感色彩，与我们的风俗习惯和孤岛环境的特征相一致。它有自己的惯用语言，对于我们来说很有意义，陌生人却难以理解。"①英伦三岛四面环海，与欧洲大陆隔海相望，海洋的屏障使英国保持了长期的独立，但是狭窄的海峡又使得早期的英国易于受到外族的入侵，先有盎格鲁－撒克逊人的入侵，后有诺曼人的征服，这些外来文化与英国本土文化交流碰撞，形成了英国封闭又包容的民族心态和文化特性。在向世界各地扩展的海洋活动中，英国人民积累起大量的物质财富，也培育了崇尚自由勇敢的民族性格。

麦考莱歌颂伟大的英国人民保持了自由的连续性。他认为即使是在专制君主统治时期，英国仍然保留了基本的自由精神，英国不像欧洲一些国家为了文明的发展而牺牲自由，"正是因为我们在奴役中拥有自由，所以我们才在无政府状态中拥有秩序"②。詹姆士二世为了推行天主教，打出信仰自由的旗号，说明专制王权不能完全无视宗教信仰自由在英国民众心中的地位和影响。詹姆士在 1687 年发布《信仰自由令》，宣布给予所有臣民信仰自由，废除所有针对非国教新教徒的刑法条例，罗马天主教和非国教新教徒可以在公共场合做礼拜，举行宗教仪式。这　政策表面上是向不奉国教的新教徒示好，实际上是为了联合他们对抗国教，以更好地推行天主教。由于非国教新教徒、国教牧师的联合抵制，詹姆士的这一计划最终破产。

近代以来的英国是一个崇尚自由，虔信国教的国家。英国资产阶级革命和光荣革命爆发的原因之一就是国王侵犯议会权力和公民信仰自由。由于英国大多数人信仰国教，也有少数人是清教、天主教、贵格会、独立派和浸礼会等教会的信众，所以保护英国的宗教信仰自由实则是保护绝大多数人的国教信仰自由。为此，英国政府一直将排斥和敌视

---

① T. B. Macaulay, " History," *Edinburgh Review*, August1828, in Lady Trevelyan ed. , The Miscellaneous Works of Lord Macaulay, vol. 1, p. 204.

② T. B. Macaulay, *The History of England*, vol. 2, London：Longman, Brown, Green, and Longmans, 1849, pp. 663 – 664.

天主教奉为国策，天主教徒不得担任世俗政府、宗教机构和军队的职务。议会还提出《排斥法案》，试图将天主教徒排除在王位继承者之外。查理二世与议会围绕《排斥法案》展开了激烈的斗争。詹姆士二世继位以后，推行天主教的意图和措施越来越明显，辉格、托利两派深感国教利益受到严重威胁，便选择信奉新教的荷兰执政威廉来统治英国。

为了追求个人自由，保障公民权利不受国王的非法侵犯，需要诉诸宪政传统和各种法律文件。麦考莱认为《权利请愿书》（Petition of Right）与《自由大宪章》一样，是保证自由的基本法律文件。自斯图亚特王朝统治伊始，王权与议会的冲突日趋激烈，以捍卫自由为己任的议会为自身权利而辩护。1621 年，议会向国王呈交的《权利请愿书》宣称："议会的自由、选举权、特权和司法权是英国人自古就有而无可置疑的天生权利及遗产；有关国王、国家、国土之保卫及英国教会的艰巨而紧急之事务，法律之维护及制定，委屈冤情之解除等等……都是议会中商讨及辩论的恰当议题。"[1] 1628 年，查理一世批准通过了《权利请愿书》。《权利请愿书》和《自由大宪章》一起构成麦考莱谈论英国自由和宪政制度的基础。

《权利法案》在保障英国人民的公民自由方面起到了重要作用。麦考莱详细叙述了《权利法案》的出台、内容及其历史影响。《权利法案》的前身是光荣革命期间通过的"权利宣言"。"权利宣言"首先概述了詹姆士二世的罪行与错误，从而论证光荣革命的必要性。接着肯定了英国自古就存在的权利与自由。诸如，没有议会的同意，不得在和平时期保持常备军，民众有请愿权、选举权，议会有言论的自由。[2] 1689 年，在讨论"权利宣言"转变为《权利法案》时，王位继承问题成为争论的焦点。议会担心一旦玛丽、安妮和威廉等人死后无嗣，英国有陷入无政府状态的危险。上院提出一个修正案，规定在现有继承人无嗣的

---

[1] 钱乘旦、陈晓律：《在传统与变革之间：英国文化模式溯源》，江苏人民出版社 2010 年版，第 47 页。

[2] T. B. Macaulay, *The History of England*, vol. 2, London：Longman, Brown, Green, and Longmans, 1849, p. 652.

情况下，由詹姆士一世的孙女索菲亚，伊丽莎白的女儿波哈米亚继承王位，下院反对这一提案，《权利法案》搁浅。同年 10 月议会重新开幕，顺利通过《权利法案》。《权利法案》肯定了"权利宣言"的内容，并增加了一些规定。为了从制度上防止英国王位落入天主教徒之手，要求英国国王必须在议会在场的加冕礼中重申和签署反对基督变体论的宣言（罗马天主教认为，在圣餐礼等仪式中所用的饼和葡萄酒在礼仪过程中变成基督的身体和血，但外观并无变化）。它还规定国王不得娶天主教徒为妻，否则就失去王位。这些限制的目的是确保英国国教的地位和广大国教徒的利益。

《宽容法案》（*Toleration Act*）被麦考莱称为保障信仰自由的"大宪章"。自伊丽莎白以来的许多法案，如"划一法案""集会法""五英里法案"都严格限制非国教徒的宗教活动。《宽容法案》没有废除这些法案，只是提出它们不适用于已经宣誓效忠的人和签署反对变体论宣言的新教徒，它不会给予任何否认三位一体学说的天主教徒以宗教宽容。根据这一法案，非国教新教徒第一次可以不受干扰地在公共场所集会。但一些规定看似不公，比如，贵格派教徒只要一般性地发布信仰宣言，就不用签署 39 条纲领。独立派牧师不过对其中的 6 或 7 条纲领持保留意见，就会受到惩罚。麦考莱指出，只有熟悉光荣革命时期英国各种教派的情况，才能理解看上去充满矛盾的《宽容法案》，体会到这一法案为了协调各方的利益所作的努力。他总结道："的确，宽容法案把宗教迫害确立为原则，将信仰自由当作例外。同样正确的是，仍然在起作用的宗教迫害原则针对的只是几百个持异见的新教徒，而剩下的受益人群则扩展到数十万人。"①麦考莱认为《宽容法案》合理性的来源在于它保证了大多数人的信仰自由，为了多数人的自由甚至可以牺牲少数人的利益。

自由事业的实现必然是一个艰难和曲折的过程，需要根据政治环境的变化做出妥协，维持自由与秩序的平衡。下面我们以几个法案为例分

---

① T. B. Macaulay, *The History of England*, vol. 3, London: Longman, Brown, Green, and Longmans, 1855, p. 88.

析自由在其实践过程中的复杂性，以及麦考莱对这一问题的认识。

其一，《人身保护法案》（*Habeas Corpus Act*）。虽然自13世纪就已经出现保护人身安全的法律，但存在许多漏洞，在法律实施的过程中也产生了一些不公正的现象。查理二世时通过的《人身保护法案》弥补了这一缺陷。然而威廉继承王位一月之后就暂停实施人身保护法，规定对于有反政府嫌疑的人可以不经审判就暂时关押，这引起了许多自由人士的指责。麦考莱为之辩解，他认为对于一个新生政权来说，开始只有通过一种"警惕"和"严厉"的政策才能维持其生存。"为公共自由做一些不合规则的特别辩护是必要的，然而无论其有怎样的必要性，接下来总是暂时地剥夺那一自由。"①麦考莱的这一立场不是否认人身自由，而是表明实现自由所必需的和平稳定的社会条件的重要性。

其二，《宣誓法案》。向新的国王宣誓效忠本是一项历史非常悠久的传统。光荣革命之后，不少虔诚的牧师仍然对之前的国王詹姆士二世保持忠诚，对于威廉的态度犹豫不决，奉行消极抵抗政策。在这样的背景下，为了确保统治阶层内部对于新王威廉的忠诚，《宣誓法案》要求如果不向威廉和玛丽宣誓效忠，就不能担任政府、军队、教会和学术等机构的职务，已在这些机构担任职务的人需在1689年8月1日之前向国王宣誓，否则会被免职。大多数牧师出于现实利益的考虑进行了宣誓，但他们内心并非真正忠诚于威廉。麦考莱认为牧师的"承诺虽然不能向威廉保证他们将会永远地支持他，但是至少剥夺了他们伤害威廉的大部分权力"，他指责拒绝宣誓的人"为了一个和埃及人崇拜猫、洋葱类似的愚蠢和堕落的宗教，既牺牲了自由，又牺牲了秩序"②。在政权刚刚建立的情况下，麦考莱更为强调秩序的重要性，宁可牺牲人们的一部分选择自由，也要维持国王的权威。

其三，《许可证法案》（*Licensing Act*）。《权利法案》的一大缺陷是没有承认出版自由，《许可证法案》恰恰是要限制人民的出版自由，该

---

① T. B. Macaulay, *The History of England*, vol. 3, London: Longman, Brown, Green, and Longmans, 1855, p. 48.

② Ibid., pp. 452, 448.

法案的主要内容是，避免煽动、叛国和未经许可的书籍和小册子的传播，规范出版行为。这一法案的目的是控制社会舆论的导向，维持社会稳定。麦考莱支持出版自由，他认为书报检查不利于思想言论的表达、学术的发展及知识的传播，对限制思想自由增加国家安全的做法提出质疑。①威廉时期的许可证法主要继承自 1662 年的《许可证法案》，并对前者做了一些更新。1685 年更新后的许可证法有效期为 7 年，在其到期之时决定延长其期限至本届议会期满。更新后的《许可证法案》遭到一些人的反对，虽然反对的声音微弱，但还是表明"民众的思想开始模糊地感觉到，市民自由与信仰自由是如何紧密地与言论自由联系在一起"②。麦考莱称赞为推进英国出版自由做出贡献的布劳恩特（Charles Blount）。此人与当时的书报检察官波恩（Edmund Bohun）展开了斗争。波恩是托利党人，他声称威廉的王权来自征服，辉格党人和托利党人都反对这种看法。1693 年，布劳恩特假借波恩的名义写了一本宣称威廉和玛丽是征服者的小书，点燃了公众对于这位检察官的愤怒和厌恶，波恩因此被免职。③书报检察官成为国王的诽谤者，这是一个颇有讽刺意味的事件。书报检查制度引起公众对出版自由问题的关注。1695 年，下院拒绝更新许可证法，上院提出一个修正案，下院讨论后没有得出结果，议会就闭会了。这次议会取得了一个未曾引人注意的成果，即政府解除了对出版物的控制。④此外，英国出版业公会向议会请愿出台新的监察条例，在提案被否决之后，他们主张作者对自己的作品有自然而然的继承权和所有权，他们说服议会通过 1710 年的版权法案。此后，英国逐步实现了出版自由。

综合上述几个案例可以看出，英国人追求自由，实现自由的过程绝非一帆风顺。光荣革命以后英国人经过不断的斗争才获得言论、出版和

① T. B. Macaulay, *The History of England*, vol. 4, London: Longman, Brown, Green, and Longmans, 1855, pp. 360 – 361.

② Ibid. , p. 348.

③ Ibid. , pp. 351 – 354.

④ Ibid. , p. 542.

信仰自由，公民自由的范围在扩大，也有更多的公民享受到自由。自由的实现需要要兼顾个人权利与社会秩序的双重要求。

（三）崇尚宪政传统与主动变革

从广泛意义上来说，宪政传统是指一个国家的宪法、法律和政治在发展过程中形成的基本原则及其实践形式。英国是一个保守氛围十分浓厚的国家，它的宪政制度保持了长期的稳定性和连续性。然而奇怪的是，作为世界各国宪法的母国，英国到现在为止都没有一部成文宪法。麦考莱宣称"我们的议会制度充满活力，政府的主要原则是出色的，它们并没有被设置为单一的成文法。但是它们散见于我们高贵的古代宪法中"①。麦考莱所说的古代宪法并非成文法，而是一些基本的宪政原则。英国的宪政传统既表现为政治事件、政治制度和具有宪法权威的法律、惯例和判例等政治、立法经验，也体现在这些事件、制度和法律惯例所蕴含的政治原则和精神观念之中。崇尚宪政传统的实质是尊重自由，强调自由精神的传承和连续发展。麦考莱对英国的宪政传统的尊重表现在以下几个方面。

首先，强调宪政制度和实践的历史连续性。光荣革命是对英国宪政传统的确认和恢复，它没有废除传统的君主制，而是给它加上了议会和宪法的制衡，以立宪君主制取代君主专制，解决了议会与国王之间的长期矛盾。麦考莱声称："因为我们的革命是为古老的权利辩护，所以这场革命严格地按照古代的程序进行。在几乎每一个词语和行为中都能看到对过去的深刻尊重，王国各阶层在旧的议会大厅按照旧原则商讨问题。……英国两党一致同意以庄重的敬意对待这个国家的古代宪法。"②光荣革命所要恢复并为之辩护的古老宪法的精神是为了保障人身、财产等基本人权，对人身、财产和信仰自由的追求基本贯穿于盎格鲁－萨克逊以来英国历史的始终。古老宪法、历史中形成的某些宪政制度及原则

---

① T. B. Macaulay, *The History of England*, vol. 2, London: Longman, Brown, Green, and Longmans, 1849, p. 657.

② Ibid. , p. 660.

被保存下来，它们经过一代代的政治实践传递下去。麦考莱曾说："如果人们询问什么使我们不同于他人，答案是我们从没有丧失其他人盲目寻求的再次获得的东西，因为我们 17 世纪的革命是保守的，所以我们 19 世纪发生的革命就不是破坏性的。"① 17 世纪光荣革命和 19 世纪的议会改革的关联点在于革命的保守性。采取妥协的方案是光荣革命的成功实践经验，它也是辉格党和英国政治的一大传统。

其次，在众多宪法性法律中，突出《自由大宪章》的英国宪政思想源头的作用。麦考莱指出，13 世纪"首次出现了一部特别的经历所有变迁直到现在仍然保持其一致性的宪法，它是世界上所有其他地方自由宪法的范本。尽管有缺陷，它还是被视为最好的宪法，在这一宪法之下，任何伟大的社会都会存在很多年"②。《自由大宪章》等法律文件除了保证贵族、人民的权利和义务，也规定了国王的许多权利。麦考莱承认即使在光荣革命之后，英国国王仍然有许多特权，比如国王拥有先例所认可的特定的豁免权，他还有王室领地、庄园和森林等私有财产的继承权。《自由大宪章》《权利请愿书》《人身保护法》和《权利法案》等基本的宪法性文件构成了英国宪政传统的基石，是人民自由的重要保障。可能麦考莱认为读者已经熟悉这些宪法性法律，他并没有详细介绍这些法律的内容，只是着重指出它们的影响，将它们作为讨论英国宪政制度的背景。

最后，重视先例在英国政治生活中的地位和作用。先例可以为国王、议会的权力主张，各种立法和改革措施提供历史依据。麦考莱写道："所有诚实和反思的人都认为，影响宪法所需的每一种变革的方式都可能在宪法自身中找到。"③ 1689 年召开的非常议会的合法性争议是英国宪政理论的一次危机，这次议会的合法性关系到威廉王位和统治的合法性。威廉和玛丽于 1689 年 2 月 12 日被议会宣布为国王和王后，2

---

① T. B. Macaulay, *The History of England*, vol. 2, London: Longman, Brown, Green, and Longmans, 1849, p. 663.

② Ibid. , p. 17.

③ Ibid. , p. 662.

月 13 日，他们接受了议会授予的王冠。但是这一时期的议会是"非常议会"（Convention Parliament）。1688 年 7 月，詹姆士二世解散议会，当时英国已经没有议会存在了。11 月 5 日威廉登陆英国，12 月 11 日詹姆士逃离伦敦，并将国玺投入泰晤士河，这宣告他放弃王位。在王位空悬的情况下，威廉召集贵族、在伦敦的前任议员和伦敦市政人员等人开会，决定召开一个由王国各阶层、各郡和自治市代表组成的非常议会。非常议会在 1689 年 1 月 22 日召开，一直持续到 1690 年 3 月新一届议会的开幕，期间通过了包括《权利法案》在内的许多重要法律。然而，1689 年的非常议会是否具有法律效力是一个存有很大争议的问题。按照惯例，议会须由国王发出敕令召开，而当时詹姆士已经逃亡国外，威廉还没有登上王位，英国暂时无主，因此由威廉亲王召开的"议会"在法理上不具有法律效力。对于英国法律史上的这一难题，19 世纪末的英国宪政史权威梅特兰（F. W. Maitland）也对非常议会的性质和国王权力的来源有过分析。"假设议会可以废黜国王，詹姆士也并非为议会所废黜；假设议会可以选举国王，威廉和玛丽也并非由议会选举而成为国王。如果当非常议会召集开会时它还并非议会，它自己制定的法律也不能将之转化为议会。"①麦考莱认为英国的历史提供了一个先例证明国王敕令对于议会而言不是不可或缺的必要条件。在斯图亚特王朝复辟之前，不经国王敕令召集的议会讨论了查理二世的复辟问题。在复辟之后，这一议会继续存在，通过了大赦法案，废除了封建税收。②通过诉诸宪政传统，麦考莱解释了英国宪政理论的危机，从而论证了威廉王权的合法性。

在尊重英国宪政传统的基础之上，麦考莱主张根据时代需要和社会变化对政治制度加以变革。他是 1831—1832 年议会改革的支持者，为改革法案的通过做出了重要贡献。议会改革的核心问题是要不要扩大选举权，从而满足日益崛起的中等阶级——工商业资产阶级在政治上的权

---

① [英] 梅特兰：《英格兰宪政史》，李红海译，中国政法大学出版社 2010 年版，第 183 页。

② T. B. Macaulay, *The History of England*, vol. 3, London: Longman, Brown, Green, and Longmans, 1855, p. 29.

力诉求，安抚社会上的各种不满情绪，扩大英国统治阶级的社会基础。麦考莱在下院多次慷慨陈词，呼吁政府不能墨守成规，应该对选举制度作出变革。他在议会中讲道："我们是立法者，而非好古者。我们的问题不在于过去的宪法比现在好一些，而是现在我们能否使它变得更好。"①对于改革的缘由，麦考莱做了充分的论证。

首先，社会的进步要求政治变革。②文明在发展，财富在增长，工商业资产阶级渴望在议会中有自己的代表。但是社会的发展明显快于政治制度的变化，随着新兴的中等阶级登上历史舞台，传统的代议制形式没有做出相应的调整，因此需要进行改革。

其次，英国成为一个伟大幸福的国家的原因在于它总能在历史的紧要关头及时改革，避免暴力革命发生。③《自由大宪章》《权力宣言》的签署使英国统治阶层和平处理了革命危机。法国大革命提供了相反的例证，"正是由于法国贵族抵制 1783 年的变革，所以他们才无法抵抗 1789 年的革命"④。对于 1831 年的议会改革，麦考莱指出，如果中等阶级的利益诉求长期得不到满足，就会激化他们和贵族之间的矛盾，造成社会动乱乃至革命。所以他宣称"现在是时候对我们的祖先表示大方的、理性的和男子汉般的尊重，不是迷信地坚持他们在其他情况下做过什么，而是在我们现在的情况下，做一些他们将会做的事情"⑤。也就是说，法律传统不是束缚后人的枷锁，而是给我们提供经验指导，为将来的政治实践服务。

---

① T. B. Macaulay, "Parliamentary Reform," speech, 2 March, 1831, in Lady Trevelyan, ed., The Miscellaneous Works of Lord Macaulay, vol. 9, New York and London: G. P. Putnam's Sons, 1898, p. 9.

② T. B. Macaulay, "Parliamentary Reform," speech, 5 July, 1831, in Lady Trevelyan, ed., The Miscellaneous Works of Lord Macaulay, vol. 9, New York and London: G. P. Putnam's Sons, 1898, p. 31.

③ Ibid., p. 32.

④ Ibid., p. 42.

⑤ T. B. Macaulay, "Parliamentary Reform," speech, 2 March, 1831, in Lady Trevelyan, ed., The Miscellaneous Works of Lord Macaulay, vol. 9, New York and London: G. P. Putnam's Sons, 1898, p. 12.

最后，议会改革不会造成工人阶级大量涌进下院，威胁贵族和上院的利益。很多贵族担心一旦扩大选举权，降低选民的财产资格限制，会让许多具有激进思想的工人阶级代表进入下院，从而颠覆英国传统的议会制度。麦考莱指出这一担忧与实际不符，改革后的议会的权力依然掌握在土地贵族和部分工商业资产阶级手中。比如，诺丁汉市（Nottingham）的选举比其他市镇更为民主，但它所选出的两位议员不是民意煽动者，而是两位杰出人士——一位律师和一位士兵。即使在选举财产资格低于 10 英镑的莱斯特市（Leicester），其选出的代表也不是工人阶级的利益代言人，1826 年该市的两位议会候选人一位是托利派的男爵，另一位是制造业的代表。①也就是说，议会改革不会造成无产阶级掌权，麦考莱希望中等阶级能够长久掌握统治权，他们是平衡社会激进力量的稳定器，也是英国进步繁荣的推动者。

二 进步观

进步观是对人类文明发展状态、趋势的认识。关于进步的观念，20 世纪初的英国历史学家伯瑞曾作过专门研究，他指出：

> 对进步的信念是一种关于信仰的行为。因此，人类进步的观念是一种理论，涉及一种对过去的假设和对未来的预言。它的基础是对历史的一种阐释，这种阐释认为人类是朝着一个确定和理想的方向缓慢前进——即一步一步地前进，并推断这一进步将会无限期地持续下去。而且这一阐释也意味着，作为地球上的伟大事业的问题，普遍幸福的状况将最终得以实现，从而为整个文明进程做出辩护。②

伯瑞提出的进步观是一种与信仰类似的信念，它认为人类文明的历史是连续进步的，最终会实现普遍的幸福。19 世纪的辉格史家大都主

---

① T. B. Macaulay, "Parliamentary Reform," speech, 20 September, 1831, in Lady Trevelyan, ed., The Miscellaneous Works of Lord Macaulay, vol. 9, New York and London: G. P. Putnam's Sons, 1898, p. 49.

② ［英］约翰·伯瑞：《进步的观念》，范祥涛译，上海三联书店 2005 年版，第 3 页。

张历史进步论，麦考莱是进步观的信奉者，他努力展现维多利亚时代英国的繁荣昌盛、文明进步。不过，麦考莱并不认为英国在所有的思想领域都是进步的，他的进步观具有一定的层次性和复杂性。

（一）物质文明和精神文明共同进步

麦考莱认为英国的物质文明和精神文明取得了举世瞩目，足以让其他国家艳羡的进步和成就，二者应该协同前进，不可偏废。他记录了从近代直到维多利亚时代英国社会全方位的进步。这一进步表现在财富的增长、社会事业的发展等物质文明方面，也体现在知识的进步、社会道德水平的提高等精神文明领域。

首先，金雀花王朝以来的英国经济保持了长期的增长趋势。经济发展因战争和政治动乱暂时中断甚至倒退，但其发展趋势是向前的，国家会变得日益富有。麦考莱写道："在我们自己的土地上，国家财富至少不间断的增长了六个世纪，都铎王朝多于金雀花王朝，斯图亚特王朝又胜过都铎王朝。尽管战争、围城和充公不断，复辟时期的国家财富仍然比长期议会召开时的要多，……查理去世时的国家财富也要多于复辟时期。这股进步的势头持续数个世纪，最终有所预兆地在 18 世纪中叶迅速发展，在整个 19 世纪其发展速度愈来愈快。"[1]麦考莱反对骚塞的国家不会变得更为富裕反而加速走向衰落的悲观论调，他坚定地相信英国国家财富的增长是一种必然趋势，"虽然政治的管理会有不善，但国家总是在变得越来越富裕。不时会有一些中断的现象，也不时会短暂的倒退，但就总体趋势而言国家变得富裕是毫无疑问的"[2]。国债发行量的增长也反映了英国经济发展的良好趋势。麦考莱对英国政府未来偿还国债的能力充满信心。"长期的经验向我们证实，比起现在负担的国债，20

---

[1] T. B. Macaulay, *The History of England*, vol. 1, London: Longman, Brown, Green, and Longmans, 1849, pp. 279 – 280.

[2] T. B. Macaulay, "Southey's Colloquies," *Edinburgh Review*, January 1830, in Lady Trevelyan, ed. , The Miscellaneous Works of Lord Macaulay, vol. 2, New York and London: G. P. Putnam's Sons, 1898, p. 140.

世纪的英格兰可能偿还 16 亿英镑的国债。"① 英国自光荣革命以后，经历了争夺海外殖民地的英法七年战争（1756—1763 年）、北美独立战争和组织欧洲同盟入侵法国的反拿破仑战争，接二连三的战争使得英国国债高筑，但英国凭借其强大的工业实力、海上贸易优势走出了财政困境。麦考莱指出，政府偿还债务的能力依赖于社会在经济、法治领域的整体进步，"一个社会偿还债务的能力与这个社会的工业、商业以及所有艺术、科学取得的进步成正比，这些进步得益于自由和法律平等的有益影响"②。

其次，近代以来英国社会持续进步。在《英国史》著名的第三章，麦考莱描述了 1685 年前后英国在人口、工农业、交通运输、居民收入、生活水平和医疗卫生等社会领域发生的巨大变化。他常常将 17 世纪末的英格兰与 19 世纪的英格兰相比较，以说明英国社会的进步。关于人口的增长，麦考莱作出估计，"詹姆士二世统治时期的英格兰的人口介于 500 万和 550 万之间，即使是最高的估计，其人口数也比今天总人口的三分之一要少，不到现在庞大首都的人口的 3 倍"③。在交通运输业方面，麦考莱提到查理二世时期出现的一种新型交通工具"飞车"，这是一种有固定发车时间和起始站的六匹马拉动的公共驿车，速度较快，大大节省了伦敦前往国内各城市的时间。因为旅行者不用在路途上浪费更多的时间，减少了对旅店的需求，因此伴随着交通方式的进步，乡村客栈走向衰落。④麦考莱还以具体的数据说明了各行业民众收入的增长。比如农民的收入，"总体上可以合理地得出结论说，在查理二世统治时期，一般来说农民的收入一周不超过 4 先令，在王国的某些地方是 5 先令或 6 先令，在夏季的月份甚至会付给 7 先令。现在，一个地区的劳动

---

① T. B. Macaulay, *The History of England*, vol. 4, London: Longman, Brown, Green, and Longmans, 1855, p. 331.

② Ibid. , p. 331.

③ T. B. Macaulay, *The History of England*, vol. 1, London: Longman, Brown, Green, and Longmans, 1849, p. 284.

④ Ibid. , pp. 385 – 386.

者一周只能挣 7 先令会让人感到有悖人道"①。麦考莱通过呈现人们日常生活消费的变化，说明了 19 世纪人们生活水平的提高。医疗卫生条件也有所改善，在 1685 年，伦敦每年的死亡率超过 1/23，到 19 世纪降到 1/40。②

再次，近代以来英国的科学及知识体系迅速发展，取得的成果超越前人。麦考莱断言，英国近代的实验科学、历史学和政治学的研究都比前人深入。他写道：

> 最近两个世纪的历史学家讲述的事实是否比古人多，或许存有疑问，但是非常确定的是他们的错误少了。近代的历史哲学要远远超过古人。希腊和罗马的政治学或其他实验科学的操作还没有达到我们时代的程度，这的确没有什么奇怪的。因为一般来说实验科学处于进步之中。17 世纪对实验科学的理解要好于 16 世纪，18 世纪又要好于 17 世纪。③

接着他又指出在管理学、法学、政治经济学和道德哲学方面今人取得的成就要比古人更多也更为重要。

> 在道德科学方面古人几乎没有取得什么进展。从公元前 5 世纪到公元 5 世纪这段较长的时期，很少能感觉到道德科学的进步。从苏格拉底到北方人入侵，所有哲学家的形而上学研究都没有伊丽莎白女王继位 50 年以来的成果重要。没有丝毫理由认为恺撒时代对行政、立法和政治经济学原理的理解要比伯里克利时代好。在一代人的有生之年中，我国健全的贸易理论和法理学被隐约地暗示、提出和辩护，并加以系统化，被各种善于思考的人采纳，被立法大会

---

① T. B. Macaulay, *The History of England*, vol. 1, London: Longman, Brown, Green, and Longmans, 1849, pp. 417 – 418.

② Ibid. , p. 424.

③ T. B. Macaulay, "History," in Lady Trevelyan, ed. , The Miscellaneous Works of Lord Macaulay, vol. 1, New York and London: G. P. Putnam's Sons, 1898, p. 215.

引用，并被纳入法律和条约。①

麦考莱对古典哲学家所达到的思想高度视而不见，夸大了近代哲学所取得的成绩。他推崇的思想家是 16 世纪英国的唯物主义哲学家弗朗西斯·培根，称赞培根对英国思想界的影响超过古典哲学家。除了道德哲学的进步，政治经济学和法学理论也日趋系统化并付诸实践，政治法律制度更加完善。麦考莱注意到复辟期间英国政治学的发展，人们开始严肃地讨论宪政理论和选举的程序。此外，他还论及 17 世纪的英国文学，尤其是诗歌。这一时期出现了两位杰出的诗人——弥尔顿（John Milton，1608－1674）和德莱顿（John Dryden，1631－1700），两人都是英国文学史上的重要作家。麦考莱对弥尔顿的评价颇高，将他与文艺复兴时期的伟大诗人但丁相提并论，称"近代能与《失乐园》相媲美的诗歌只有《神曲》"②。

近代物理学、医学和生物学等实验科学在各自领域不断地探索自然界的规律。随着知识的累积和实验设备的发明更新，科学家对自然界的观察更加细致全面，能够发现更多新的自然现象，对自然界的归纳解释也逐渐完善，使得已有的公式、原理和规律被修正。"不断有新内容加进知识的主干，在归纳科学中，法则是进步的。"③在前人研究成果的基础之上，更多的规律被人类发现，人类认识世界的能力也越来越强。在《英国史》中，麦考莱列举了 17 世纪英国在化学、物理学、植物学、统计学、天文学和数学等自然科学领域取得的瞩目成就。比如，伟大的科学家牛顿将理论科学和实验科学两种不同的思维方法结合了起来。④

最后，英国人民的道德水平逐渐提高。光荣革命期间，英国不少政

---

① T. B. Macaulay, "History," in Lady Trevelyan, ed., The Miscellaneous Works of Lord Macaulay, vol. 1, New York and London: G. P. Putnam's Sons, 1898, pp. 215－216.

② Ibid., p. 20.

③ T. B. Macaulay, "Von Ranke," *Edinburgh Review*, October 1840, in Lady Trevelyan, ed., The Miscellaneous Works of Lord Macaulay, vol. 4, New York and London: G. P. Putnam's Sons, 1898, p. 368.

④ T. B. Macaulay, *The History of England*, vol. 1, London: Longman, Brown, Green, and Longmans, 1849, pp. 406－412.

治家同时在詹姆士二世和威廉身上下注，既与保王党势力联系，又暗中与荷兰执政威廉接触。在麦考莱看来，17 世纪的英国政治家贪污腐败，撒谎成性，缺乏对国家的忠诚，为保护自身安全和利益大搞政治投机，"那时候诚实、正直和男子气概就像现在一样是杰出英国人的品质。但是，这些品质虽然广泛地分散于伟大的人民之中，却很少在威廉最为熟悉的人中找到。在他统治时期公共人物的荣誉和道德水准最低"①。19 世纪的政治家要比 17 世纪的政治投机者道德高尚，这是公共道德的进步。

伴随文明的进步，麦考莱认为 19 世纪英国人民变得更加善良、仁慈和富于同情心。"文明的发展使得英国的国民性日趋文雅"，"若干年之后，国民变得更加明智与和善。相比之下，在 17 世纪的历史和通俗文学作品中几乎都能找到我们的祖先的仁慈心比子孙逊色的证据"。②麦考莱对比了 17 世纪英国人的冷漠残酷与 19 世纪人们泛滥的同情心。他指出 17 世纪的车间、学校和家庭充满压迫，他还生动描写了被围观行刑的罪犯的悲惨遭遇，搏斗比赛的血腥场面，监狱中罪犯的糟糕的健康状况。与之相比，19 世纪的 "人们敏感而不知疲惫地表达同情心，他们有力地保护了工厂的童工、印度的寡妇和黑奴，他们关心移民船的淡水储备，为背部遭受鞭打的醉酒士兵痛心，反对虐待囚犯船上的窃贼，使其营养不良或过度工作，他们甚至为宽恕杀人犯而再三努力"③。麦考莱自豪地宣称越是深入研究过去的历史，就越能感受到维多利亚时代的人们 "生活在一个仁慈的时代，残忍与时代风尚格格不入"④。

现代人也比过去更加讲文明有礼貌。在一封给美国友人的信中，麦考莱描绘了 18 世纪伦敦街头普通人野蛮粗俗的言行举止，以此证明 19 世纪英国民众的文明程度有了显著的提高。

① T. B. Macaulay, *The History of England*, vol. 3, London：Longman, Brown, Green, and Longmans, 1855, p. 60.
② T. B. Macaulay, *The History of England*, vol. 1, London：Longman, Brown, Green, and Longmans, 1849, p. 424.
③ Ibid. , p. 425.
④ Ibid. .

我非常同意你的这一看法，如果伴随财富累积与文明进步的是思想和道德的堕落，那么这种进步就是不幸的。……与我们先祖的无知与恶习相比，我们时代的大众对于知识与不道德的行为一无所知。我敢说，如果是在 1744 年的伦敦，在星期天从圣詹姆士街走向停泊场，反宗教，野兽般的愚蠢行为，猥亵的言语和残暴的场景会完全使我们大吃一惊，并使我们对现在生活的时代怀有感恩之心。①

麦考莱正确地指出，社会真正的进步是物质文明和精神文明的共同进步，人们在追求物质财富的同时也应该提升自身的道德修养。但人类文明在不同领域发展进步的速度有快有慢，进步的形式也不尽相同，有连续性进步，也有进步和退步交替出现的现象。

（二）连续进步与非线性发展

麦考莱的进步观不是单一的线性发展观，即相信人类文明会像一条直线一样连续不断地进步，而是线性进步观与非线性发展观的结合。在麦考莱看来，英国在经济、政治、社会、科学、道德和诗歌、艺术等诸多领域取得了不同程度的发展和进步，实验科学的进步是连续和累积的，但诗歌的发展具有爆发性的突变式特征，它在人类社会早期就发展到高峰，此后便处在衰落之中。

麦考莱非常强烈地意识到时间的连续性和无限性。正如伯瑞指出，进步有两个理论前提，一个是时间的无限性，另一个是"人类关于环境的知识的连续进步"的假设或真或假。②麦考莱虽然研究的是 17 世纪，但常常立足于他生活的时代对未来作出各种展望。比如他在谈到英国社会的进步时说道："会有一天，我们将被后世超越，同时也会被后人嫉

---

① T. B. Macaulay, "The Letter to Unidentified Recipient," 21 February, 1844, in Thomas Pinney ed., The Letters of Thomas Babinton Macaulay, vol. 4, Cambridge：Cambridge University Press, 1977, p. 176.

② ［英］约翰·伯瑞：《进步的观念》，范祥涛译，上海三联书店 2005 年版，第 3—4 页。

妒。"①接着他写下对20世纪人类文明发展的憧憬，农民和工匠的工资，劳工的饮食，卫生医疗水平与生活条件会比此前有大幅提高。这种纵论古今、展望未来的时间意识也体现在他对近代科学和知识的连续进步的观察中。

> 此后（按：指16世纪以来）我们的民族在知识上几乎不断增长，没有任何理由认为，在我们来到世界的那一刻，人类思维的能力或发现真相的方式发生了变化，我们是改革者，进步的一方。过去四个世纪欧洲社会在每一个知识领域都取得了巨大的进步，从中我们可以推论出的结论不是人类知识没有改进的空间，而是在每一个名副其实的科学领域，我们可能自信地期待会有巨大的进步。但是引导我们真诚地憧憬未来的思考阻止我们用轻蔑的眼光回顾过去。我们没有自以为是地认为我们已经达到完美的境地，再也没有真理有待发现。我们认为自己比先辈智慧，也认为后人比我们智慧。②

麦考莱把近代科学和知识的进步置于过去、现在和未来的时间链条之中，他相信从中世纪走出的近代人的智识会连续不断地进步，但未必能够达到完美的终极目标。这便涉及伯瑞所提到的进步观念的另一个前提——知识连续进步的假设。伯瑞认为"如果这一假设为真，尚有另外一个关于人类道德和社会'可完美性'的假设，而这种'可完美性'的证据要模糊得多"③。伯瑞对人类的进步持一种谨慎的态度，麦考莱则更为乐观，他看重的是进步逐渐累积、沉淀的过程，而非至善至美的终结目标。

---

① T. B. Macaulay, *The History of England*, vol. 1, London: Longman, Brown, Green, and Longmans, 1849, p. 427.

② T. B. Macaulay, "Mackintosh's 'History of Revolution'," *Edinburgh Review*, July 1835, in Lady Trevelyan, ed., The Miscellaneous Works of Lord Macaulay, vol. 3, New York and London: G. P. Putnam's Press, 1898, pp. 350 – 351.

③ ［英］约翰·伯瑞：《进步的观念》，范祥涛译，上海三联书店2005年版，第3页。

在人类知识体系的发展中，自然科学曾经受到中世纪基督教神学的长期禁锢，实验科学的进步是"渐进的和缓慢的"[①]，直到近代，它才冲出神学和各种迷信思想的束缚，获得飞速的进展，呈现出加速发展的态势。与实验科学越来越快的发展速度不同，麦考莱认为不同时代的诗歌、演说、宗教和艺术进步的速度是不一的，古代人达到的艺术水平和思想高度并不逊色于今人，甚至比今天做得更好。

> 但是这种持续的进步和知识的自然增长（按：指实验科学）在总体上不能说明近代作家的优越性。实验科学与文学的区别不是程度上的而是类别上的。……人类的思想会在一段时间少有进步，而在另一段时间进步迅速，也会在一段时间停滞不前，而在另一段时间持续进步。在品位和想象上，在风格的典雅上，在演说的艺术上，在公共著作的意义上，古代人至少与我们势均力敌。[②]

麦考莱不仅钟爱诗歌，熟谙从古代的荷马史诗到近代的弥尔顿、拜伦、司各特等诗人的作品，自己也尝试写诗，创作了《古罗马之歌》一类脍炙人口的佳作。麦考莱认为诗歌的发展是非线性的，呈现出爆发式的特征，与人类科学知识进步的连续性形成鲜明的反差。他从语言、时代、想象力与鉴赏力的发展诸多方面，论证了随着时代的进步，诗歌以及想象力却在退化的观点。

首先，麦考莱认为最适合表达诗歌的语言是原始社会人们使用的简单质朴的语言。语言是诗人抒发情感的工具，但这种语言的最好形式出现在原始或者半文明的社会阶段。"或许改进音乐家、雕刻家和画家的工具对于他们的操作而言是必要的，但是作为诗歌的工具，最适合诗人目的的语言是原始状态下的诗歌语言。启蒙社会的词汇是哲学的，而半

① Macaulay, "Milton," *Edinburgh Review*, August 1825, in Lady Trevelyan, ed., The Miscellaneous Works of Lord Macaulay, vol. 1, New York and London: G. P. Putnam's Press, 1898, p. 6.

② T. B. Macaulay, "History," in Lady Trevelyan, ed., The Miscellaneous Works of Lord Macaulay, vol. 1, New York and London: G. P. Putnam's Press, 1898, p. 215.

文明时代的人们的词汇是诗性的。"① 麦考莱之所以高度评价意大利诗人但丁，是因为他认为但丁的语言是一种接近原始社会状态的语言，但丁吸收了意大利民间方言的精华，形成了自己独特的诗歌语言和风格，对于诗歌的发展做出了重要贡献。在但丁的时代，拉丁语是意大利的官方语言，广泛运用于教会和学校之中，但即使在伟大的作家的笔下，"也仍然是贫瘠的，软弱和非常没有诗意的"②。但丁发现农民和市场妇女的方言虽然简朴、粗陋，但蕴藏了丰富的活力，他将他们的一些语言加以提炼和润色，形成了一种新的诗歌语言。"他所获得的荣誉，不仅在于他创造了近代最好的叙事诗，还在于他创造了一种语言。"③早期语言少了现代语言的华美雕饰，简单的词汇承担了更多的表现世界的任务，因此就更加形象。

其次，麦考莱宣称最为优秀和原创性的诗歌大都诞生于原始和半野蛮的时代，也产生于动荡的历史时期。他说道：

> 伟大的原创性著作常常产生于原始的社会中，……伟大和活跃的思想不会安于现状。在一个耕耘的时代，他们不会满足于在小道上精疲力竭地前行。在没有路的地方，他们也会开创出一条路。伊利亚特、奥德赛和神曲出现在黑暗和半野蛮的时代，因此，在一个更为优雅的时代较少产生原创性的著作，大部分原创性著作都要归功于地位较低和未受教育的人。④

荷马史诗是希腊古风时代的一座文学丰碑。但丁是文艺复兴早期的杰出诗人，他所处的时代依然沉浸在中世纪浓厚的宗教氛围和骑士伤感主义之中，也是个人主义思想逐渐萌芽和增长的阶段。无论是古风时代

① T. B. Macaulay, "Milton," in Lady Trevelyan, ed., The Miscellaneous Works of Lord Macaulay, vol. 1, New York and London: G. P. Putnam's Press, 1898, p. 7.
② T. B. Macaulay, "Criticisms on the Principal Italian Writers. No. I. Dante," *Knight's Quarterly Magazine*, January 1824, in Lady Trevelyan, ed., The Miscellaneous Works of Lord Macaulay, vol. 8, New York and London: G. P. Putnam's Sons, 1898, p. 60.
③ Ibid., p. 61.
④ Ibid., p. 62.

还是近代早期，都是人类文明发展程度较低的历史阶段，却是人们思维最为活跃、最具创造性的时期，诞生了一批天才般的思想家和诗人。在麦考莱看来，诗歌的优劣与社会的文明开化程度没有必然的关联。不仅如此，诗歌的好坏与社会是否稳定也没有联系。近代以来，宗教改革、政治革命、王朝战争带来了巨大的社会动荡。所谓时势造英雄，激烈变动的时代可能产生伟大的诗人及诗歌作品，如莎士比亚和华兹华斯：

> 最好的想象性著作总是产生在政治动荡的时期，正如同最富丽的葡萄园和最芳香的花朵总是生长在火山的炽热岩浆所形成的富饶沃土上。不用寻找更远的事例，就我们自己国家的文学史而论，莎士比亚很大程度上是宗教改革的产儿，华兹华斯是法国大革命的产儿，这都是毋庸置疑的。诗人总是避免并时常轻视政治事务；但是不管诗人是否感觉到它，他们总是受到政治事务的影响。①

最后，麦考莱认为诗人的想象力随着理性的增长而逐渐退化，诗歌没有因为时代的进步而必然进步。

麦考莱十分强调想象对于诗歌的重要性。他声称"所有人类童年时期是最富有想象力的时期"②。此后人类社会的文明程度提高，理性驱逐野蛮的过程中，诗性的想象力日益退化，其直接后果是像早期一样的原创性诗歌的减少。相比于人类早年达到的诗歌成就，之后的诗歌就显得衰落了。因此人类的理性和想象力似乎无法共同进步，也难以相互融合。"批评的能力和诗歌的才能不仅是不同的，也几乎是不相容的。"③诞生最好诗人的时代并没有产生优秀的批评家或者鉴赏家。

---

① T. B. Macaulay, "Criticisms on the Principal Italian Writers. No. I. Dante," in Lady Trevelyan, ed., The Miscellaneous Works of Lord Macaulay, vol. 8, New York and London: G. P. Putnam's Sons, 1898, pp. 67 – 68.

② T. B. Macaulay, "Milton," in Lady Trevelyan, ed., The Miscellaneous Works of Lord Macaulay, vol. 1, New York and London: G. P. Putnam's Sons, 1898, p. 9.

③ T. B. Macaulay, "John Dryden," in Lady Trevelyan, ed., The Miscellaneous Works of Lord Macaulay, vol. 1, New York and London: G. P. Putnam's Sons, 1898, p. 144.

事实上，虽然伟大的原创性著作常常产生在原始社会，但是在这一社会中，它们却得到最为糟糕的鉴赏。这看上去有些矛盾，但它被经验证实，符合理性。对于少数创造者而言没有一个被承认的鉴赏标准是一件好事，但对于许多只能模仿和判断的人来说则是糟糕的事情。①

伟大的诗人不一定能被他的时代所欣赏和接受，因为其作品的思想深度有时超越时代，评论者以理性的标准批判富于想象力的作品显然是不合适的。对于文艺创作而言，理性与想象之间是一种此消彼长的关系。那么诗歌是否因为想象力的退化而处于必然的衰落之中呢？

麦考莱认为并非如此，他从表现形式和精神内涵两个层面分析了诗歌的发展。一方面，诗歌的精神实质是人类想象力的丰富多彩的表现，但随着人类发展出科学、哲学这些更为理性的知识体系，诗性的想象力相对衰落了。因此，麦考莱讲"伴随文明的发展，诗歌几乎必然的衰落"②。诗歌的衰落表现为优秀诗歌数量的减少。"在原始社会，人们是一群思想观念更具多样性的孩子。因此在这样一种社会状态下，我们或许会期待发现在其最为完美状态下的诗歌性情。在一个更为开化的社会中，有许多思维领域，比如科学，哲学，许多合理的分类和精细的分析，机智和口才，大量上佳的韵文，但是诗歌很少。"③另一方面，麦考莱指出诗歌可以因为形式的进步而得以发展。

尽管我们认为在民族走向进步的过程中，理性力量的提高是以想象为代价的，但是我们也确认这条原则会有许多明显的例外。……我们必须区分作为一种精神行为的诗歌和作为一种写作样式的诗歌。如果我们采用后一定义，那么诗歌的卓越不仅建立在想

① Macaulay, "Criticisms on the Principal Italian Writers. No. I. Dante," in Lady Trevelyan, ed. , The Miscellaneous Works of Lord Macaulay, vol. 8, New York and London: G. P. Putnam's Sons, 1898, p. 62.

② T. B. Macaulay, "Milton," in Lady Trevelyan, ed. , The Miscellaneous Works of Lord Macaulay, vol. 1, New York and London: G. P. Putnam's Sons, 1898, p. 5.

③ Ibid. , p. 9.

象的活力之上，也部分建立在想象所使用的工具上。因此，在特定的限度，诗歌或许会进步而其理想的功能在衰退。展现给读者的鲜活的图画并不完全等同于存在于作者脑海中的鲜活的原型。①

文中所说的"工具"指的是诗歌的表现形式，如词语、格律，修辞。工具可以改进，因而诗歌的形式会越来越完善，内容也会越来越丰富。荷马史诗尽管达到了古代诗歌的高峰，但麦考莱认为古罗马诗歌在内容上也有胜过前人的地方，"在对爱情的描述上，罗马诗人绝对超越了那些希腊诗人的作品"②。奥维德、贺拉斯等罗马诗人的爱情诗有很高的造诣。麦考莱所说的诗歌的衰落主要是指诗性想象力的衰落，就诗歌的整体发展而言，它仍然在进步之中。

除了想象力，麦考莱认为人类的演说能力和神学思想也在退化。他说："过去二十五年，人们惊奇的见证了物理学所取得的极大进步，人类取得的对自然界的伟大胜利很难产生一部到 1900 年还能被记住的著作，我们将看到伟大的律师和议会演说家会后继无人。"③在麦考莱看来，人类思想领域另一个不受进步支配的便是神学。"自然神学不是一种进步的科学"，"在过去 7 个世纪中，欧洲的大众思想在世俗知识的每一个领域都取得了持续的进步，但是在宗教领域，我们找不到持续进步的踪迹"。④无论是根据理性和自然的日常经验来论证上帝存在的自然神学，还是建立在圣经和宗教体验之上的启示神学，在世俗知识的积累和进步面前都显得相形见绌。麦考莱认为，在研究对象和思维方式上古代自然神学家与近代神学家并无区别。现代哲学家与古代希腊人面对的

① T. B. Macaulay, "John Dryden," in Lady Trevelyan, ed., The Miscellaneous Works of Lord Macaulay, vol. 1, New York and London: G. P. Putnam's Sons, 1898, pp. 136 – 137.

② T. B. Macaulay, "Criticisms on the Principal Italian Writers. No. Ⅱ. Petrarch," *Knight's Quarterly Magazine*, April 1824, in Lady Trevelyan, ed., The Miscellaneous Works of Lord Macaulay, vol. 8, New York and London: G. P. Putnam's Sons, p. 89.

③ T. B. Macaulay, "The Letter to Thomas Flower Ellis," in Thomas Pinney, ed., The Letters of Thomas Babington Macaulay, vol. 5, Cambridge: Cambridge University Press, 1981, p. 99.

④ T. B. Macaulay, "Von Ranke," *Edinburgh Review*, October1840, in Lady Trevelyan, ed., The Miscellaneous Works of Lord Macaulay, vol. 4, New York and London: G. P. Putnam's Sons, 1898, pp. 370, 374.

都是同样的宇宙结构和事物，近代人在天文学和博物学上的新发现并没有给对自然的思考增加新的内容。希腊哲学家苏格拉底与18世纪的英国自然神学家的推理模式也是一致的。因此神学的发展也不能用进步的标准来衡量。

（三）文明进步的原因

在说明英国物质文明和精神文明进步的同时，麦考莱也试图分析英国社会进步的原因。

第一，印刷术和交通工具的发明改进推动了人类物质和精神文明的进步。

麦考莱指出印刷术广泛地传播了文化知识，而且相比于口耳相传，书面媒介提高了知识传播的准确性。[①]这使更多的人摆脱蒙昧无知的状况，成为有教养和有文化的人。除了印刷术，交通工具的进步也是人类进步的一大动因，它"不仅推动了人类道德和智力的进步，也促进了物质文明的进步，不仅方便了自然和人类技艺的不同产品的交换，也能够消除民族和地方之间的敌视，将所有人类大家庭的分支联结起来"[②]。交通工具的进步使人类跨过不同民族国家的界限，相互借鉴学习，互通有无，不仅推动了国家之间的经济文化联系，还使人类联结成一个紧密的整体。

第二，将英国的进步归因于政治制度与个人努力。无论是财富的积累还是科学知识的增长，都需要国家提供和平稳定的社会条件，保证个人财产安全、市场公平竞争的制度措施，也需要个人的勤奋努力。麦考莱总结说，"总体上说，我们国家已经取得的进步和正在取得的进步提供了人们舒适的物质条件，这是毫无疑问的。如果这一进步不能归因于政府的智慧，我们还能找出什么其他的原因呢？只能是个体的勤奋、活力和节俭，而除了很多代人享受的财产安全，我们也找不到人们勤奋、

---

① T. B. Macaulay, "History," in Lady Trevelyan, ed., The Miscellaneous Works of Lord Macaulay, vol. 1, New York and London: G. P. Putnam's Sons, 1898, p. 216.

② T. B. Macaulay, *The History of England*, vol. 1, London: Longman, Brown, Green, and Longmans, 1849, p. 372.

活力和节俭的原因。"①英国相对民主的政治制度是社会经济进步的保障，法律对私有财产的保护，再加之人民的勤劳和创新，带来了英国和整个英帝国的繁荣进步。

第三，人们永不满足的欲望是文明进步的主观动力。麦考莱写道："事实上，正是因为人们经常的不满，我们才能常常取得改进。如果我们完全满足于现实，我们就会停止努力，不再工作，也不对未来有所希望。"②

总之，麦考莱的进步观是对他所处时代的发展状况的讴歌，处处洋溢着19世纪英国人的乐观情绪。他认为人类理性能力的提高是以想象力的衰退为代价的，这就造成一种内在的矛盾。由理性支配的人类的物质生产活动、科学知识的积累取得了明显的进步，但诗歌、艺术领域的发展却是例外，不能简单地概括为进步。诗歌所代表的人类某些精神领域并不遵循线性进步的规律，而是表现出不连续的非线性发展的特征。因而麦考莱的进步观包括线性进步观和非线性发展观两个不同层面。

三 革命观

辉格史家一般都肯定革命的合理性。17世纪辉格派史家与托利派史家争论的焦点便是英国革命的性质。辉格派认为内战是代表资产阶级和新贵族的议会党人推翻专制君主统治的正义革命，而托利派史家则指责英国革命是一场叛乱。作为辉格史家代表的麦考莱的一大目标是歌颂光荣革命的历史功绩，反击托利派史家对光荣革命的负面评价。麦考莱对革命问题有着异于常人的兴趣和敏感，他一直关注着欧洲大陆法国革命的进程。早在1830—1831年，麦考莱写了一部关于当时法国历史状况的著作《拿破仑和波旁王朝的复辟》，批判法国革命的暴力。他发

---

① T. B. Macaulay, "The People's Charter," speech, 3 May, 1842, in Lady Trevelyan, ed., The Miscellaneous Works of Lord Macaulay, vol. 9, New York and London: G. P. Putnam's Sons, 1898, pp. 308 – 309.

② T. B. Macaulay, The History of England, vol. 1, London: Longman, Brown, Green, and Longmans, 1849, p. 426.

表的评论文章也谈到了对英国革命与法国革命的看法。

（一）革命的类型及起因

从广义上说，革命是指推动事物发生根本变革，引起事物从旧质到新质的飞跃。麦考莱对革命一词的理解是广义的，而非狭义的以流血牺牲为特征的暴力革命。根据革命的激烈程度，他将革命分为法国大革命一类的暴力革命和英国光荣革命一类的温和革命或者说渐进改革。英国革命与法国革命的比较是麦考莱不可回避也乐于讨论的一个问题，他在二者的比较中明显地抬高光荣革命的历史地位。

> 英国革命确实是一场光荣的革命，它纠正了现实的罪恶，没有犯极端的错误，没有出现席卷一切的没收财产的做法，法律的权威从未被置之不理，最大限度地允许议会充分和自由地讨论。英国以一种温和冷静的方式宣称自由，这表明它是一个适合享受自由的国家。另一方面，法国革命是历史上最为恐惧的事件，它的理论疯狂、邪恶和荒谬，其实践残酷无情。革命中的法律是愚蠢和不公的，革命的仪式体现人们的生动、狂热，无耻和残酷的情绪。①

透过麦考莱使用的"愚蠢""无耻"等词语，不难看出麦考莱对法国革命的批判性态度。英国革命尊重自由，理性而又务实，而法国革命崇尚启蒙思想家的自由民主理论，大革命中的人们狂热和残酷无情。英法两国都实现了各自的目标，但革命的方式和结果却截然不同。

根据革命对象的差异，麦考莱将革命分为政治革命与社会革命。麦考莱最初构想的英国史打算对"发生在两次革命之间的历史过程做全景考察，这两次革命一次带来了国王与议会的和谐，另一次带来了议会与

---

① T. B. Macaulay, "Mirabeau," *Edinburgh Review*, July 1832, in Lady Trevelyan, ed., The Miscellaneous Works of Lord Macaulay, vol. 3, New York and London: G. P. Putnam's Sons, 1898, pp. 122 – 123.

国家的和谐"①。所谓"两次革命"是指 1688 年的光荣革命与 1831—
1832 年的议会改革，它们是统治阶级为巩固统治地位所进行的温和、
妥协的政治改革。政治革命涉及国家机构、政治制度和法律的变革，容
易引起人们的关注。社会革命的范围较广，包括物质财富、风俗道德、
宗教信仰、文学艺术、衣食住行、民族关系和阶级关系等诸多领域的变
化。具体来说，它指经济上"从贫穷到富裕"，风俗和道德上从"野蛮
到人道"，还有装饰艺术、宗教派别、文学品位、举止仪态的变化，以
及在穿着、家具、餐饮和公共娱乐等方面发生的改变。②除此之外，麦
考莱还提到了民族融合与社会阶层的变迁。他认为 13 世纪本土的萨克
森人与入侵的诺曼人的民族差别的消融和 14 世纪隶农制的废除是两场
"最伟大的，意义最为深远的社会革命"：

> 一场是终结了国家间残暴行为的革命，另一场发生在几代人之
> 后，结束了将人本身作为财产的制度。这两场社会革命在以安静的
> 不让人察觉的方式发挥作用，当代的观察者没有因为这些变化感到
> 震惊，历史学家对此也很少给予关注，这些革命既不是由法律制度
> 带来的，也不是通过外部力量推动的。道德上的因素首先悄然消除
> 了诺曼人和萨克森人之间的差别，接着又消除了奴隶主与奴隶之间
> 的差别。③

相比于政治革命的波澜壮阔，社会革命因为隐藏在政治、经济、法
律、军事和社会生活的背后，不易被人发现和记录，所以麦考莱称上述
列举的社会领域的革命"大多数都是无声革命"（noiseless revolution）。

---

① T. B. Macaulay, "The Letter to Macvery Napier," 20 July, 1838, in Thomas Pinney, ed. ,
The Letter of Thomas Babington Macaulay vol. 3, Cambridge：Cambridge University Press, 1976,
p. 252.

② T. B. Macaulay, "History," in Lady Trevelyan, ed. , The Miscellaneous Works of Lord Ma-
caulay, vol. 1, New York and London：G. P. Putnam's Sons, 1898, p. 230, T. B. Macaulay, The His-
tory of England, vol. 1, London：Longman, Brown, Green, and Longmans, 1849, p. 3.

③ T. B. Macaulay, The History of England, vol. 1, London：Longman, Brown, Green, and
Longmans, 1849, p. 22.

历史学家极少乐于指出社会的进步是重要的事件，它们并不是由军队完成的，或由参议院实施的，它们没有得到任何条约的批准，也没有被记录到任何档案中。它们在每一所学校，每一座教堂，无数个商店柜台之后，无数个家庭之中进行着。我们无法根据社会上层流动提供的标准来判断下层流动的方向。①

历史学家关心的多是政治精英和他们领导的国家变革，社会革命发生在普通人身上，他们的经历、故事常被史家忽视，湮没在浩瀚的历史之中。麦考莱实际上把精英的和普通民众的历史对立起来，由二者主导的政治革命和社会革命泾渭分明。麦考莱所说的"无声革命"也指制度的变迁。他认为内阁的起源就是一场无声革命的结果。光荣革命之后，辉格、托利两党在政治上相互攻讦，党派的倾轧严重影响了政府的运转。1696年左右，恰巧国王的主要大臣出自同一党派，他们相互奥援，反对另一党派，议会多数派在内阁的领导之下秩序井然，后来下院多数派的领袖成为国王的首席大臣，这标志着内阁的诞生。但是在当时，国王本人和他的大臣都没有意识到一个重要的行政机构已经形成。内阁的出现或许带有历史的偶然性，这表明人类行为的结果经常超出历史参与者的意图。

革命是一个非常复杂的现象，是由多种因素导致的。麦考莱认为革命最为直接的原因是统治阶级实行暴政。在谈到英国资产阶级革命时，他指出，"暴行越激烈，我们越能确定地感受到革命的必然性。那些暴行的暴力程度总是与人们的无知与残暴成比例，人们的无知与残暴又与他们所习惯生活于其中的压迫与堕落成比例。"②英国内战爆发的原因是查理一世的专制与议会的反抗。查理一世为加强专制统治，宣传"君权神授"理论，随意解散议会，大肆迫害清教徒，激起资产阶级、新贵族、手工工人、城市平民与农民各个社会阶层的不满。英国革命的导火

① T. B. Macaulay, "History," in Lady Trevelyan, ed. , The Miscellaneous Works of Lord Macaulay, vol. 1, New York and London: G. P. Putnam's Sons, 1898, pp. 230 – 231.
② Ibid. , p. 44.

索苏格兰起义的爆发迫使查理一世重开议会，议会拒绝征税攻打苏格兰，查理一世再次解散议会。议会与国王之间的矛盾无法调和。

在更深的层次上，麦考莱认为革命的根源在于社会各阶层之间的矛盾和权力斗争。他在1831年3月的议会演讲中说道：

> 所有的历史都充满了革命，其起因类似于英国正在进行的议会改革。不被人们留意的部分社会成员势力扩张，变得强大起来，他们需要在系统中占有一席之地，与其现在的权力而非过去的虚弱地位相适应。如果这被满足，一切都好。如果被拒绝，就会出现充满活力的阶层与拥有古老特权的阶层之间的斗争。这就是罗马平民和贵族之间斗争的原因，是意大利同盟争取罗马公民权的斗争之原因，是北美殖民地反对母国的斗争的起因，是法国的第三等级反对世袭贵族的斗争的原因，……最后也是英国的保王党反对纯粹地方性贵族的斗争的起因。①

随着新的生产方式的发展，新兴的社会阶层的力量迅速发展壮大，他们谋求更多的经济利益和与之相匹配的政治权力，与原来的权力阶层产生了不可调和的矛盾。在麦考莱看来，阶级矛盾就是平民和贵族，殖民地与母国之间的斗争的原因，也是英国议会改革、美国革命和法国大革命发生的原因。

（二）反对暴力革命和激进派

麦考莱反对甚至恐惧暴力革命，对哲学、政治激进派保持高度警惕。

首先，麦考莱厌恶各种煽动性宣传和暴力活动。在1816年，还是中学生的麦考莱在给妹妹的信中指责煽动伦敦市民进攻股票交易所的亨特（Henry Hunt），说他是一个"狡猾"的"骗子"，将他比作蛊惑民

---

① T. B. Macaulay, "Parliamentary Feform" speech, 2 March, 1831, in Lady Trevelyan, ed., The Miscellaneous Works of Lord Macaulay, vol. 9, New York and London: G. P. Putnam's Sons, 1898, p. 12.

心的古希腊政客克里昂与古罗马的格拉古。"他翻检即将熄灭的雅各宾
主义的灰烬，试图再次点燃革命的火焰，他触及每一条可能推动人们疯
狂的线索。他和他们说，他们被压迫、践踏，忍受饥饿和侮辱。"① 在
亨特第二次集会演讲之前，一批民众离开会场，抢劫了军火商店，并进
入伦敦交易所，随后伦敦市长率领警察镇压了这次民众暴动。麦考莱为
市长的镇压叫好，称赞他是一位"英雄"。对于伦敦的这次小规模的暴
动，青年麦考莱的情绪为何如此激动？ 这与当时的社会形势有关。1816
年滑铁卢战役落下帷幕不久，整个英国社会反法的氛围十分浓厚。麦考
莱恐惧法国大革命的雅各宾主义会波及英国，对国内政治激进主义的兴
起保持警惕。1831 年议会改革期间，麦考莱对当时伦敦的革命形势作
了十分严重的估计。"民众的暴力、贵族的顽固和内阁大臣们的愚蠢和
软弱让我如此担忧，以至于我的休息被烦恼和不安的预感所干扰。"②麦
考莱对革命的担忧与恐惧已经到了一种夸张的程度，他预计在两周内会
爆发流血冲突，但结果并没有发生。

其次，麦考莱对法国大革命和 1848 年法国革命基本持一种批判的
态度。在《拿破仑与波旁王朝的复辟》一书中，麦考莱批评法国大革
命"本身是一种罪恶，尽管确实它有时是为了避免或消除更大的罪恶，
但它总还是邪恶的"③。他厌恶法国大革命及革命产生的无政府状态。
大革命使得社会一度陷入混乱，法制沦为一纸空文。1792 年共和国建
立不到一年，罗伯斯庇尔及雅各宾派开始实行专政和恐怖统治，"雅各
宾派的狂热"占据了普通群众的大脑。在麦考莱看来，这是一个"叛
乱接连不断"的时期，"统治者每天都起起落落，宪法就像服装时尚一

① T. B. Macaulay, "The Letter to Sellia Mills Macaulay," 9 December, 1816, in Thomas Pinney, ed., The Letters of Thomas Babington Macaulay, vol. 1, Cambridge：Cambridge University Press, 1974, p. 86.

② T. B. Macaulay, "The Letter to Hannah Macaulay", 13 September, 1831, in Thomas Pinney, ed., The Letters of Thomas Babington Macaulay, vol. 2, Cambridge：Cambridge University Press, 1974, p. 99.

③ T. B. Macaulay, *Napoleon and the Restoration of the Bourbons* [1830], ed. Joseph Hamburger, London：Longman, 1977, p. 71.

样短暂"①。站在旁观者和后来者的角度，麦考莱既看到法国大革命存在的问题，也指出革命带来的并非全都是罪恶与荒唐。"邪恶只是暂时的，好处却很持久"，"革命虽然充满了罪恶和愚蠢，但是对于人类是一个伟大的福祉。"②法国革命带给人类的福祉可能在于它将启蒙思想家宣传的自由、平等和博爱的观念付诸实践，"这是人类思想的解放，是理性战胜偏见的胜利果实"③。

麦考莱认为法国1848年建立共和国的革命是"一场地震"，其合理性不过是以共和制避免无政府状态。"我在总体上支持总统和军队，我不喜欢僧侣统治和军事统治，但是随便一个都比无政府主义要好。"④麦考莱将共和主义视为一种传染病，他希望英国不会受到法国革命的影响。"我们应该看到结果会是什么，我从来没有如此关心一场革命，关于法国的事情是如此糟糕以至于没有什么比这更糟糕了。我认为，现在革命的传染已经难以接触到我们，1848年有某些危险，但是自从1848年之后，我们显然变得更为明智。"⑤麦考莱对革命群众的力量感到恐惧，敌视底层民众发动革命建立的共和政权。他在共和制中看到革命群众蕴含的破坏性力量，这对资产阶级的统治构成潜在威胁。共和制和无政府主义都不是麦考莱理想的政府形式。

最后，麦考莱反对那些可能导致暴力革命的政治、哲学和宗教激进派。在他看来，共和派、宪章派等政治激进派和清教徒所代表的宗教激

---

① T. B. Macaulay, *Napoleon and the Restoration of the Bourbons* [1830], ed. Joseph Hamburger, 1977, pp. 46, 48.

② T. B. Macaulay, "Mirabeau," *Edinburgh Review*, July 1832, in Lady Trevelyan, ed., The Miscellaneous Works of Lord Macaulay, vol. 4, New York and London: G. P. Putnam's Sons, 1898, p. 118; T. B. Macaulay, "Sir James Mackintosh," *Edinburgh Review*, July 1835, in Lady Trevelyan, ed., The Miscellaneous Works of Lord Macaulay, vol. 4, New York and London: G. P. Putnam's Sons, 1898, p. 346.

③ T. B. Macaulay, "Mirabeau," *Edinburgh Review*, July 1832, in Lady Trevelyan, ed., The Miscellaneous Works of Lord Macaulay, vol. 3, New York and London: G. P. Putnam's Sons, 1898, p. 117.

④ T. B. Macaulay, "The Letter to Lord Mahon," 3 December, 1851, in Thomas Pinney, ed., The Letters of Thomas Babington Macaualy, vol. 5, Cambridge: Cup, 1981, p. 210.

⑤ T. B. Macaulay, 2 December, 1851, in William Thomas ed., The Journals of Thomas Babington Macaulay, vol. 3, London: Pickering and Chatto, 2008, p. 186.

进派都会煽动人们的愤怒、不满和疯狂的情绪，从而推动人们走向革命的极端。麦考莱对19世纪初期的英国中等阶级的共和主义倾向保持高度的警惕。

> 现在共和主义正在中产阶级的内心升起，这是不可能掩饰的。他们大胆无畏，不太尊重古代传统，为了达到目的，满腔热情而不择手段，就像是法国的雅各宾派。……形而上学和政治学吸引了他们的注意。高傲的哲学对他们的影响就好比骄傲的精神对清教徒的影响一样，他们对优秀的艺术，高雅的文学和骑士的伤感心生厌恶，这使得他们对于其所拥有的优势表现出傲慢、偏执和没有耐心。……尽管他们有令人讨厌的特性，他们的原则仍然像之前清教主义的传播一样迅速地扩散开来。①

麦考莱认为英国的中产阶级受到激进哲学思想的影响，有发展成为雅各宾派的可能，这些激进的哲学思想主要是指边沁主义者宣传的普遍民主思想，这超出了统治阶层所能容忍的改革限度。

麦考莱对清教的看法比较复杂。他不喜欢清教徒的激进，认为他们的性格是"可憎的"和"荒谬可笑的"，他们鼓动人们起来反抗，"是不同寻常的狂热者。"②但他们的疯狂不过是外在表象，他们的内心常常充满对上帝的虔诚信仰，"他们是一个勇敢、智慧、诚实和有益的团体"③。清教徒将对市民自由的追求看作他们的宗教事业，组成了一支对抗国王的训练有素、遵守纪律的强大军队。由于清教徒在英国资产阶级革命中的特殊作用，他们不是一个纯粹的宗教激进派，而是一个与政治激进派有密切关联的宗教势力。美国学者汉伯格曾对政治和宗教两种激进派的关系作了中肯的分析，"如果宗教保持温和的状态，妥协的政治变得可能，但是如果宗教变得极端，那么宗教就是冲突的源头和妥协的

---

① T. B. Macaulay, "The Present Administration," *Edinburgh Review*, June 1827, p. 261.

② T. B. Macaulay, "Milton," in Lady Trevelyan, ed., The Miscellaneous Works of Lord Macaulay, vol. 1, New York and London: G. P. Putnam's Sons, 1898, pp. 54, 55.

③ Ibid., p. 58.

障碍"①。麦考莱担心清教徒的激进主义成为政治革命的诱因,所以他一方面在宗教上尊重清教徒的虔诚,另一方面在政治上反对清教的激进主义。

麦考莱之所以反对暴力革命,从经济层面上说,他担心暴力革命会给社会带来破坏性的后果,公民的自由和财产权利被侵犯。

> 由于财富的不断积累,思想家对于叛乱比对暴政还要恐惧。一旦发生叛乱,大量财产会在几小时内化为乌有,今天伦敦商店、货站中堆积的大量动产超过金雀花王朝整个国家财富的五百多倍。如果政府被暴力推翻,所有这些动产就面临着被掠夺和摧毁的巨大风险。对政府借贷也会造成更大的危险,因为它是成千上万人的生计来源。整个商业领域的借贷也不可避免的受到牵连。毫不夸张地说,如果在英国本土的内战持续一周的时间,从黄河到密苏里河都能感受到这场战争所造成的灾难,而且在一个世纪之内其影响依然清晰可见。在这样一种社会状态下,与几乎腐蚀所有国家的那些弊病相比,反抗作为治愈国家的良方,其结果是令人失望的。②

从政治稳定层面上来说,麦考莱认为暴力革命不是反抗专制统治的有效方式,相反,暴力革命会导致无政府和专制两种政治极端现象的恶性循环,使国家偏离正常的发展轨迹。他指出,中世纪地方诸侯的军事力量是对王权的有力制衡,但是在 19 世纪革命很难发挥制约王权和政治腐败的作用。"如果我们无法想象暴力所带来的邪恶,就不要利用它作为抗衡暴政的手段,显然,在效率最高的状态下,保持对恶政的所有宪政制约是明智的方式。"③革命会产生无政府状态,无政府状态可能导

---

① Joseph Hamburger, *Macaulay and the Whig Tradition*, Chicago: University of Chicago Press, 1976. p. 14.

② T. B. Macaulay, *The History of England*, vol. 1, London: Longman, Brown, Green, and Longmans, 1849, p. 35.

③ Ibid. , p. 36.

致专制统治，而专制又会引发革命，由此陷入革命—无政府—专制—新的革命的循环之中。英国革命和法国大革命曲折反复的历史进程加深了麦考莱有关政体循环的认识。

1822 年，麦考莱在剑桥大学三一学院学习时所写的一篇获奖论文《论威廉的性格与生活》中，指出 1688 年之前的英国陷入了这种政体循环的怪圈。这一时期"并非一种平衡状态，而是一种交替的上升与堕落"，"查理一世的专制首先产生了内战与无政府，无政府又产生了专制，专制又再一次产生了反抗与革命。如果不是威廉国王的智慧，看上去同样悲惨的循环会被再次书写"。①在《英国史》中麦考莱也谈到了英国政治体制的循环。

> 多少次，我们从一个极端走向另一个极端，在专制之中求助于无政府状态这一解决方式，又再次因专制所迫回到无政府状态之中。为了学习政治科学的本质，我们付出多年的流血牺牲和混乱，曾被许多幼稚的理论迷惑，我们建立了多少原始的宪法，却只是看到他们被践踏。如果半个世纪的历练已经足够教导我们享受真正自由的能力，我们将会是多么的幸福。②

英国找到自己民族发展之路的过程是曲折的。内战之后，英国建立了共和国，不久被克伦威尔的护国公制所取代。克伦威尔死后，斯图亚特王朝复辟，恢复了君主制，直到光荣革命建立立宪君主制后英国才稳定了国内秩序。与英国资产阶级革命之后经历的政体变迁类似，法国大革命也带来了政治体制的循环。大革命推翻了法国的君主专制制度，但是革命的道路异常曲折和反复。先后经历了立宪君主制，共和制和拿破仑帝制等阶段。在滑铁卢一役拿破仑兵败之后，波旁王朝复辟，法国又经历了一轮从立宪君主制到共和制，再到法兰西第二帝国的政治演变，

---

① T. B. Macaulay, "Essay on the life and character of King William Ⅲ," (1822), in A. N. L Munby, ed., *Time Literary Supplement*, 1 May, 1969, p. 469.

② T. B. Macaulay, *The History of England*, vol. 2, London: Longman, Brown, Green, and Longmans, 1849, p. 657.

直至 1870 年才建立了较为稳定的法兰西第三共和国。

（三）主张温和革命和渐进改革

为了避免暴力革命的发生，麦考莱主张走温和革命和渐进改革的发展道路。他秉持一种折中的立场，试图寻找自由与秩序之间的平衡，不追求绝对自由而落入无政府状态，也不要求绝对秩序而陷入专制之中。他既反对极端的托利派和专制统治，也反对无政府主义和共和主义者。

麦考莱热情歌颂光荣革命，对革命保守和革新的两重性进行仔细的分析。他指出，革命的目标是"守卫、纠正和复原，绝不仅仅是为了破坏"①，它"是一个严格防御意义上的革命，有自己的处理方法和合理内容。只是在光荣革命中，13 世纪的有限君主制未受削弱地传承到 17 世纪"②。光荣革命的"防御性"是指继承而非否定英国宪政传统，体现了革命的保守性。威廉建立的政治体制仍然是一种有限君主制，它没有废除君主，而是保留了君主及其在军事、外交和行政方面的特权。从光荣革命之后英国乔治诸王的实际权力来看，国王的权力不仅没被削弱，反而有逐步膨胀之势，在乔治三世时期王权一度达到顶峰。但是光荣革命从制度上确立了议会的最高权力地位，避免英国再次出现暴君和专制。在麦考莱看来，法国的 1830 年革命、美国革命与光荣革命一样都因其防御性而成为良性的革命，"在 70 年的革命之后，现在的法国（指 1848 年的法国）比 1788 年时要糟糕。结果证明唯一好的革命是防御性的革命，我们的 1688 年革命，法国 1830 年革命以及美国革命在很大程度上都是同一类型的革命"③。

另外，光荣革命具有革新的一面。它建立了立宪君主制，试图通过制度创新来消除国王暴政的危险。光荣革命的革新是建立在本国古代的

---

① T. B. Macaulay, "Mirabeau," *Edinburgh Review*, July 1832, in Lady Trevelyan, ed., The Miscellaneous Works of Lord Macaulay, vol. 3, New York and London: G. P. Putnam's Sons, 1898, p. 142.

② T. B. Macaulay, *The History of England*, vol. 2, London: Longman, Brown, Green, and Longmans, 1849, p. 657.

③ T. B. Macaulay, 29 December, 1858, William Thomas, ed., The Journals of Thomas Babington Macaulay, vol. 5, London: Pickering and Chatto, 2008, p. 246.

宪政传统之上，是一种有所保留的革新。麦考莱说："我们的制度从没有落后于时代以至于被人们所厌恶。我们的国人即使在最为高兴的时刻，也总是带着崇敬之情赞美他们生活于其中的政府，只是对他们认为腐败的地方进行攻击。在革新的过程中，他们总是诉诸古代的法令，极少寻求国外的模式，也极少困扰于乌托邦理论。"① 英国总是试图在古老的宪法、法律传统和惯例中寻找政治变革的依据，对它们作出合乎时代要求的阐释。

麦考莱对光荣革命的结果进行了较为客观的分析。一方面，他指出光荣革命推动了英国社会的发展，另一方面，他没有忽视革命带来的弊端——议会的腐败。光荣革命之后，议会的地位迅速提高，由于缺乏对议会的监督，导致其权力逐渐膨胀，腐败盛行。麦考莱指出"当内阁对议会负责的时候，议会多数派却不对任何人负责"②，光荣革命"使民族免于一系列的罪恶，但与此同时加剧了另一批需要纠正的新罪恶，这是所有人类事情的不完善之处"③。麦考莱为光荣革命所引起的邪恶辩解说："最为公平和有利的革命都会产生许多苦难，这些革命不可能产生那些思想不够成熟和性情乐观的人所期待的所有好处。即使最为明智的人也不能非常公正地权衡已经消除的罪恶和它之后所产生的罪恶，因为已经产生的罪恶是可以感受到的，而已经消除的罪恶却无法感觉到。"④任何革命都会产生正反两方面的后果。在麦考莱看来，光荣革命的积极影响要远远多于它的消极后果。

1831—1832 年的英国议会改革则提供了渐进改革的一个范例。麦考莱为议会改革作出了非常精彩的辩护。1835 年在给詹姆士·密尔的

---

① T. B. Macaulay, "Mirabeau," in Lady Trevelyan, ed., The Miscellaneous Works of Lord Macaulay, vol. 3, New York and London: G. P. Putnam's Sons, 1898, p. 142.

② T. B. Macaulay, "The Earl of Chatham," *Edinburgh Review*, October 1844, in Lady Trevelyan, ed., The Miscellaneous Works of Lord Macaulay, vol. 6, New York and London: G. P. Putnam's Sons, 1898, p. 324.

③ Ibid., p. 323.

④ T. B. Macaulay, *The History of England*, vol. 3, London: Longman, Brown, Green, and Longmans, 1855, pp. 6 - 7.

信中，麦考莱表达了继续进行改革的主张。在谈完对印度治理的看法后，麦考莱预判了英国国内的政治形势，他对当时阶级斗争的状况的估计比较严重，强调通过"安静"的政治改革，逐步减少贵族特权。

> 王室的背信弃义，贵族的顽固，教会和大学的偏执，不久会将整个辉格党人转变为激进分子。如果有可能避免的话，我不喜欢暴力的变革，我喜欢看到权力滥用现象安静地消失，……如同议会的特权在我们的时代中消失一样。我希望好事物的出现如同出版议会辩论的做法一样几乎让人无法察觉。这样的革命对任何人都不会产生伤害，不会激起他们的恶意，尽管缓慢，他们确定会认识到改革法案是绝对必要的。我希望贵族的权力平静地被取消。①

麦考莱不希望通过暴风骤雨的方式进行变革，渐进式的民主改革能够将改革的社会代价降到最低。对于英国为何走上温和的革命道路，麦考莱认为主要原因在于英国具有保证自由权利的宪政制度体系，他说道：

> 英国人的温和、人道是一百五十年自由的结果。在很多代人中，我们拥有议会，无论它有什么缺陷，它仍然包含许多人民选出的议员，其他人也希望得到人民的认可。在议会中，有完善的言论自由，即使是最小的少数派也能被公平地听取他们的声音，滥用权力的行为即使没有被纠正，也会被暴露出来。对于几代人来说，我们有陪审制，人身保护法案，出版自由，讨论公共事务的集会权利，立法请愿的权利。大多数人习惯长期担当政治责任，完全适应政治兴奋感。在大多数其他国家，并不存在绝对屈服和公开叛乱的中间路线。在英格兰，数个世纪都存在一个宪政反对派，因此我们

① T. B. Macaulay, "The Letter to James Mill," 24 August, 1835, in Thomas Pinney, ed., The Letter of Thomas Babington Macaulay, vol. 3, Cambridge: Cambridge University Press, 1976, p. 150.

的制度是如此完善，以至于它们教导我们能够追求更好的制度。①

麦考莱认为，英国的政治制度保障人们的言论、出版、集会和请愿等自由，它规范了人们的政治活动，也方便了民意的表达。英国能够在自由与秩序之间找到一条中间路线，关键在于它有一个政治反对派，能够监督政府权力的实施。良好的制度能够实现自身良性的发展和革新，从而化解社会矛盾。

概括来说，麦考莱的革命观具有如下几个特点。第一，麦考莱对革命影响的认识比较全面。他揭示了法国大革命的善和好的一面，也指出了光荣革命恶的结果。第二，麦考莱对于革命趋势的恐惧比对革命本身更甚，这种恐惧带着对革命的幻想。这从麦考莱对英国议会改革和法国1848年革命期间的社会形势的过度判断可以看出来。第三，麦考莱时刻关注着19世纪上半期法国的政治变化和革命形势，法国政局的变动对于麦考莱判断英国国内的政治形势产生了一定影响。第四，麦考莱敏锐地看到社会革命的重要性，专门考察了17世纪末的英国社会史。这一点我们在下一章还将详细阐述。

第三节　麦考莱的辉格史学观

上一节我们研究的是麦考莱的辉格历史观，即他关于英国宪政制度的发展演变的认识与对光荣革命的起因、过程和特征的说明。对麦考莱辉格史学观的探究主要从历史认识论的层面分析辉格史家的历史解释方法、认识视角、目的论倾向和党派偏见。

一　以今度古的历史解释

巴特菲尔德指出，辉格史家在进行历史解释时犯了时代错置的错

---

① T. B. Macaulay, "Mirabeau," *Edinburgh Review*, July 1832, in Lady Trevelyan, ed., The Miscellaneous Works of Lord Macaulay, vol. 3, New York and London: G. P. Putnam's Sons, 1898, p. 129.

误。辉格式错误的根源在于"历史学家以今为鉴来衡量和编纂历史故事的实践"①,这是一种以今度古的历史解释方式,辉格史家根据对当下流行的制度和观念的贡献来评判过去的历史,无视或批判与这些制度、观念发展不相适应或相违背的历史现象。辉格史家的一个重要主题是光荣革命。光荣革命受到辉格史家重视的原因在于,他们认为这场以不流血著称的革命给英国带来了长期的政治稳定,其所确立的立宪君主制为英国日后的繁荣奠定了宪政基础。辉格史家在当代英国的政治民主和17世纪的光荣革命之间建立起一种简单的因果联系,将历史大为简化了。

早在有关麦金托什的《光荣革命史》的书评中,麦考莱就提出要在具体的历史情境中设身处地地评价历史,不能以后见之明否定前人。"为了对过去有一个正确的评判,我们应该把自己放在他们的处境中想一想。"②麦考莱在《英国史》中一并批判了以今度古和以古度今两种研究视角。

> 我们国家研究历史的人不断陷入两种相反的错误中,一种错误是根据过去来评判现在,另一种是根据现在来评判过去。前一种错误是崇尚古代,后一种容易受到新思想的吸引。人们或许会不断的观察到,保守的政治家在思考自己时代的问题时会犯下前一种错误,自由派的作家在讨论之前时代的事务时经常会受到后一错误的影响。前一种错误对政治家来说更有危害,而后一种错误对历史学家更有危害。③

麦考莱指出,自由主义历史学家更容易犯以今度古的错误。不同的

---

① [英]赫伯特·巴特菲尔德:《历史的辉格解释》,张岳明、刘北成译,商务印书馆2012年版,第21页。

② T. B. Macaulay, "Mackintosh's 'History of Revolution'," *Edinburgh Review*, July 1835, in Lady Trevelyan, ed., The Miscellaneous Works of Lord Macaulay, vol. 3, New York and London: G. P. Putnam's Sons, 1898, p. 351.

③ T. B. Macaulay, *The History of England*, vol. 2, London: Longman, Brown, Green, and Longmans, 1849, pp. 233 – 234.

价值取向导致认识视角的差异，以古度今是崇古思想的结果，而以今度古是尊今抑古思想的后果。麦考莱专门批判了对过去的美化。人们往往因为不满现实和缺乏耐心而高估过往的历史。他无情地揭露了关于过去的种种幻想，详细说明过去的种种落后面貌。

> 今天，将过去美化成英国的黄金时代成了一种时尚，可实际上，那时候贵族生活地并不舒适，当时的生活连现在的仆役也无法忍受。目睹农民和商店主早餐食用烤饼会使现在济贫院的贫民骚动。那时生活在最纯净的乡村空气中的人们竟比生活在最污浊的现代城市的人们死得早，而那时生活在城市中的人没有今日生活在吉耶那海滩的人活得长。①

颇为讽刺的是，麦考莱的《英国史》并没有避免以今度古的错误。这说明有时历史学家的理论自觉与史学实践相互脱节。在麦考莱的历史论述中，以今度古的辉格式历史解释比较常见。比如，他反对詹姆士二世的专制统治，指责其违反了古代的宪法。后来的史家认为辉格史家所尊崇的古老宪法是他们想象的产物，并非在历史中实际存在过。也就是说，麦考莱是按后人对于古代宪法的想象去认识过去的历史。在评价17世纪政治家的作为时，麦考莱依据的是19世纪建立的公正标准。在描写17世纪末英国的社会状况时，他是以19世纪进步繁荣的英国为参照对象的。在以今度古的研究视角之下，麦考莱关注的是过去和现在的相似性。"他希望历史教导人们假设，不同历史时期的问题在本质上是类似的，因此每一时代的统治任务都是相同的。"② 从相似性的假设出发，麦考莱经常将两个不同时代的历史事件进行类比。过于强调相似性必然导致忽视差异性，对历史的认识浮于表面，难以深入历史现象的背后探究其发生的原因及其特殊性。

---

① T. B. Macaulay, *The History of England*, vol. 1, London: Longman, Brown, Green, and Longmans, 1849, p. 427.

② Joseph Hamburger, *Macaulay and the Whig Tradition*, p. 110.

以今度古实际上是一种以现在为中心的历史认识方式，用克罗齐的话来说便是"一切历史都是当代史"。这一认识方式的局限性在于，历史学家带着当下的观念、范畴去研究过去，有可能歪曲历史的本来面目，使历史沦为论证现实合理性的工具。以今度古之所以难以避免，是因为人们总是生活在当下，他们与已经逝去的历史有着无法超越的时空障碍，研究过去的历史必然会带有研究者当下已经形成的观念和成见。历史学家的问题意识可以是现实启发的产物，但是求解问题、提出解释却要回到历史发生的具体情境，在追溯各种时兴的概念的源头时应该明确概念内涵的历史演变，不能观点先行，论证在后，历史研究不是回到过去寻找材料论证现实某种观念的合理性。

二 新教胜利的目的论叙事

麦考莱对光荣革命的叙述具有明显的目的论特征。整个历史事件发展的走向是威廉领导的新教阵营取得远征英国的胜利，威廉仿佛扮演了上帝的化身和拯救者（deliver）的角色，将英国人民从詹姆士的专制压迫下解放出来，恢复他们原有的市民权利和信仰自由。

威廉登陆英国的过程让人感到一股新教事业势不可当的必胜的力量，连自然环境也要服务于上帝所支持的新教事业。

> 天气确实有助于新教事业，以至于一些与其说有判断力不如说有虔诚信仰的人相信，一般的自然规律为了保护英国的自由和信仰而暂时停摆。准确来说，100年前他们曾说西班牙无敌舰队因为上帝的愤怒而被冲散。如今公民自由和神圣的真理再一次面临危险，正义的事业再一次争取到上帝的配合这一条件。当威廉亲王想要沿英吉利海峡扬帆而下时，东风刮得正猛，当他要进入托贝港时，东风变成了南风，在他登陆时，风停了，他们一上岸，下起了暴风雨，追击者迎头赶上。……卡斯特尔斯建议，一旦登陆，我们就要公开感谢上帝给予的保护。威廉采纳了他的建议，取得很好的效果。他们告诉士兵，要把自己作为上帝的宠儿，士兵备受鼓舞，士

气大振。英国人对关注宗教责任的将军和军队的印象最好。①

这一段细致描写了威廉率领的海军舰队从荷兰出发渡过英吉利海峡过程中的天气变化，似乎天气条件非常配合威廉的远征，上帝也站在威廉这一方，支持他的远征行动。

麦考莱将威廉视作英国的拯救者和上帝实现其目标的工具。"上院一直要求威廉亲王应该继续执政，进一步听取对他的感激之情，感谢他的拯救，受上帝保佑的他缔造了这个国家，宣布 1 月 31 日这天应该作为拯救的感恩日。"在麦考莱看来，威廉是上帝在世间的代表，他的使命早已被规定好，就是解救被专制压迫的英国人民。他写道："上帝使奥伦治亲王成为解救民族于专制和压迫之中的光荣的工具，亲王已经邀请王国内有产者开会，一起商量宗教、法律和自由的保障。"②拯救概念的反复出现暗示威廉所领导的新教事业和远征行动带有强烈的目的论色彩，上帝似乎已经规定好结果，威廉只是这一结果的执行者而已。麦考莱对威廉使命的目的论式的解读带有强烈的启示录色彩，新教必胜的主题是麦考莱辉格式历史解释的特征之一，也使得他的历史叙述披上了一层宗教的神秘外衣。

三 温和的党派色彩

长期以来学术界认为麦考莱的历史著作带有辉格党的党派偏见，但如果仔细考察他的一些论述，就会发现这一观点还需要进一步商榷。笔者认为，相比于哈兰、麦金托什等早期辉格史家，麦考莱历史写作的党派色彩有所弱化，并非那么强烈。麦考莱不仅在理论上自觉批评党派史学，其对历史人物的描写也不完全是脸谱式的。他从以下几个方面批判了党派史学。

第一，辉格党和托利党的党派界限不是绝对的。麦考莱提醒人们，"需要注意的一点是，这两大政党之间的分歧与其说是原则上的，不如

---

① T. B. Macaulay, *The History of England*, vol. 2, London: Longman, Brown, Green, and Longmans, 1849, p. 482.

② Ibid., pp. 619 – 620, 651 – 652.

说是程度上的。……但是大多数为国王而战的人厌恶暴政，大多数支持民众权利的人厌恶无政府主义。"①辉格党和托利党都渴望有一种稳定的政治秩序和社会状态，这符合他们共同的利益。

第二，麦考莱批评英国历史研究中的党派倾向，党派偏见源于历史学沦为政治宣传、党派斗争的工具，丧失自己学科的独立性。他说："早期历史中的所有信息来源都受到派系精神的阻断。因为没有一个国家的政治家受过去的影响如此之大，也没有一个国家的历史学家受现在的影响如此之深。……但是如果历史被视为装满地契的储藏室，而这个储藏室是政府和国家的权力根基之所在，那么歪曲历史的动机就几乎是不可避免的了。"②麦考莱接着说道："在我们国家，党派经常在古物研究的成果上投下赌注，以决定最重要的利益，其必然结果是我们的古物研究者带着党派的精神进行他们的研究。"③当历史研究自觉或不自觉地服务于党派纷争和国家权力的需要时，研究中的党派偏见就不可避免了。

第三，麦考莱认为研究者的党派立场会导致随意裁剪史料，得出的结论背离历史真相。他写道："带着这样的立场，两党都从中世纪的记录中寻找证据，他们轻易能为自己的立场寻找足够的证据，但除了他们自己寻找的证据之外，他们固执地无视其他资料。斯图亚特王朝的支持者轻易就能找出国王镇压臣民的先例，圆颅党的领导人也容易找出坚决抵抗国王的成功先例……不过，两种结论都和真相相距甚远。"④

第四，麦考莱认为光荣革命是辉格和托利两党妥协合作的结果。哈兰等传统辉格史家将光荣革命完全视为辉格党一党的成就。麦考莱向人们证明，两党在维护国教地位和公民自由方面达成了一致意见，光荣革命是两党共同努力的成果。他指出："在 17 世纪两党两次搁置他们的异

---

① T. B. Macaulay, *The History of England*, vol. 1, London: Longman, Brown, Green, and Longmans, 1849, p. 101.

② Ibid., p. 26.

③ Ibid., p. 27.

④ Ibid., pp. 27 – 28.

议，将他们的力量团结到一个共同的基础之上。他们的第一次联合恢复了世袭君主制，第二次联合恢复了宪政自由。"①这里所说的两次联合分别指斯图亚特王朝的复辟与光荣革命。

麦考莱在点评历史人物时也试图避免党派偏见，尽量全面评价政治家的人品、性格、能力和功过是非。比如，麦考莱没有全盘否定查理一世，也肯定了他的优点。"他的写作与谈吐不像他的父亲带着教授般的准确，而是具有勤奋和受过良好教育的绅士的风范。他的文学和艺术品位出众，他的行为举止说不上光彩，却也得体，他的私人生活也没有污点。"但查理的良好声名只限于他的个人素养和品德，他在治理国家方面滥用权力，是"一个不仅在身体和习惯上，也在原则上的背信弃义者"②。从总体上看麦考莱对查理是持批评态度的。麦考莱对托利党和辉格党两党政治家既有褒奖也有批评。他对托利党的杰出人士不吝赞美之词。托利党的主要大臣丹比伯爵（Earl of Danby）曾担任首相，"是骑士首领，是君主特权的拥护者，是非国教徒的迫害者"，但他有"不俗的行政能力和执政经验"，"热衷于国教与他的祖国的尊严和独立"，受到威廉党人的尊重；另一位托利党人诺丁汉伯爵"在腐败的宫廷中保持了个人的诚实品质不受玷污"。③麦考莱厌恶辉格党的激进政治家萨夫茨伯里，对党内其他政治家的评价也不高。辉格党的政治领袖罗素勋爵（Edward Russell）具有突出的勇气和能力，但其性情"躁动不安"；辉格党人约翰·汉普顿（John Hampden）则党同伐异，报复心较强，是"所有辉格党人中最不宽容的"④。第一代哈利法克斯侯爵乔治·萨维尔（George Savile, 1st Marquess of Halifax）是麦考莱十分尊崇的政治家，一位机会主义者。他不属于任何党派，其政治立场常常左右摇摆，在关

---

① T. B. Macaulay, *The History of England*, vol. 1, London：Longman, Brown, Green, and Longmans, 1849, p. 101.

② Ibid. , pp. 83 – 84.

③ T. B. Macaulay, *The History of England*, vol. 3, London：Longman, Brown, Green, and Longmans, 1855, pp. 15 – 16；T. B. Macaulay, *The History of England*, vol. 2, London：Longman, Brown, Green, and Longmans, 1849, p. 244.

④ T. B. Macaulay, *The History of England*, vol. 2, p. 250；T. B. Macaulay, *The History of England*, vol. 3, London：Longman, Brown, Green, and Longmans, 1855, p. 513.

键时刻显得优柔寡断，瞻前顾后，缺乏冒险的精神。①对于光荣革命之后辉格党在议会的专横与腐败，麦考莱也如实呈现。因此，麦考莱并不是站在自家党派的立场上随意抬高辉格党人，贬低托利党人。

虽然麦考莱努力避免带着辉格党的有色眼镜评价人物和解释历史，但他在实践中没有完全做到，其对托利党人仍然流露出一定的党派偏见。德莱顿是17世纪英国著名的诗人，他在王政复辟期间支持查理二世，为王党服务，受到麦考莱的责难，"我们绝不能因为沉醉于这部作品（按：指德莱顿的《押沙龙与阿奇托菲尔》）的高贵的措辞和韵律，就忘记了善与恶的区分。德莱顿与他的同僚这一时期对辉格党人的仇视堪称邪恶"②。马尔伯罗公爵（Duke of Marlborough）是英国斯图亚特王朝更替时期著名的军事将领与政治家，也是支持国王的王党分子。麦考莱指责马尔伯罗是一个"谋杀者"和"叛国者"，但其提出的证据并不是特别充分，他对马尔伯罗的苛责和谩骂很大程度上是因为后者是托利党人。

麦考莱在描写乡绅、乡村牧师这些社会阶层时，也带有辉格党的党派偏见。他认为17世纪英国的乡绅"无知笨拙、品位不高、言谈粗俗，放在19世纪，他们和平民没有分别"③。麦考莱对乡绅报以轻蔑态度的原因在于这些乡绅大多是托利党人，是保守的王党分子。作为乡村的特权阶层，乡绅构成了查理一世军队的主要力量，是世袭君主制的有力支持者。在论及乡村牧师时，麦考莱认为宗教改革之后，乡村牧师的社会地位明显衰落，贵族子弟中担任神职的人员比原来减少，上层或中等阶级家庭的年轻女子也不愿意嫁给牧师。"乡村牧师对托利主义的支持比乡绅要热情，是一个同样重要的阶层。"④麦考莱有关乡绅和乡村牧师的论述遭到一些学者的批评。英国著名政治家格拉斯通指出，麦考莱低估

---

① T. B. Macaulay, *The History of England*, vol. 1, pp. 243 – 244；T. B. Macaulay, *The History of England*, vol. 2. p. 402.

② T. B. Macaulay, *The History of England*, vol. 1, London：Longman, Brown, Green, and Longmans, 1849, p. 405.

③ Ibid., p. 322.

④ Ibid., p. 324.

了英国乡村牧师的收入、图书收藏和社会地位。①历史学家弗斯指出乡村牧师尽管贫穷，但是他们的政治影响力依然强大，麦考莱以下层的乡绅研究概括整个乡绅阶层的智识水平，这是片面的，他也忽视了乡绅在公共服务中的重要作用。②

关于麦考莱历史著作中的辉格党偏见，学术界形成几种不同的看法。

第一种观点认为麦考莱的历史著作党派偏见突出。古奇、汤普森等人持这种看法。

第二种观点则认为麦考莱的历史著作的党派偏见并不强烈。早期的学者莫里森支持这一观点。随着研究的深入，更多的学者赞同第二种看法。比如，英国著名历史学家屈威廉认为，麦考莱的历史观点不是辉格主义的，他没有完全偏向于辉格党或是托利党一边，他真正的错误是"与生俱来的太过确定的性情，他早年不费力就获得的成功使他满足。直到他年岁已高不愿改变，他也没有遇到严格的历史批评或反击"③。学者布朗宁指出《英国史》不完全是辉格党的政治宣传，麦考莱真正的缺点不是他在叙述历史时有失客观公正，带有党派色彩，而是喜好夸大其词。④英国当代政治学家伯罗认为麦考莱《英国史》的辉格党偏见并不极端，他分析说：

至少有一点是清楚的，《英国史》不单纯是党派性的，像弗斯所作的评价，称麦考莱一直是一个辉格党的政治家的说法是不恰当的。……《英国史》不仅仅证实了一个党派，它也试图暗示一种实用主义的、虔诚的、本质上伯克式的政治观，一个高度膨胀的公共生活

① W. E. Gladstone, *Gleanings of Past Years*, *1844 – 1878*, vol. 2, London：John Murray, 1879, pp. 322 – 332.

② C. H. Firth, *A Commentary on Macaulay's History of England*, London：Macmillan and Co. 1938, pp. 130 – 133.

③ G. M. Trevelyan, "Clio, a muse." in *Clio*, *A Muse and other Essays literary and Pedestrian*, London：Longmans, Green and Co. , 1914, p. 42.

④ Andrew Browning, "Lord Macaulay, 1800 – 59," *The Historical Journal*, Vol. 2, No. 2, 1959, pp. 149 – 160.

的价值，完全意识到与更加广泛的社会进步的相互联系，它体现了哈兰所断言的，英国人对他们的历史有一种特权的占有。如同所讨论的政府的史诗般的尊严。如果这是确定的，在任何有益的当代意义上，他都很难说是极端的辉格党人，更像是具有英国责任感的党派分子。①

还有一种观点更具颠覆性。美国当代学者汉伯格提出，麦考莱不是一个典型的辉格党人，在麦考莱成为一个辉格党人之前，他首先是一个机会主义者（trimmer），机会主义对他的影响要比辉格主义突出。②汉伯格的观点提供了认识麦考莱辉格史学思想的一个新视角。

笔者认为，麦考莱的历史写作具有温和的党派色彩。他的辉格党身份并不必然使其对历史的观察带上党派偏见的烙印，党派立场导致麦考莱敌视少数托利党政治家和托利党支持者，但麦考莱没有走到极端，全盘否定与其政见不同之人。他不是一位党同伐异的政治宣传者，而是一位坚持并宣扬自由主义信念的史家。

---

① J. W. Burrow, *A Liberal Descent：Victorian Historians and the Past*, Cambridge：Cambridge University Press, 1981, p. 93.

② Joseph Hamburger, *Macaulay and the Whig Tradition*, p. 144.

第三章　麦考莱的社会经济史观

麦考莱的《英国史》主要讲述的是光荣革命期间英国的政治、军事史。此外，他也花费不少篇幅介绍当时英国的社会和经济发展状况。《英国史》第三章集中讲述了1685年前后英国的社会文化史，涉及英格兰的人口、税收、工农业、军事、城市、交通、大众的生活状况以及科学、文学等诸多方面的内容。这些内容很少被之前和同时代的史家论及，在当时的历史学界给人耳目一新之感，成为整部《英国史》的亮点。全书还提到股票市场，英国国债起源和英格兰银行的经营状况等经济史的内容。麦考莱的社会经济史研究成为他的政治军事史研究的重要补充。

在18世纪启蒙史学时期，休谟、罗伯逊等史家开始尝试将社会史的内容引入英国史的研究，但没有麦考莱取得如此大的成功。通常人们认为休谟是一位经验主义哲学家，提出了怀疑论的哲学主张。其实，休谟最初是以历史学家的身份著称于学术界的，他的《英国史》曾长期占据英国史学界的主流地位。这部著作记述了从罗马不列颠时期到光荣革命长达10余个世纪的英国历史，全书以政治史为主体，也涉及社会史，而后者常被人们所忽视。休谟在《英国史》第五卷论述完詹姆士二世一朝的历史之后，以附录的形式探讨了这一时期的英国社会史，内容包括英国的民族习俗、社交活动、乡绅和贵族的生活、王国的关税、补助金的变化、谷物和生活必需品的价格、民兵和军备、羊毛及其工业、英国的海外殖民与贸易活动，还有当时的文学和科学成就。麦考莱注意到休谟的社会史论述，并将其发扬光大。正如历史学家约翰·布罗所说："休谟有关英格兰革命与长期社会变迁的其他关注，仍持续成为麦考莱《英格兰史》的重要主题，他被誉为休谟作品的伟大继承者与取代者。"① 在社会史研究方面，休谟对麦考莱的影响主要表现在下面两个方面。

第一，两人对于社会史研究的意义有着统一的认识，他们都认为，通过社会史的研究可以增进历史的教益和人们对历史的理解。休谟在其附录的开篇写道："本书在此暂停片刻，概括王国政体、习俗、财政、武备、贸易和学术的状况，大概并非不合适。历史如果不能公正地评判这些方面，就不可能有多少教益，常常会难以理解。"② 麦考莱在《英国史》第三章的开头说道："在这一章，我打算描述一下英国王位从查理二世传到他兄弟时的状况。在做出这些描述时，由于史料缺乏和分散，必然是非常的不完整。但是它们或许能够纠正某些错误的观念，这些谬见会导致随后的叙述不被人理解或者毫无教益。"③ 对比麦考莱和休谟的上述开篇词，两者的相似性是显而易见的，他们都希望扩展历史研究的范围，让社会史为传统的政治史服务，使人们更好地理解历史事件发生的社会背景，并从中吸取有益的经验教训。

第二，休谟所论及的英国社会史的某些主题也是麦考莱继续深入研究的对象。总体来看，休谟关于英国社会史的描述比较简略，而麦考莱的论述更为详细和具体。比如说，对伦敦城及其建筑，休谟只是寥寥数笔带过。④ 麦考莱则对伦敦城着墨颇多，对伦敦的街道、广场和公共娱乐场所都有详细的介绍。休谟对英国绅士、贵族的说明限于他们的性格、财富和社会地位，而麦考莱除了论及上述各方面的内容，还考察了乡绅和乡村牧师的地位、教育及婚姻状况。

---

① ［英］约翰·布罗：《历史的历史：从远古到 20 世纪的历史书写》，黄煜文译，广西师范大学出版社 2012 年版，第 327 页。

② ［英］大卫·休谟：《英国史Ⅴ：斯图亚特王朝》，刘仲敬译，吉林出版集团有限责任公司 2013 年版，第 103 页。

③ T. B. Macaulay, *The History of England*, vol. 1, London：Longman, Brown, Green, and Longmans, 1849, p. 279.

④ ［英］大卫·休谟：《英国史Ⅴ：斯图亚特王朝》，刘仲敬译，吉林出版集团有限责任公司 2013 年版，第 118 页。

作为英国的政治精英和知识精英，麦考莱的社会史研究体现了19世纪的精英主义。"精英主义可以视为一种理解政治和历史的方法，其最极端的形式认为社会总是处于少数人（精英）的统治之下，是他们在社会中起决定性作用并把权力集中在自己的手中。"①精英主义认为精英是在身份、地位、财产或文化上占据优势的特定阶级和人群，文明主要是精英创造的，精英的思想和行为对社会的影响比普通人更大。精英主义者反对大众民主，认为精英更适合统治国家。

第一节　精英主义的社会史观

精英主义者习惯上将一个社会划分为精英和民众的二元范畴。麦考莱将17世纪的英国社会分为统治阶层、中等阶层和普通民众三个阶层：国王、教俗贵族和政府大臣属于统治阶层；逐渐兴起的工商业资产阶级构成中等阶层；城市市民、手工业者、工厂工人、牧师和自耕农则属于平民。麦考莱描述的历史人物主要是王公大臣等统治精英的代表，他们多是享有较高爵位的贵族，乡绅则位于贵族的底层。麦考莱认为乡绅"没有学问，比较粗鲁，但仍然在很多至关重要的方面具有绅士的真正本色，他是自豪而有权势的贵族阶层的一员"。乡绅具有强大的政治影响力，长期以来都是王党势力的支持者。乡村牧师等神职人员对上流社会已没有太多吸引力，他们的地位与平民无异，"神职人员整体上被视为一个庶民阶层"②。城市市民和工人则湮没在浩瀚的历史长河中，成为沉默的大多数，他们的生活和精神状态不为人知。精英主义者并非完全忽视普通民众的存在和对历史的推动作用，只是普通群众在他们所描绘的王侯将相面前显得暗淡无光。麦考莱带着精英阶层的虚伪的同情和对民众力量的恐惧，居高临下地俯视着光荣革命期间的人民大众。

---

① 王焱：《民主政治视野下的精英治理：西方精英主义政治理论研究》，中国法制出版社2014年版，第1页。

② T. B. Macaulay, *The History of England*, vol. 1, London: Longman, Brown, Green, and Longmans, 1849, pp. 321, 327.

一 精英视角下的民众的历史

传统史家主要研究国王和政治精英的事迹，忽视占据人口多数的普通民众。麦考莱的《英国史》关注了普通民众的历史，填补了相关研究领域的空白。他在描述完查理二世统治下的英格兰的社会面貌后，写道："对于人民这一伟大群体，我们还没有谈论，正是他们耕田养牛，在诺里奇的织布机前做着苦工，为圣保罗教堂切削石料。对于他们，我们能说的不多。这个阶层最为庞大，我们所知道的信息却最为缺乏。"①他所说的人民指的是平民，由农民、工人和底层贫民组成的普通劳动人民。麦考莱提出历史学家应该打破政治史的樊篱，将人民的历史与政治史结合起来，这才算是完成了历史学家的任务。他宣称："假如我只是叙述战争和围城、政治治理的兴衰、宫廷的阴谋诡计以及议会的争论这些史事，那么我就没有完美地完成我所承担的任务。我将努力将人民的历史与政治史联系起来。"②麦考莱对普通民众的研究既包括他们的收入和消费，"穿着、家具、餐饮和公共娱乐"等物质生活情况，也包括"宗教教派的兴起和文学品位的变化"等精神生活的内容。③

麦考莱考察了 17 世纪中后期英国不同行业民众的工资情况。查理二世时期，农民每周的收入一般不超过 4 先令，最高的能达到 7 先令。工人的工资比农民要高，纺织工一天可以挣 1 先令，17 世纪中期制造业工厂工人每周可达六先令的薪酬。木匠、砖匠和水管工等不同的工匠群体的工资，在一个世纪中有了大幅度的提高。但最底层的贫民的生活水平随着社会的进步相对恶化了。④值得注意的是，麦考莱关注到 17 世纪的童工问题。他说：

> 在我们的时代，国家是儿童的合法保护者，明智和人道地废除

---

① T. B. Macaulay, *The History of England*, vol. 1, London: Longman, Brown, Green, and Longmans, 1849, p. 415.

② Ibid., p. 3.

③ Ibid.

④ Ibid., pp. 415 – 420.

了童工的做法，但让儿童过早地从事劳动的做法，在 17 世纪十分盛行，这从当时的工业状况来看几乎令人难以置信。在毛织业的中心诺里奇，6 岁的儿童就被看作是有劳动能力的。当时有许多作家，其中包括有些被认为是心地非常正直的作家，曾以"惊喜若狂"的心情谈到，单是在这座城市，男女童工一年所创造的财富就比他们的生活费多 12000 镑。我们对过去的历史研究得越仔细，就越有理由驳斥那种认为我们时代充满新的社会弊病的见解。事实上，几乎没有例外，社会弊病还是老一套，新的东西是发现这些弊病的智慧和医治这些弊病的人道精神。①

这段关于童工的描述引起了正在写作《资本论》的马克思的注意。麦考莱借用当时作家的记载告诉世人，17 世纪童工所遭受的剥削是惊人的，但麦考莱并没有深入研究当时童工的工作时间、工作条件和工资情况，从他的叙述中我们也难以体会其对童工真诚的同情，他的目的似乎只是为了证明 19 世纪英国的社会制度变得更加人道。这就是马克思批评麦考莱"喜欢献媚和爱说漂亮话"的原因。②谄媚指的是麦考莱为当时的辉格党政府辩护，美化他所生活的 19 世纪英国社会。很多英国历史学者的研究表明，19 世纪英国工人的生活、工资状况并没有麦考莱描写得那么乐观。

17 世纪英国普通民众的日常支出和生活水平也是麦考莱论述的主题。与 19 世纪相比，17 世纪平民的生活费用更高。尽管 17 世纪 80 年代的啤酒和肉类的价格与 19 世纪相比算是便宜，但对于当时多数家庭来说还是无法承受的奢侈品，很多人都不知肉味，对于糖、食盐、蜡烛、肥皂、鞋子、长筒袜和衣物等生活必需品的花费在 1685 年要比 1848 年多。③通过麦考莱对苏格兰高地原始部落盖尔人的生存条件的描

① T. B. Macaulay, *The History of England*, vol. 1, London: Longman, Brown, Green, and Longmans, 1849, pp. 419 – 420.

② 《马克思恩格斯全集》第 23 卷，人民出版社 1973 年版，第 303 页注 120。

③ T. B. Macaulay, *The History of England*, vol. 1, London: Longman, Brown, Green, and Longmans, 1849, p. 421.

写，可以看出当地人民的饮食、居住条件十分恶劣。"他的茅舍的每一个角落爬满了害虫，他不得不吸入充满泥煤烟味的空气，又呼出更多有害的气体。他的晚餐不过是给马吃的粗糙谷物，伴着一些新鲜的牛血块。……他的卧榻只是光秃秃的泥土地面，随着天气的变化时而干燥时而潮湿。从他的床上散发出有害的臭气和泥炭的浓烈气味，产生让人瘙痒难耐的疥癣。"①

麦考莱还论及了当时的社会时尚。17 世纪上至王公贵族，下至普通老百姓，都热衷于室内装饰。国王和贵族对自己的宫殿、宅邸进行精心的布置，室内悬挂的绘画、摆放的瓷器和各种艺术品成为身份的一种外在表现，普通人家的家具和装饰则非常简陋。麦考莱根据历史资料、老地图和图画，描摹了 18 世纪初英国人客厅和卧室的样子。"餐厅的地板没有铺地毯，用煤灰和淡啤酒调成的涂料染成褐色，以掩饰污垢。护壁板没有上漆，也没有大理石的灶台和烟囱。一块用普通毛石制成的厚板和一根价值三四先令的生火钩，在人们看来就足够壁炉使用了。最好的公寓悬挂着粗糙的羊毛织品，摆放着灯芯草编制的椅子。"②斯坦科克之战（Battle of Steinkirk）后，人们夹道欢迎从斯坦科克凯旋的法国贵族和国王，社会风尚也受到战争胜利的影响。珠宝商设计了斯坦科克牌的皮带扣，香料制造商售卖斯坦科克牌的香粉。一种新式的围巾特别打上了斯坦科克的烙印，由于在战场上法国的贵族无暇整理他们饰有花边的围巾，却成为巴黎贵妇竞相效仿的时尚，她们故意将蕾丝镶边的围巾胡乱地围在脖子上。③

以精英主义的眼光去观察 17 世纪的英国社会，麦考莱让人们看到英国曾经的落后，普通人民生活的艰难，对过去的贬抑衬托出 19 世纪的文明和进步。

---

① T. B. Macaulay, *The History of England*, vol. 3, London: Longman, Brown, Green, and Longmans, 1855, p. 306.

② T. B. Macaulay, *The History of England*, vol. 1, London: Longman, Brown, Green, and Longmans, 1849, p. 348.

③ T. B. Macaulay, *The History of England*, vol. 4, London: Longman, Brown, Green, and Longmans, 1855, pp. 283 – 284.

二 重视民意变化

麦考莱不仅叙述了普通人民的生活和习俗，也研究了光荣革命前后民意或者说大众心态（public feeling）的变化。麦考莱高度重视民意及其对政局的影响，因为他站在精英政治的立场上，害怕群众的反抗和革命活动，他始终把大众民主视为一种破坏性力量，认为一旦普通群众掌握政权就会导致暴民政治。他通过历史告诉人们，应该时刻关注民意的变化，及时对内政外交各项政策进行调整。麦考莱提到的民意具有特定的内涵，可以分为如下几类。

第一，反法情绪。法国作为君主专制根深蒂固的堡垒，一直是英国民众敌视的对象。英国人民认为将敦刻尔克出售给法国是斯图亚特王朝复辟时期所作的最声名狼藉的事情，民众反对大克拉伦登伯爵法官的依附法国的外交政策，但他们不敢在一些重大的公开场合表现出来，只能通过某些特殊的事件表达内心的不满，当法国随从与西班牙使馆成员发生争吵时，民众偏向西班牙一方。[①]

第二，排斥天主教。查理二世时期的排斥法案是民众比较关心的事件，英国政治家和国教势力集团对王位是否可以传给天主教徒进行了广泛的争论。一方反对信仰天主教的国王继承王位，另一方则认为詹姆士的王位继承权来自上帝，具有合法性。各派观点的分歧甚至引发亲情和友情的分裂，"每一个郡，每一个城镇，每一个家庭都情绪激动，邻里之间也不再继续保持礼貌与亲切，友谊和血缘之间最为亲密的纽带也被割裂。……上万伦敦市民聚集在一起烧毁教皇的肖像"[②]。英国民众普遍地反对和排斥天主教，站在国教一边。

第三，改革求变。1831—1832 年的议会改革从某种程度上说是在普通民众，特别是工人阶级的强大压力下，统治阶层主动变革的结果。麦考莱在议会演说中指出，英国民众有长期的改革诉求，"在公众中那

---

① T. B. Macaulay, *The History of England*, vol. 1, London: Longman, Brown, Green, and Longmans, p. 200.

② Ibid. , p. 256.

一想法的影响已经持续了70年之久，在乔治三世统治的前30年，改革的情绪就在逐渐增长"①。改革的愿望是深思熟虑的结果。"如果在人类的历史中有一种民族情感是任性多变的对立面，它就是英国人关于改革的情感。它是缓慢、稳定和进步的人类思想的产物，与偶然性的事件没有关联"，公众的改革观念是"时间和讨论的成熟果实"。②

麦考莱阐释了政局变动与民意之间的相互影响。

首先，政治环境的变化影响民意的波动起伏。英国民众对威廉的态度经历了从期盼到欢迎入主英国，再到回归平静和冷淡，最后重获热烈拥戴的过程。民众态度的转变受到政局变动的显著影响。威廉入主英国后，在他执政之初，既要面对国内詹姆士党人策划的一系列反政府的阴谋，又要应对爱尔兰、苏格兰地区的叛乱，还要与法国在欧陆和海洋上争夺霸权。国内局势变化和对外战争的成败都影响了威廉的声望。

威廉声望的第一次高峰出现在他与玛丽宣布接受英格兰王位之时。麦考莱生动描写了英国民众自发组织的庆祝活动。绅士和自耕农骑马游行，新教徒也打着旗帜在游行，人们点燃篝火，演奏音乐，举办宴会。③这些描写意在说明民众喜悦的心情和他们对威廉的认可。但是民众的热情持续不到一个月时间，"所有阶层的民众在圣诞节欢迎威廉进入伦敦的热情到二月末的时候已经相当程度地减弱了。在他的声望和时运达到最高峰时，新国王已经预见到接下来将会恢复原状"④。人们在经历短暂的兴奋之后对新国王和新政权的态度变得冷淡。在麦考莱看来，威廉即位后，连年进行对外战争，债台高筑，这是民众不满的主要原因。英国在斯坦柯克战败后，威廉的声望跌入谷底。

1696年刺杀威廉的行动使威廉重新收获人心，其声望达到一个新

---

① T. B. Macaulay, "Paliamentary Reform," speech, 20 September, 1831, in Lady Trevelyan, ed., The Miscellaneous Works of Lord Macaulay, vol. 9, New York and London: G. P. Putnam's Sons, 1898, p. 56.

② Ibid., p. 58.

③ T. B. Macaulay, The History of England, vol. 3, London: Longman, Brown, Green, and Longmans, 1855, p. 2.

④ Ibid., p. 5.

的高峰。1695 年，玛丽女王和大臣哈利法克斯相继去世，英国国内局势有所波动，詹姆士党人暗中策划反对威廉的新的阴谋。1696 年詹姆士党人波维克（Berwick）图谋在英国发动叛乱，乔治·巴克雷（Jorge Barclay）负责刺杀威廉。后来巴克雷的计划败露，威廉幸免于难。威廉前往议会陈述了事情的经过和英格兰所面临的危急形势，要求议会两院拿出应对方案。议会决定暂时中止人身保护法案，并发出布告悬赏一千英镑捉拿阴谋者。伦敦的城门为此关闭数个小时，在每一条大道上，都有士兵拦查旅客，没有通行证人们无法旅行。对于政府的这些限制措施，民众没有表示异议。麦考莱指出，"普通人确实比公共政治家迫切希望审判叛国者。之所以有这种渴望，部分的原因在于王室宣告所允诺的巨大奖金。……在一些地区大众的热情很难被控制在法律的界限之内。"①一些郡的民众自发武装起来，用实际行动支持威廉。"他们在各个地方聚集起来签署文书，守卫威廉，为他报仇。全国各处的人们在他们的帽子上带着效忠威廉的徽章。他们很难控制不对那些胆敢公开质疑威廉王位的少数人施加简单的惩罚。詹姆士党人现在等同于凶手。"②在民众的努力追查下，除了巴克雷逃往法国，主要的政变参与者悉数落网。对于这些试图颠覆政府行刺国王的叛国分子，威廉却表现出宽宏大量。麦考莱分析说，这场阴谋实际上帮助威廉稳定了他的王位，也凝聚了民心。"破获暗杀阴谋已经改变整个事件的态势，他近来处于动摇之中的王位，现在立于岿然不动的基础之上。他的名声迅速增长到他当初从托贝湾进入伦敦时所达到的高度。"③英国民众在获知政变阴谋后，更为同情威廉的处境，"国王比之前要受欢迎。针对他人身安全的阴谋引起人们普遍的厌恶和恐惧，人们忘记了他的鲜言寡语的风格和外国人身份，他成为一个与他的人民的利益和感情同一的人物"④。民众将对威廉

---

① T. B. Macaulay, *The History of England*, vol. 4, London: Longman, Brown, Green, and Longmans, 1855, p. 669.

② Ibid. , p. 708.

③ Ibid. , p. 673.

④ Ibid. , p. 708.

的个人安危的牵挂与对英国国家命运的关心紧密联系起来。

政治变革对民意的影响还表现在 1831 年议会改革期间。麦考莱指出，民众对议会改革的热情随着改革法案在议会的沉浮而波动。"当他们认为法案面临危险，他们的情绪会变得激烈；当他们认为法案处于安全状态，他们会变得平静。"①辉格党的改革方案公布后，所有人都为之欢呼，全国各地的人们纷纷举行集会以示声援，向下院和国王递交改革的请愿书。当改革法案在下院二读后，普通民众认为改革最终会付诸实施，情绪归于平静。但是当改革法案面临阻挠迟迟未有进展之时，民众开始诉诸行动。"深沉和真挚的大众情感不仅仅是靠语言，也是靠行动、选举和牺牲来证明的。"②他们走上街头，集会请愿支持改革。正是民众对改革的热情才推动英国 1831 年议会改革的进程。麦考莱指出，法国大革命对英国政治改革的影响不应该被夸大。"法国大革命在英国产生的兴奋感不是我们的自由观念所取得的进步的起因而是其后果。"③ 在麦考莱看来，法国大革命提出的自由民主观念不是导致英国议会改革的思想源泉，英国的议会改革完全可以在自己的政治传统中寻找源头。法国大革命激发了底层民众参与政治活动的热情，但是它也引发了中上层阶级对于暴力革命的恐惧。恐惧革命、仇视法国成为民众的普通心态。

其次，麦考莱认为民心向背决定统治的合法性。麦考莱通过詹姆士的统治经历论证了争取民意的重要性。詹姆士因为"七主教事件"、王子降生以及招募爱尔兰军队三个历史事件，使他的声望在民众中急转直下，加速了其统治的垮台。

1688 年 4 月 27 日，詹姆士颁布第二份《信仰自由宣言》，宣布给予非国教徒以信仰自由，此举是想拉拢不信国教的新教徒一起对抗国教，最终有利于推行天主教。5 月 4 日，他要求英国所有教堂和礼拜堂

① T. B. Macaulay, "Paliamentary Reform," speech, 20 September, 1831, in Lady Trevelyan, ed., The Miscellaneous Works of Lord Macaulay, vol. 9, New York and London: G. P. Putnam's Sons, 1898, p. 53.

② Ibid., p. 54.

③ Ibid., p. 55.

的牧师必须连续两周在主持礼拜时宣读国王的上述宣言。国教牧师认为
国王的这一命令违背了英国尊奉国教的基本国策。大多数国教牧师抵制
在教堂宣读国王的宣言，但一些人担心违抗詹姆士的命令会危及自身的
人身安全和利益，他们必须在两周内商量对策。坎特伯雷大主教桑克罗
夫特（William Sancroft）起草了一份请愿书，指出国王没有权力废除议
会有关宗教事务的立法权，国王的宣言是违法的。坎特伯雷大主教和其
他地区的六位主教劳埃德、特纳、莱克、肯、怀特和特里劳尼一起在请
愿书上签名。当请愿书呈递给詹姆士后，遭到了他的顽固训斥。6 月 18
日，国王以煽动罪的名义下令将七位主教监禁于伦敦塔。这就是"七主
教事件"。"七主教事件"激起了人民的强烈愤怒。

就在"七主教事件"引发英国人民群情激愤之际，玛丽王后为詹
姆士产下王子詹姆士·弗朗西斯·爱德华，后来被称为"老觊觎王位
者"。人们怀疑王后诞下的王子并非詹姆士二世亲生，王后早产是一场
阴谋，詹姆士故意将一些重要的王室成员和大臣支开，王后生产期间安
妮公主前往巴斯，位高权重的桑克罗夫特被投入伦敦塔监狱。①麦考莱
认为民众的一些猜疑"虽有不公允之处，但是并非不合情理"②。除了
怀疑新生王子血统的真实性，普通民众还担心王子未来的宗教倾向。詹
姆士二世的王后是一位天主教徒，民众担心在她的影响之下，王子有可
能成为一个信奉天主教的国王，这是信奉国教的英国贵族和牧师不愿意
看到的结果。因此，新王子的诞生加剧了民众对于天主教复辟的恐慌，
给一直敌视天主教的民众情绪火上浇油。另外，新出生的王子威胁到詹
姆士女儿玛丽公主的王位继承权，因为根据王位继承顺序，新生王子的
继承顺序要优先于玛丽。

在审讯七主教之前，全国各地已经充满了对国王的愤怒，民众纷纷
表达对主教们的尊重与支持。麦考莱引用农民和矿工传唱的歌谣来说明
底层民众对主教特里劳尼的关心。"克里劳尼必死无疑，他必死无疑吗？

① T. B. Macaulay, *The History of England*, vol. 2, London: Longman, Brown, Green, and Longmans, 1849, pp. 359 – 363.
② Ibid. , p. 363.

三万名康沃尔人随即会得知他因何而死"，"两万名地下矿工随即就会得知他的死因"。① 当审讯结束，七主教被无罪释放，民众紧张的情绪才得以放松，他们大声欢呼。麦考莱描写了民众听闻到这一消息后的情形。

> 聚集在威斯敏斯特官外的数以万计的群众发出了震耳欲聋的呼声，似乎要把陈旧的橡木屋顶震裂，……随着消息的传播，无论是街道和广场，还是市场和咖啡馆都爆发出欢呼声。比起欢呼，人们的哭泣要显得奇怪一些。因为英国人的情感被伤害到这一程度，以至于不习惯表露情绪的英国人最终也释放了自己的感情，很多人喜极而泣。与此同时，郊区的人们骑马奔驰在大道上传播着我们的国家和宗教取得胜利的消息。②

可以看出，从城市到乡村，英国人民都为七主教被释放的消息感到由衷的高兴。麦考莱认为，七主教事件中的两种民众情感——"对宗教的狂热与对自由的热爱完美地融合在一起"③。在英国，国教徒与天主教徒、信奉新教的非国教徒之间有长期的矛盾，国教曾残酷迫害清教徒和天主教徒，各教派之间很难实现彼此的宗教宽容。面对詹姆士二世的宗教专制，大多数非国教的新教徒为了维护英国的宗教自由与国教徒并肩作战，一些主教也号召国教徒与信奉新教的非国教徒和平共处。

詹姆士二世招募爱尔兰籍士兵的做法也让他失去民心。为了加强专制统治，詹姆士加紧扩充军队力量。他招募了由爱尔兰天主教徒组成的军队驻守伦敦，由爱尔兰贵族泰尔孔内尔（Tyrconnel）率领。麦考莱指出，"这是詹姆士所犯的最为致命的错误，他违背王国的法律，没收人民的财产，并迫害他们的宗教信仰，这些做法使得民心疏远。就连那些

---

① T. B. Macaulay, *The History of England*, vol. 2, London: Longman, Brown, Green, and Longmans, 1849, p. 367.

② Ibid., pp. 381 – 382.

③ Ibid., p. 388.

曾经热衷于君主制的人也已经心生叛意"①。英国人一直轻视爱尔兰土著,英军军官不满一些爱尔兰籍的士兵加入英军,詹姆士招揽爱尔兰籍士兵的做法不得人心。当时的民众通过传唱一位辉格派思想家的讽刺诗《勒里不利罗》表达了他们的抗议。

最后,广泛的民意支持是政权持续存在的基础。只有获得范围广泛的多数民众的支持,一个政权才能保证长治久安。

麦考莱向我们证明,蒙茅斯(Monmouth)叛乱的失败是因为他只是发动了部分地区的民众起兵叛乱,大部分地区的农民、骑士和贵族都不支持这次叛乱。麦考莱花了一章篇幅来写蒙茅斯叛乱,对叛乱中的民众心态有详细的描写。蒙茅斯是查理二世的私生子,1685 年查理二世去世的时候,他还在荷兰寻欢作乐。他原本以为自己作为查理的直系后裔会顺利继承王位,却没有料到自己的叔叔詹姆士二世抢先登上王位。听闻这一消息,蒙茅斯身边的那些因为"莱因宅阴谋案"的牵连而流亡欧洲大陆的辉格党人积极怂恿他回到英国争夺王位。于是蒙茅斯率领一千多人从荷兰出发,渡过英吉利海峡,在英格兰的莱姆港登陆,受到当地民众的欢迎。登陆后,蒙茅斯发布了他的宣言,宣言声称詹姆士毒死了查理二世,是一名谋杀犯和篡位者。麦考莱指出这一宣言虽多有不实之处,但获得了西部地区底层民众的支持。

> 它成功地激发了大众的感情。在西部地区产生了巨大的影响,实际上英格兰该地区的绅士和贵族大部分都是托利党人。但是自耕农、市镇的贸易者、雇农、手工业者普遍地受到之前的圆颅党人精神的激励,他们中的很多人都是持不同政见者,他们因受到一些小的迫害而进行铤而走险的事业。大多数民众厌恶天主教,尊敬蒙茅斯。②

---

① T. B. Macaulay, *The History of England*, vol. 2, London: Longman, Brown, Green, and Longmans, 1849, p. 422.

② Ibid., p. 575.

蒙茅斯在西部的德文郡和萨默塞特郡的民众中声望颇高。他登陆不久，有一支来自汤顿（Taunton）的五千多人的骑兵加入到他的队伍之中。叛乱的消息传出后，西部各郡开始组织民兵镇压叛军。蒙茅斯率军在取得了一次小规模战斗的胜利后，挥师汤顿，并宣称自己为国王。在汤顿他获得不少民众的支持。"日工、小农、零售商人、学徒以及持不同政见的牧师成群结队地涌向叛军的阵营。"①蒙茅斯虽然获得了西部民众的支持，但大多数托利派乡绅对他持敌视态度，贵族、下院议员，甚至是国内的辉格党人也不支持他。议会为表示对詹姆士的忠诚，采取立法措施反对蒙茅斯的武装反叛，辉格党因为担心国家的动荡也支持镇压这次叛乱。由于得不到统治阶层的认可，更重要的是没有广泛地发动群众，缺乏广大民众的支持，蒙茅斯叛乱最后失败。

三　阶级矛盾及其调和

麦考莱认为在一个良好的社会中各阶级成员的关系融洽。他在《英国史》卷首勾勒的中世纪英国是一派国王、贵族与人民虽有矛盾但和平共处的历史画面。贵族与普通民众，两个阶层可以相互流动，贵族和平民都享有向社会上层攀升的权利，也有沦落为下层平民的可能。

> 英国存在着强大的世袭贵族，但在所有的世袭贵族中，它是最不傲慢专横的，没有招致其他社会阶层的不满。他们会不断吸引普通民众加入他们的阶层，也会持续与普通民众融合，任何一个绅士都可能成为贵族，贵族的幼子也一定是绅士，贵族的孙辈有获封新晋骑士的优越性。……幸运的是，在我们国家，高贵的血统与贵族特权之间没有必然的联系。……伯恩家族、莫布雷家族以及德维尔家族，甚至金雀花王室的亲属也没有比绅士获得更多的特权，这些人的特权，每一个农民和商店主都能享受到。因此，英国不像其他国家那样贵族和平民之间界限分明。自耕农不会对高贵之人有所抱

① T. B. Macaulay, *The History of England*, vol. 1, London: Longman, Brown, Green, and Longmans, 1849, p. 587.

怨，因为他的后代可能会上升到贵族的行列；贵族也不会辱骂下层民众，因为他的后代也可能沦落为底层人民。①

贵族和平民的关系虽然总体趋于缓和，但是他们之间的矛盾是一直存在的。在叙述 1692 年议会开会的过程中，麦考莱插叙了一次不公正的审判，揭示了贵族与平民地位的差别与权利的不对等。一些贵族嚣张跋扈，享有死刑豁免等特权，普通民众却没有同等的权利。这次审判涉及的案件是一位名叫希尔（Hill）的军官和莫汉勋爵（Lord Mohun）共犯的谋杀案，他们合谋杀死了演员威廉·蒙特福德（William Mountford）。一天希尔和莫汉勋爵在酒馆喝得酩酊大醉后，强抢女演员安妮·布雷斯格德尔（Anne Bracegirdle）而未果，就去找假想的情敌蒙特福德报仇，希尔刺死了对方，畏罪潜逃，莫汉被捕入狱。这个案件由上院特别刑事法庭审理，法官、威廉和公众判定犯人谋杀罪名成立，但贵族最后投票表决，宣布莫汉无罪。麦考莱感慨，"在强大的贵族特权面前，法律显得如此脆弱"，在这个案件中"平民流血，贵族免责"②。莫汉勋爵的案例其实表明英国贵族的特权思想根深蒂固，贵族和平民之间的鸿沟并没有缩小，英国的刑事审判程序有待进一步改革，这样才能保障普通民众享有与贵族平等的权利。

麦考莱主张各阶层以及各阶层内部应该采取妥协的方式解决社会危机。他之所以赞美光荣革命，就是因为这次革命是统治阶层内部两大政治派别妥协的结果。1831 年的议会改革也是妥协的产物，它由土地贵族、中等阶级和工人阶级共同推动完成的。19 世纪 40 年代，麦考莱在反对谷物法的斗争中采取的是一种阶级调和的观点。他指出，围绕反谷物法的斗争实质是工业资产阶级与地主阶级的利益斗争。从《谷物法》获利的只有地主阶层，而工人阶级的生活成本增加，对新兴的工业资产

---

① T. B. Macaulay, *The History of England*, vol. 1, London: Longman, Brown, Green, and Longmans, 1849, pp. 38 – 39.

② T. B. Macaulay, *The History of England*, vol. 4, London: Longman, Brown, Green, and Longmans, 1855, pp. 311 – 312.

阶级来说，《谷物法》限制了谷物进口，抬高了原料成本和工资成本，也限制了其他国家用它们生产的谷物来交换英国的工业制成品。麦考莱认为："我们国家遵照这样的一个制度（按：指《谷物法》）是不可能安全的，这一制度能够有效地引发和刺激大众的暴力情绪。与此同时，它促使这个国家两大有产阶级分化、对立和敌视。这一问题能得到令人满意的解决，将具有非常重大的意义。"①麦考莱支持废除《谷物法》，放开进口限制，但同时他认识到维持一定的谷物价格对于保护本国农民的利益是十分必要的，因此他主张征收固定关税。他说："固定关税在我看来不过是一种妥协或缓和。……我支持的固定关税这一措施毫无疑问是不完善的，但它是对当前体系的决定性改善。"②1845年废除谷物法的提案再次被政府提出。这年秋季爱尔兰发生了一场马铃薯病害，造成了持续3年之久的大饥荒，大量灾民因而流离失所。首相皮尔在10月召开内阁会议，建议暂停实施《谷物法》，但未获得议会通过。麦考莱在这次议会期间，重申了主张谷物自由贸易的观点，他放弃了之前提出的固定关税提案，支持完全废除谷物税。③1846年《谷物法》终于被废除，工业资产阶级和地主阶级的矛盾得到解决。

麦考莱反对社会底层的劳动人民的激进运动，厌恶工人阶级的宪章派运动，同时批评贵族阶层的顽固守旧。他的阶级调和观体现了逐渐兴起的工商业资产阶级的利益诉求。

四 城市与乡村的对立

城市是麦考莱考察英国社会进步的一个窗口。他的研究涉及城市的地理、气候、人口、工商业状况、建筑和历史概况，可以说用非常有限的篇幅讲述了范围较广的内容。麦考莱的城市史研究在《英国史》第

---

① T. B. Macaulay, On Corn law, 21 February, 1842, in *Hansard*, 3rd series, vol. 15, p. 758.

② Ibid. , p. 760.

③ T. B. Macaulay, "Corn-Laws," speech, 2 December, 1845, in Lady Trevelyan, ed. , The Miscellaneous Works of Lord Macaulay, vol. 10, New York and London: G. P. Putnam's Sons, 1898, pp. 120 – 121.

三章有比较集中地呈现在讲述光荣革命期间英国的战争史时会穿插介绍一些城市，所以其研究显得比较分散，也不够系统深入。城市史研究是《英国史》的一大特色。麦考莱论及的城市不局限于英格兰境内，也包括爱尔兰和欧陆的市镇。根据城市的功能，麦考莱将 17 世纪末英国一些稍具规模的城市分为工商业城市、娱乐休闲型城市和政治性城市三种类型。首都伦敦是英国当时人口最多的城市，也是全国的政治、商业和文化中心，是权力与财富的聚集地。

《英国史》第三章详细描写了查理二世时期伦敦的街区、公园、街道、宫廷建筑、交通、邮政和娱乐场所。17 世纪的伦敦金融区是富人区，这里既是银行家、商人和店主工作的地方，也是他们的住处。到了后来他们只是将金融区当作工作的场所，而选择伦敦的其他地区或是郊区居住。大多数贵族将他们的宅邸搬到了伦敦城外，他们把城市的住所安在了金融区。金融区坐落着日后的布鲁姆斯伯里广场、圣詹姆士广场、南安普顿宫和蒙塔古宫。麦考莱追溯了摄政街昔日的污秽，公共广场的脏乱。当时城市的交通也不方便，道路的路况和养护情况比较差，不利于长距离的人员出行、货物运输。查理二世复辟后收费公路的兴起改善了城市交通状况，发明了"飞车"一类朝发夕至的公共马车。旅行者在路上可能遇到拦路的盗匪，生命财产安全一度得不到保障。

王宫建筑是伦敦的独特风景。威廉即位后，由于伦敦城区污浊的空气严重影响威廉的身体健康，他把王宫由威斯敏斯特的白厅迁往伦敦西南部泰晤士河边的汉普顿宫。"春天涨潮时泰晤士河的雾气弥漫宫廷的院落，威斯敏斯特的空气混合着河水的雾气，也夹杂着从 20 万座烟囱中冒出的煤粉和在街道上聚集的污秽难闻的气味，这些都让威廉无法忍受。"①威廉选择了被遗弃的汉普顿宫作为自己的修养之地。麦考莱细致描写了新修的汉普顿宫的美丽花园和内部装饰。王室花园建设有精致的绿色迷宫，花园中的小径绿荫覆盖，在花坛中还有喷泉，"按照雷恩的

---

① T. B. Macaulay, *The History of England*, vol. 3, London: Longman, Brown, Green, and Longmans, 1855, p. 54.

设计理念，这座宫殿虽不是纯真的风格，但也是富丽堂皇，宽敞广阔。宫殿的墙壁上装饰着基本斯雕刻的丰富精致的作品。由维里奥创作的闪耀的壁画将楼梯照地发亮。宫殿的每个角落都流露出华而不实的风格"①。玛丽女王喜欢中国的瓷器，她在汉普顿宫摆放了大量瓷瓶。麦考莱对中国艺术品的评价不高，在他看来，这些中国瓷器"离谱地无视透视原则"，显得"丑陋。"②

　　17 世纪遍布伦敦城的咖啡屋获得麦考莱的特别关注。咖啡屋是社会中上层人士聚集的娱乐休闲场所，形成当时重要的公共领域。③正如德国哲学家哈贝马斯所指出的，"资产阶级公共领域首先可以理解为一个私人集合而成的公众的领域"④。在近代早期的欧洲国家中，英国最早出现公共领域。对于伦敦这样的大城市而言，政治活动是城市功能的重要内容。市民在闲暇之余热衷于讨论政治、外交事务，那时候没有出现近代报纸一类的东西，公民要表达自己对于王国政治的看法需要通过其他的媒介，"咖啡屋成为城市的公共意见自我发泄的主要机构"⑤。作为一个公共领域，咖啡屋是信息交流汇聚传播的空间，文人在此饮酒作诗，讨论时髦的诗歌、戏剧等文学作品，公司股东和股民交流股票涨跌行情，新闻记者穿梭于各个咖啡馆之间，收集各种政治消息、秘闻和花边新闻。咖啡屋成为一座联系宫廷政治与普通市民的桥梁。报纸构成了公共领域的另一个组成因素。在 17 世纪不存在普遍的出版自由，按照普通法的规定，不经国王的授权，没人能够出版政治新闻。当时英国的官方报纸是政治公报（Gozotte），为人们提供了许多没有加以评论的政治信息。当时的另一份报纸是《观察家》，由一个托利派的小册子作者

　　① T. B. Macaulay, *The History of England*, vol. 3, London: Longman, Brown, Green, and Longmans, 1855, p. 56.

　　② Ibid.

　　③ R. E. Sullivan, *Macaulay: The Tragedy of Power*, Cambridge, MA: Harvard U. P. , 2009, p. 284.

　　④ ［德］哈贝马斯：《公共领域的结构转型》，曹卫东译，学林出版社 1999 年版，第 32 页。

　　⑤ T. B. Macaulay, *The History of England*, vol. 1, London: Longman, Brown, Green, and Longmans, 1849, p. 367.

编辑，在法院授权下出版，以对日常发生的事件的评论为主。通过这些媒体，远离都市、身处遥远地区的乡绅和牧师获知他们时代的各种信息。伦敦的政治影响力十分强大，麦考莱写道，

> 当时的伦敦不仅在国内首屈一指，而且没有城市能出其右，在四十五年的时间里，伦敦对于英格兰巨大的政治影响有如在我们的时代巴黎对于法国的政治影响力。在智力领域，伦敦也是大大领先王国内的其他城市。一个伦敦支持和信赖的政府，能够在一天之内获得从王国其他地区花上数月的时间才能征集到的财富的总和。……毫不夸张地说，如果不是伦敦的敌视，查理一世不会灭亡，如果没有伦敦的帮助，查理二世也几乎不能复辟。①

麦考莱重点介绍了 17 世纪一些工业市镇的发展。比如，当时英国国内第一大海港布里斯托尔（Bristol）和制造业重镇诺里奇（Norwich）。布里斯托尔房屋众多，有五千多座，人口近三万人，因为与北美种植园和西印度群岛的海外殖民贸易而繁荣起来，为了满足帝国在北美殖民地的劳动力需求，非法捕捉劳动力在这座城市十分猖獗。诺里奇是一座省会城市，人口也近三万人。这些城市和其他地区的中心城市，如北部的约克和西部的埃克赛特在光荣革命之后人口都翻倍增长。②除了介绍这些传统的大中城市，麦考莱还提到一些以工业发展为基础的后进城市，它们的人口不超过一万人，规模比不上老的工业市镇，但发展速度惊人，大有超越传统大城市的趋势。曼彻斯特是它们之中人口稠密、经济繁荣的城市代表，一座棉业中心，人口不足六千；利兹是羊毛加工业城市；谢菲尔德以刀具制造闻名；伯明翰则以五金制造业而突出。③这些城市因其重要的经济地位在国家中的政治地位逐渐提高，在议会也拥有自己的代表。在工商业城市之外，麦考莱还向我们介绍了当

---

① T. B. Macaulay, *The History of England*, vol. 1, London: Longman, Brown, Green, and Longmans, 1849, pp. 354 –355.
② Ibid., pp. 335 –337.
③ Ibid., pp. 340 –343.

时的另一类城市——旅游城市，如温泉胜地巴斯。

除了上述这些英格兰城市，麦考莱还提及其他地区城市的自然地理、人文状况和经济发展。麦考莱认为爱尔兰西南部郡治肯尼（Kerry）是不列颠岛上风景最为秀丽的地方。爱尔兰的小镇肯梅尔（Kenmare）从 1670 年英格兰人威廉·佩蒂（William Petty）建立的一座殖民据点发展而来，肯梅尔临近海湾，渔业资源十分丰富，当地利用大量的森林资源发展钢铁产业。① 在叙述反法同盟与法军的那慕尔（Namur）之战时，麦考莱介绍了战场所在地——比利时南部省会城市那慕尔的自然风貌和历史。那慕尔坐落在平原之中，"人力与自然一起强化了那座著名的据点，从高耸的岩石顶上鸟瞰一望无边的麦田、森林和草地，两条河流浇灌了这片土地。这座城市和附近地区的人们为他们城市的难以攻陷而骄傲"②。然而，因为内部叛徒的出卖和法军强大的实力，法军很快攻占了那慕尔。

麦考莱时常对英国城市的历史发展作古今的比较，以说明城市的进步。比如，威廉大军登陆的英国海港托贝城（Turbay）的今夕变化。在17 世纪，荷兰舰队停靠的托贝不过是人们躲避大西洋风暴的一个避风港，19 世纪的托贝气候温暖怡人，有大约 1 万居民，在城市中有教堂、图书馆、旅馆、公园和博物馆等公共设施。③经过两个多世纪的发展，托贝城的发展显然取得了十足的进步。麦考莱还讲述了爱尔兰重要城市伦敦德里（Londonderry）的发展演变。在詹姆士一世统治时期，爱尔兰的奥内尔和奥当内尔氏族部落曾起兵反抗英格兰，德里古城在战火中沦为一片废墟。战后，詹姆士一世决定重建德里城，它从一座人烟稀少的

---

① T. B. Macaulay, *The History of England*, vol. 3, London: Longman, Brown, Green, and Longmans, 1855, pp. 135 – 139.

② T. B. Macaulay, *The History of England*, vol. 4, London: Longman, Brown, Green, and Longmans, 1855, p. 270.

③ T. B. Macaulay, *The History of England*, vol. 2, London: Longman, Brown, Green, and Longmans, 1849, pp. 478 – 479.

贫瘠小城逐渐发展为一个富裕的工业城市。①

麦考莱对乡村的研究比较薄弱。从他对英国农业、乡绅、乡村牧师的描写可以看出 17 世纪英国乡村的落后。查理二世时期的英国乡村农业经营粗放，有很多荒野、沼泽地还没有被开垦成农田。乡村地区比较荒凉，狐狸、马鹿和野牛等飞禽走兽经常出没。乡村地区也没有路灯一样的基础设施，到了夜晚路上漆黑一片，只有伦敦这样的大城市到了晚上才有街灯照明。除了乡绅的宅邸，普通农民的居住条件比较简陋。

城乡的对立表现在经济发展、人口密度和文化水平等方面，城市在任何一个领域都占据领先的优势地位，它是自由、进步和繁荣的代表。麦考莱按城乡之别将 17 世纪的英国教士分为两个部分。一部分专为城市和宫廷服务，他们博学优雅，受到尊敬；另一部分散布于乡间从事着更加普通的传教工作。城乡对立与阶层分化、政治立场分野相互联系在一起。在麦考莱看来，城市与乡村的对立实际上是自由与反动，进步与保守的对立。他明确指出："从内战开始，城镇拥护自由和进步，乡绅和乡村牧师则支持当局和惯例。"②城市市民是推动历史发展、社会进步的重要力量，广大乡村地区则封闭保守，有时成为阻碍改革的力量。

第二节　经济史研究

在麦考莱看来，政治变革是经济社会迅速发展的前提和原因。经过光荣革命，人民的基本自由权利得到恢复，绝对主义王权被废除，此后英国的社会经济才取得快速的发展，因此，光荣革命为资本主义的发展提供了政治保障。在《英国史》开篇，他提纲挈领地揭示了光荣革命给英国社会带来的巨大改变。

---

① T. B. Macaulay, *The History of England*, vol. 3, London: Longman, Brown, Green, and Longmans, 1855, pp. 139–143.

② T. B. Macaulay, *The History of England*, vol. 4, London: Longman, Brown, Green, and Longmans, 1855, p. 334.

我将探寻那次新的政治协议（按：指光荣革命）如何经过数年的困扰成功击败了国内外的敌人。在那一协议下，法律权威、财产安全、言论自由和个人行为自由如何前所未闻地相互融合在一起；从秩序与自由的幸运结合中如何产生人类历史上史无前例的繁荣；我们的国家如何从一种耻辱的从属状态迅速上升到欧洲大国中的主导位置；它的财富与海军荣誉如何共同增长；依靠明智和果断的良好信念，一种让之前的政治家感到难以置信的和惊讶的政府信誉是如何逐步建立起来的。①

　　这一段话主要概述了光荣革命之后英国的发展和进步，如政治权利的完善、经济繁荣、国家财富的增长、海军力量的强大和海外殖民事业的蓬勃发展。英国的繁荣源于"秩序与自由的幸运结合"。自由与秩序指的是英国的宪政制度，麦考莱认为这才是英国国家富裕、军力强大的根本原因。光荣革命带来的政治变革及其确立的民主制度对英国的经济发展、社会进步起到重要甚至决定性的作用。

　　麦考莱描写了17世纪英国兴起的对后世影响重大的经济现象和机构，它们是股票市场、国债发行和英格兰银行的创立。17世纪可供投资的方式十分缺乏，人们纷纷抢购东印度公司的股票，但公司股票供不应求。光荣革命之后，律师、商人等中产阶层的收入有所剩余，他们开始寻求一些有利可图的投资方式，股票投机成为他们的选择。当时社会上涌现出各式各样的股份公司，比如保险、珍珠捕捞、玻璃瓶制造、潜水打捞、煤炭和铜矿开采、渔业和教育等诸多行业，它们往往进行不实的盈利宣传，以吸引民众购买他们的股票。股票市场的繁荣产生了股票经纪人这一新的职业。麦考莱指出，1720年、1825年和1845年的民众炒股热潮本质上是虚假繁荣，股市泡沫终将破灭。②

---

　　① T. B. Macaulay, *The History of England*, vol. 1, London: Longman, Brown, Green, and Longmans, 1849, p. 1.

　　② T. B. Macaulay, *The History of England*, vol. 4, London: Longman, Brown, Green, and Longmans, 1855, p. 323.

当时的一些人认为国债的起源与股票投机有关。麦考莱反对这种看法，他指出："事实是，社会在其自然的发展过程中，到达了一定程度，无论是否有国债，股票投机都是必然的现象。另外，如果有一场长期耗费的战争，那么就会产生国债。"①英国与法国的长期战争迫使英国政府尝试发行国债解决军费问题。国债的发行曾经受到政府官员和部分经济学家的质疑，他们不相信英国的财政收入能够支付庞大国债的利息。事实也的确如此，随着英国参加越来越多的战争，国债也在急剧增加。

麦考莱记载了英国国债一路突飞猛进的增长情况。1713年英法签订《乌特勒支和约》后，英法战争虽然结束，但英国债务高达5000万英镑；奥地利王位继承战争使国债增加到8000万英镑；英国卷入北美独立战争政府债务又增加1亿英镑；英国领导的反法战争于1815年结束后，英国国债已经高达8亿英镑。一些政客和学者，如政治经济学家休谟担心政府因为债台高筑而破产。麦考莱批评他们僵化静止的思维方式，因为英国欣欣向荣的经济发展势头和政府的良好信誉保证了国家能够如期偿还债务。"社会偿还债务的能力与其在工业、商业和所有艺术、科学领域取得的进步成正比，这些领域的繁荣受到自由和法律平等的有益影响。一个社会偿还债务的意愿与那个社会遵守债务契约的程度成正比。"②麦考莱在此指出了国债的偿还能力与自由、法律制度的紧密关系。他在思考经济问题时，把经济现象放在具体的社会政治背景中考察和分析。在他看来，自由法制是经济持续发展的前提和条件。

英格兰银行的建立也是17世纪英国的一大金融创新。麦考莱指出创办英格兰银行的一个重要原因是为了从民间募集军费，以满足国家对外战争的需要，也给民间资本一个投资的途径。1693年威廉决定扩充军备，增加了4个龙骑兵团，6个骑兵团和15个步兵团，加上武器费用，整个陆军军费预算达到250万英镑。为了维持英国在海上的优势，英国海军预算也达到200万英镑，还要支付之前所欠下的50万英镑的

---

① T. B. Macaulay, *The History of England*, vol. 4, London: Longman, Brown, Green, and Longmans, 1855, p. 324.

② Ibid., p. 331.

海员工资。为了筹措将近 500 万英镑的军费，英国政府广开税源，尝试新的征税方法，除了比较稳定的土地税，还恢复了印花税，开证选举税、盐税和其他税，这些加在一起征得了 200 多万英镑，政府还发行彩票筹集了 100 万镑。①但这些还是不够，于是 1694 年，由英国王室特许苏格兰人威廉·佩特森（William Paterson）等创办了英格兰银行。英格兰银行的计划遭到许多人的反对。麦考莱分析其中的主要原因是不同社会利益集团的内部矛盾。下院提出的国有银行提案受到代表土地贵族利益的上院的阻挠。一些贵族认为这一方案是"以牺牲土地阶层的利益来提高资产者的利益"，他们声称"整个计划牺牲了贵族和乡绅而使高利贷者致富"。② 由于财政缺口和军事安全问题的迫切性，上院最终通过了下院的方案。英格兰国有银行开业后，民间积极融资，国家迅速从银行借来资金满足日益增长的军费和行政开支需求。蒙塔古（Mentague）在创设英格兰银行的过程中发挥了重要作用，麦考莱指出，"他不仅成功提供了国家一年的开支，而且创设了一个伟大的机构，在 150 年后继续繁荣"③。英格兰银行是一个公司机构，贸易范围限于货币兑换、金银业务和没收抵押品。为了保证所有英国人的财产安全，英格兰银行的财务权力从下议院转交给新成立的公司的股东和管理者，并且未经过议会的批准，禁止国有银行提前预支钱款给王室。英格兰银行与辉格党政治的密切联系。英格兰银行的建立离不开辉格党人蒙塔古的努力，在其发展过程中也受到辉格党的影响，"在很多代的时间段内，英格兰银行都明显的是一个辉格党机构，它成为辉格党的机构，不是偶然的而是必然的"，"毫不夸张的说，英格兰银行的重要性一直是按照辉格党人来衡量的，它抵消了教会的重要性，后者一直都是按照托利党人来衡量的"。④

---

① T. B. Macaulay, *The History of England*, vol. 4, London: Longman, Brown, Green, and Longmans, 1855, pp. 487 – 488.

② Ibid. , pp. 500, 501.

③ Ibid. , p. 490.

④ Ibid. , pp. 502, 504.

　　麦考莱还叙述了英格兰的一次商业和金融危机。1696 年 5 月，市场上流通的货币不足，爆发金融危机。一些人警示说，英国可能出现经济衰退，回到原始的以物易物的交换阶段。伦敦的金匠涌向英格兰银行故意挤兑货币，英格兰银行经受住考验，并对外宣称这是土地银行试图打压自己的做法。在货币紧缩的情况下，威廉在欧洲大陆的军事战争还急需大量资金。远在大陆的威廉派代表催促土地银行按时提供军费，但是土地银行借款给政府的承诺没有兑现，最后以破产而告终。于是此时的政府只能求助于英格兰银行。英格兰银行召开股东大会，代表们一致同意向威廉借出 20 万英镑，从而解决了政府的财政危机。为了保证市场货币的供应量，政府加大了货币发行的数量，开设了新的造币厂。[①]

　　麦考莱并非没有看到 18 世纪和 19 世纪生产力突飞猛进的发展，他在《英国史》中偶尔提到 18 世纪工业革命出现的一些代表性发明，比如，飞梭提高织布的速度，蒸汽机为人类提供新动能，新出现的铁路拉近了人类之间的距离。不过，他最终强调的还是政治变革对经济社会发展的积极影响，忽视人类社会发展的经济动因，因而受到马克思的批评。麦考莱关注的焦点和叙述的重点在政治军事史领域，而不是查理二世复辟时期英国的商业社会，他低估了 17 世纪英国社会的发展水平。当代研究英国光荣革命的专家品克斯（Steve Pincus）指出，麦考莱没有认识到，詹姆士二世时期的英国政府已经具有现代性，这一时期的英国社会已经是近代化的商业社会。[②]

　　总之，麦考莱难能可贵地对 17 世纪英国的经济、社会状况作了概览式的生动描述，但他的社会经济史研究并不深入，遗漏了不少重要内容。麦考莱的《英国史》没有论及斯图亚特王朝以来的英国奴隶贸易、殖民扩张活动，没有展现出英帝国的面貌。麦考莱的帝国观念在他的其他论述和政治活动中有所反映，这是下一章要研究的内容。

---

　　① T. B. Macaulay, *The History of England*, vol. 4, London: Longman, Brown, Green, and Longmans, 1855, pp. 695 – 704.

　　② Steve Pincus, *1688: The First Modern Revolution*, New Heven and London: Yale University. 2009, p. 90.

第四章 麦考莱的帝国观与英国国家认同的建构

管理印度殖民地的经历使麦考莱对国家的认识多了帝国的维度，形成了中心—边缘的层级国家观。麦考莱积极为印度立法，用西方的法治制度和语言文化改造传统印度社会，他关于教育的立法措施也是英帝国文化殖民的一种手段。在与印度的接触中，麦考莱基本全盘否定印度本土的文化、习俗和民族特性，充分流露出作为欧洲殖民者的民族优越感和文化优越感。

第一节 中心—边缘的层级国家观

麦考莱的《英国史》主要讲述的是 16 世纪末 17 世纪初英格兰的内政、外交及其对不列颠岛上其他地区军事征服的历史，涉及的国家包括英格兰、荷兰、苏格兰、爱尔兰和法国等国，没有谈及不列颠的海外殖民地。"这是一部大英帝国国家的历史，英格兰位于中心，殖民地处于外围。"[①] 麦考莱 1840 年代为《爱丁堡评论》写了两篇著名散文《克莱夫》《哈斯廷斯》，它们以人物传记的方式集中展现了 18 世纪英国殖民探险家征服印度的历史概况。这些论述提供了分析麦考莱国家观的基本史料。

---

① Catherine Hall, "At Home with History: Macaulay and the *History of England.*" in *At Home with the Empire: Metropolitan Culture and the Imperial World*, Catherine Hall and S. O. Rose, ed., Cambridge: Cambridge University Press, 2006, p. 50.

　　麦考莱所建构的国家体系包括两个层次，第一层是核心层，以英格兰为中心，苏格兰和爱尔兰为边缘的英国国家体系；第二层附属于核心层，是以不列颠为中心，以印度、西印度群岛和撒哈拉以南非洲英国殖民地为边缘的帝国体系。

　　在中心—边缘的层级国家体系中，英格兰既是英国也是不列颠帝国的中心，是民主、进步和文明的中心。麦考莱声称英格兰的"幸福建立在他所属的阶层的优越性上，自我中心升华为公共精神，这种公共精神受到同情心、欢呼的愿望和恐惧恶行的强烈热情的鼓励。英国人尊重其他人的意见，为共同的事业奉献是他们最为神圣的职责"[1]。在中心之外，是广大落后的欠发达地区。麦考莱写道，苏格兰和爱尔兰"人口远没有英格兰那么密集，财富与文明也远远落后于英格兰。苏格兰的落后是因为土壤的贫瘠，而爱尔兰仍然停留在中世纪的深度黑暗中"[2]。苏格兰的多数人口集中在低地地区，苏格兰低地人与英格兰人具有相同的盎格鲁－萨克逊的民族血统，都是说英语的信奉新教的国家。爱尔兰情况则不同，除了少数临近海岸的英格兰殖民者外，人口绝大多数以土著凯尔特人为主，说凯尔特语，是一个天主教国家。两相对比，麦考莱在民族感情上更加偏向苏格兰。《英国史》用相当多的篇幅介绍苏格兰和爱尔兰的政治、军事状况，但那是在叙述英格兰镇压和征服这些地区的叛乱时才提及的。在谈论爱尔兰时，麦考莱总是带着轻蔑和贬低的口吻，称爱尔兰是"一个被征服，从属和堕落的民族"[3]，"它不仅在习得的知识上，还在天生的智力和勇气上低于其他欧洲国家"[4]。他人为地划分出国家、民族的高低优劣的等级，说英国人"是一个比爱尔兰更高一些

　　[1] T. B. Macaulay, *The History of England*, vol. 3, London: Longman, Brown, Green, and Longmans, 1855, p. 193.

　　[2] T. B. Macaulay, *The History of England*, vol. 1, London: Longman, Brown, Green, and Longmans, 1849, p. 65.

　　[3] T. B. Macaulay, *The History of England*, vol. 2, London: Longman, Brown, Green, and Longmans, 1849, p. 127.

　　[4] T. B. Macaulay, *The History of England*, vol. 3, London: Longman, Brown, Green, and Longmans, 1849, p. 179.

的阶层"①。麦考莱如此敌视爱尔兰，这不仅是因为詹姆士党人常常在爱尔兰发动叛乱，挑战英格兰的政治权威，也是因为两国宗教上的分歧。在爱尔兰，新教与天主教之间的对立加剧了萨克森人和土著凯尔特人之间的冲突。爱尔兰的宗教问题使得民族之间的敌视和隔阂难以消除，成为爱尔兰频发暴乱的诱因。1832 年，在英国议会改革的浪潮中，爱尔兰的独立倾向也在增长。麦考莱在议会发表演说，反对废除《联合法案》的提案。他认为英爱的合并不是造成爱尔兰社会混乱的直接原因，废除《联合法案》并不能消除爱尔兰政治和社会的弊病。当时就废除《联合法案》有两种意见，一种主张英格兰与爱尔兰彻底分离，另一种主张部分分离，即爱尔兰取得独立立法权，但两个国家行政统一。麦考莱说，假如让他选择，他宁愿选择彻底分离。②这一表态暗示麦考莱并不十分看好爱尔兰在联合王国中的作用。

麦考莱国家观包含的第二层含义是关于帝国殖民体系中宗主国与殖民地的关系，英帝国与其广大的海外殖民地的关系显然是不平等的。麦考莱对不列颠联合王国内部成员和各殖民地的态度亲疏有别，苏格兰最受重视，其次是爱尔兰，美洲和印度排在最后。麦考莱认为，爱尔兰的地位虽然比不上苏格兰，但它作为不列颠联合王国的一部分，其重要性比帝国边缘的美洲殖民地和印度高。"爱尔兰只是一个殖民地，比马赛诸塞、弗吉尼亚或者牙买加重要，但像它们一样，依赖母国，终究要向母国的王权效忠。"③麦考莱指出，长期以来欧洲人对东方和印度有一种错误的幻觉，想象印度是一个遍地黄金与珍宝的国家，然而事实上，印度比欧洲的穷国——爱尔兰和葡萄牙都要贫穷，这跟印度没有一个统一的中央政权有很大关联。他认为英国人强壮、诚实和充满男性气概，赢

① T. B. Macaulay, *The History of England*, vol. 2, London: Longman, Brown, Green, and Longmans, 1849, p. 424.

② T. B. Macaulay, "Repeal of the Union with Ireland." speech, February 1833, in Lady Trevelyan, ed., The Miscellaneous Works of Lord Macaulay, vol. 9, New York and London: G. P. Putnam's Sons, 1898, pp. 115–121.

③ T. B. Macaulay, *The History of England*, vol. 3, London: Longman, Brown, Green, and Longmans, 1855, p. 129.

弱的印度被英国奴役和征服是一种历史的必然，印度"在天生和习性上完全适合于外来的枷锁"①。不仅如此，他还将印度内部各地区作出了等级化的区分，认为阿富汗北部罗基拉斯（Rohillas）地区的人最为英勇，这里的马拉塔人（Mahrattas）是"热情、野蛮和狡猾的"，位于恒河河口的孟加拉人最为虚弱，要低人一等。②

总之，在麦考莱的国家观中，按照中心—边缘的关系，将英格兰、苏格兰、爱尔兰和海外殖民地纳入一个双层层级体系中。殖民地隶属于母国，边缘国家不同程度地依附于中心国家。中心国家统治和压迫边缘国家，这种层级体系显然是不平等的。

第二节　自由的帝国主义观念及其实践

19世纪上半叶是自由资本主义蓬勃发展的时期，也是帝国主义的初始阶段，英国开始对印度的殖民政策进行调整。麦考莱的思想反映了时代的转变，他既坚信自由主义，也大力支持帝国扩张，因此一些学者认为麦考莱是一位自由的帝国主义者。麦考莱不仅积极宣传自由的帝国主义思想，还将这一思想付诸实践，他在印度任职期间亲自参与了印度的教育和立法改革。

对麦考莱帝国思想的研究有助于我们深入理解19世纪前期英国的帝国政策及其实质。关于麦考莱的自由帝国主义思想，国内学界尚缺乏详细和综合的考察，国外学术界近些年则涌现出不少研究成果。英国学者威廉·托马斯（William Thomas）在其著作中指出"麦考莱是一位无其名而有其实的自由的帝国主义者"；克蒂斯谢克（Theodore Koditschek）认为麦考莱的《英国史》提供了一种"追求自由的帝国主

---

① T. B. Macaulay, "Lord Clive," *Edinburgh Review*, January1840, in Lady Trevelyan, ed., The Miscellaneous Works of Lord Macaulay, vol. 5, New York and London: G. P. Putnam's Sons, 1898, p. 38.

② T. B. Macaulay, "Warren Hastings," *Edinburgh Review*, October 1841, in Lady Trevelyan, ed., The Miscellaneous Works of Lord Macaulay, vol. 5, New York and London: G. P. Putnam's Press, 1898, pp. 247, 206.

义政治的手段",是一部"自由的帝国主义传奇";霍尔(Catherine Hall)则从英国与印度的差异空间的角度阐释了麦考莱的帝国观念。①本书在参考国外相关研究成果的基础之上,试图从理论与实践相互结合的角度来阐述麦考莱自由的帝国主义思想,并揭示其帝国话语中的种族偏见。在此之前,我们先考察一下密尔对麦考莱帝国思想的影响。

一 詹姆士·密尔的帝国思想对麦考莱的影响

在去印度工作之前,麦考莱已经读过詹姆士·密尔的《印度史》一书,对印度的情况有了基本的了解。密尔的帝国的自由主义思想为麦考莱的帝国观念提供了思想源泉。18 世纪末的英法自由派思想家亚当·斯密、伯克、狄德罗等人对于帝国的殖民扩张是持批判态度的。到了 19 世纪初,英法的一些自由主义思想家发生了所谓"帝国的转向",他们一反之前思想家对帝国的批评质疑,转而为英帝国的海外殖民政策积极辩护,包括托克维尔和密尔父子在内的英法自由主义者"毅然从早期思想家们的某些怀疑帝国的思想中转变过来,并支持扩张和巩固欧洲对非欧臣民的统治"②。这些肯定帝国合理性的思想家提出了帝国的自由主义理论,其中英国的代表有詹姆士·密尔和约翰·密尔父子,他们都是英国著名的功利主义哲学家和自由主义思想家,同时也是帝国思想的鼓吹者。自由的帝国主义主张个人自由和贸易自由,支持帝国积极拓展海外殖民地。

詹姆士·密尔 1817 年出版的《印度史》对东印度公司有关印度的看法产生了重要影响,也是当时人们了解印度历史状况的必读书籍。在

---

① 国内对麦考莱帝国思想的研究主要关注的是其印度教育政策,见张本英《自由帝国的建立——1815—1870 年英帝国研究》,安徽大学出版社 2009 年版,第 283—287 页。国外研究的代表作是 William Thomas, *The Quarrel of Macaulay and Croker: Politics and History in the Age of Reform*, New York: Oxford University Press, 2000, p. 247; Theodore Koditschek, *Liberalism, Imperialism, and the Historical Imagination: Nineteenth-Century Visions of a Greater Britain*, New York: Cambridge University Press, 2011, pp. 99 – 150, 引文见 pp. 12, 140; Catherine Hall, *Macaulay and Son: Architects of imperial Britain*, New Haven and London: Yale University Press, 2012, pp. 201 – 258.

② [美]珍妮弗·皮茨:《转向帝国:英法帝国自由主义的兴起》,金毅、许鸿艳译,江苏人民出版社 2012 年版,第 2 页。

这部著作中，密尔论述了印度的政治和文化，他认为印度是一个专制和野蛮的国家，它的历史、文学是荒谬的。①麦考莱高度评价了密尔的《印度史》，称这部著作"尽管不能免于错误，但我认为从总体上是一部自吉本以来用我们语言写成的最伟大的历史著作"②。密尔从1819年起就为位于伦敦的东印度公司服务，开始只是东印度公司的助理检察官，到1830年做到了主检察官，这是一个仅次于东印度公司委员会主席的职位，对于英国统治印度的政策有一定影响力。麦考莱能够担任英国驻印度总督参事会的法律委员要归功于密尔的推荐。

密尔认为，针对印度腐败的政治现状，只有为印度制定一套统一良好的法律制度体系才会产生优良的政府，他主张通过法制而不是教育的手段改变印度的落后状况。1832年，密尔在下院作证时强调设立印度立法委员会的必要性，其任务首先是研究印度需要什么样的法律，其次是制定这些法律。他设想的这个立法机构主要由英国律师和一两位东印度公司职员组成，有可能的话，也包括一位印度本地人。密尔提出"增加一位能够带给这项伟大的工作以普遍原则之帮助的人是绝对必要的，简言之，我指的是一位完全熟谙人类和政治原理的人"③。1833年通过的关于东印度公司的许可证法案（Charter Act）肯定了密尔统一和集权化的原则，但没有完全采纳他设立新立法机构的建议，而是决定在三位东印度公司官员组成的英国驻印总督参事会中增加一位法律委员，以特殊的方式保护印度人民的权利。总督参事会也因此获得行政和立法的双重权力。在密尔的推荐下，麦考莱获得法律委员的职位。1834年麦考莱到达印度后，对于自己立法委员的职责产生了困惑，因为总督参事会的立法职能和行政职能之间的界限是模糊不清的。就这一问题，麦考莱

---

① James Mill, *The History of British India*, 1 ed, 6 vols, London: Baldwin, Cradock, and Joy, 1817.

② T. B. Macaulay, "Government of India," speech, July 1833, in Lady Trevelyan, ed. , The Miscellaneous Works of Lord Macaulay, vol. 9, New York and London: G. P. Putnam's Press, 1898, p. 159.

③ Evidence of James Mill, February 21, 1832, *Parliamentary Papers*, Ⅸ（1831 – 1832）, p. 46, 转引自 John Clive, *Macaulay: The Shaping of the Historian*, New York: Knopf, 1973, p. 312.

和英国驻印总督本廷克都给伦敦的东印度公司指导委员会发去急件，寻求解释。在一份由密尔所写的回件中，公司指导委员会更加全面地说明了他们对于立法委员职能的理解，他应该在立法方面提供建议，在已有的法律之间建立联系，主要"负责收集所有的地方信息，强调适合每一场合的普遍考量，因此要使在规章上体现出良好政府的抽象和本质原则的委员会能够适应广大、多样的民众的特殊习惯、性格和制度"①。也就是说，在立法活动中应该兼顾良好政府的一般性原则与各地方的特殊性原则，这成为麦考莱为印度起草法案的指导原则。

密尔期望越来越多的印度人会说英语，也支持更多的印度人进入英属殖民地政府任职，但他认为，通过英语教育实现印度人对英国统治者的认同是一种幻想，掌握英语并不能使本地人胜任多数政府职位。英格兰对爱尔兰的征服就提供了例证，英语没能让爱尔兰人认同英格兰殖民者。因此密尔对英语教育的国家认同功能持一种消极的看法。他提出，将欧洲的科学文化书籍翻译为印度的本土语言是提高印度落后的文化水平的实用与便捷的方式，也避免了土著人民因为外来语言的输入引起的反感。②在对印度的教育政策上，麦考莱提出以英语为主的教育政策，与密尔有明显的分歧。麦考莱与密尔虽然在具体的帝国政策上有所差异，但他们都是自由的帝国主义者，都希望将印度改造成一个与英国一样的自由、民主的近代国家。与密尔不同的是，麦考莱去过印度，参与了印度的教育政策制定和立法工作，是自由帝国主义理论的实践者。他所制定的印度教育法案，主持起草的印度刑法典对后世的印度社会产生了深远的影响。

二 自由的帝国主义思想

自由的帝国主义所说的"自由"是一种帝国视域下的个人与经济

---

① Dispatch of Court of Directors, December 10, 1834, *Parliamentary Papers*, vol. 27, (1852 - 1853), Appendix, 10, p. 530, 转引自 John Clive, *Macaulay: The Shaping of the Historian*. New York: Knopf, 1973, p. 315。

② John Clive, *Macaulay: The Shaping of the Historian*. New York: Knopf, 1973, pp. 352 - 353.

自由。帝国治理不再完全是对殖民地疯狂野蛮地掠夺、压迫，而是强调按照法治的要求进行统治。

（一）帝国视域下的自由主义观

麦考莱的自由主义观念体现在他反对奴隶制、支持与殖民地的自由贸易的立场上。他大力抨击西印度的奴隶制度，呼吁个人的人身自由；反对东印度公司的贸易垄断，主张贸易自由。

麦考莱青年时期就开始关注废除奴隶贸易之后西印度黑奴的生存状况。从1823—1825年，他为《骑士季刊》和《爱丁堡评论》两份杂志投去的第一篇稿件谈论的都是西印度的奴隶制。在这些文章中，麦考莱揭露了西印度奴隶制的残酷与罪恶。奴隶被强迫劳动，他们没有人权和个人财产，得不到法律的保护，完全在奴隶主的控制之下。殖民压迫者结成联盟维护自身的利益，即使一些奴隶主惨无人道地杀害黑人奴隶，或者在贩卖黑人奴隶的过程中虐待奴隶致死，也不会受到法律的惩罚。对于奴隶的解放，殖民者总是百般阻挠。麦考莱指出反奴隶制的活动是追求人道和正义的事业，它超越了党派纷争，反奴隶制"是一个不需要得到任何党派支持的问题，它联合了所有党派"，"我们应该毫不犹豫的最大程度地强烈支持那些人道和公正的原则，这些原则能够取代国家的繁荣和政治家的永久声誉"。① 麦考莱警告那些顽固坚持奴隶制的奴隶主，他们用来支持自身主张的自由主义也能够用来支持解放奴隶的事业。② 换言之，自由主义的思想也能被奴隶拿来维护自身权利，成为他们反抗奴隶主压迫的理论武器。

除了在期刊上发表文章为废除奴隶制和保障奴隶个人权利呐喊，麦考莱还在废奴协会和议会下院等场合发表演说宣传废奴思想和个人自由。麦考莱的父亲是一位基督教福音派信徒，也是伦敦废奴协会的领导人之一。福音派是英国最早攻击奴隶贸易的组织之一，他们从人道主义

---

① T. B. Macaulay, "On West Indian Slavery," *Knight's Quarterly Magazine*, June 1823, vol. 1, p. 85.

② T. B. Macaulay, "The West Indies," *Edinburgh Review*, January 1825, vol. 41, p. 481.

的立场出发，同情黑人奴隶的悲惨遭遇，反对罪恶的奴隶制。1824年，麦考莱在伦敦废奴协会的会议中发表了人生的第一次公开演说，谴责了奴隶制，表示了投身废奴运动事业的决心。这次会议召开的背景是，1823年位于西印度群岛的迪默拉拉（Demerara）爆发了美洲历史上规模最大的黑人奴隶起义。麦考莱指出，起义的发生不是因为废奴主义者的宣传鼓动，而是因为奴隶制本身的罪恶，奴隶制"剥削了他们辛勤劳动的果实""无尽的压榨""鞭打""侮辱"黑人奴隶，"这些把人们逼到了疯狂的边缘"。① 麦考莱的演说获得了满堂喝彩。废奴运动的领导人，也是老麦考莱的朋友威伯福斯（Wilberforce）称赞他"突出地表现出了年轻人的天赋"。父亲对麦考莱的评价却比较苛刻，他指责年轻的麦考莱在贵族面前演讲时抱起双臂的姿势是"不礼貌的"②。父亲的苛责使麦考莱此后很少参加废奴协会的活动，但这次演说揭开了麦考莱日后反对奴隶制的斗争的序幕，演说的舞台从废奴协会转移到了议会下院。1832年，下院讨论殖民地的奴隶人口时，麦考莱指出以蔗糖种植为主的殖民地的人口减少的原因是奴隶毫无个人自由可言，其生命没有保障。他赞同辉格党政治家福克斯的观点，"与个人自由相比，所有政治自由都算不上什么。"③ 1833年，麦考莱在关于奴隶制法案的辩论中指出"引入自由这一新原则并不能减轻奴隶制，通过引入自由来减轻奴隶制就好像是不提供任何支柱就抽走支撑物"④。奴隶制与个人自由是无法调和的，要想获得完全的个人自由就只能废除奴隶制。麦考莱反对议会提出的以赎买的方式使奴隶获得人身自由的方案，他认为人们的自由权利和正义原则是无价的，不应该被明码标价。⑤这些观点都表明麦考莱废除奴隶制的坚定立场。

---

① Proceedings of the First Aniversary Meeting of the Anti-Slavery Society held at the Freemasons Hall, 25 June, 1824, London, 1824, p. 72.

② G. O. Trevelyan, *The Life and Letters of Lord Macaulay*, vol. 1, p. 112.

③ T. B. Macaulay, "Slavery in the Colonies," 24 May, 1832, *Hansard*, 3rd Series, vol. 13, p. 55.

④ T. B. Macaulay, "On Slavery Bill," 24 July, 1833, *Hansard*, 3rd Series, vol. 19, p. 1205.

⑤ Ibid. , p. 1208.

麦考莱继承了亚当·斯密和密尔的自由贸易理论，支持与殖民地的自由贸易。从麦考莱对东印度公司内部竞争的描述，不难看出他对东印度公司贸易垄断的批判性态度。17世纪末东印度公司的大股东在与印度的贸易中牟取暴利，他们为了独享垄断贸易的利润，不愿将公司股票卖给中小股民，于是一些人成立了新的东印度公司与之抗衡。一位富商装备的货船试图私自与印度展开贸易，被东印度公司扣留，由此引发新旧东印度公司的冲突。下院关于双方的矛盾做出了有利于新公司的决定，但旧公司在托利党人的帮助下，阻止竞争对手获取贸易特权。①麦考莱论证了英国与西印度自由贸易的必要性。他指出，"我们的贸易越积极，对于货运和海员的需求就越多，每一个学过一点政治经济学知识的人都知道，积极贸易的条件只需要它是自由的。"②

（二）对印度的"开明专制"政策

麦考莱提出"我们需要将自由的天然果实嫁接到专制主义之上"③，对印度应该实行"开明专制"的统治政策。

17世纪以来英国殖民者在印度大陆的征服扩张活动改变了印度历史发展的进程。麦考莱为克莱夫和哈斯廷斯这些帝国早期的殖民家大唱颂歌，称赞他们的军事天赋和政治才能，同时也批评他们的专横、背信弃义与野蛮统治。麦考莱支持18世纪英国驻印总督哈斯廷斯对印度的专制统治政策。1773年，关于印度的调整法案（Regulating Act）将英属印度殖民地政府分为英国驻印总督参事会和立法委员会两大权力机关，它们在某些问题上发生争论时要由远在15000公里之外的帝国议会裁断，这容易造成政府内部的纷争，并且损害行政效率。麦考莱认为适当的集权有利于政府的统治和政策的施行。与伯克对哈斯廷斯的严厉控

---

① T. B. Macaulay, *The History of England*, vol. 4, London：Longman, Brown, Green, and Longmans, 1855, pp. 473 – 476.

② T. B. Macaulay, "The West Indies," *Edinburgh Review*, January 1825, vol. 41, p. 483.

③ T. B. Macaulay, "Government of India," speech, July 1833, in Lady Trevelyan, ed., The Miscellaneous Works of Lord Macaulay, vol. 9, New York and London：G. P. Putnam's Sons, 1898, p. 160.

诉相反，麦考莱为哈斯廷斯贿赂立法委员会大法官的行为辩解，"通过这种贿赂，哈斯廷斯或许可以避免数以百万的人成为强盗，或是将他们从内战中拯救出来。"①麦考莱不仅赞成英国殖民者强化个人的权力，还肯定英国政府的暴力统治方式。英帝国的强大武力是它按照自己意志处理印度事务的基础，"在两个政府之间发生模棱两可的争论时，如果它们不能达成一致，就只能诉诸暴力，强者的观点必然取胜。印度的每一个问题几乎都是模糊不清的，英国政府是印度众多政府中最为强大的，结果是显而易见的，英国政府能够做它想做的事情。"②这种"强权即公理"的论调反映了麦考莱帝国思想中反动的一面。

进入 19 世纪，英国开始调整殖民政策。麦考莱希望引入英国的民主制度来改变印度社会。然而如何在印度建立一个好的政府是一道政治难题。按照英国的理论，最好的政治体制是能够反映普遍民意的"代议制"。詹姆士·密尔宣称，代议制在任何国家都可以实施。麦考莱不同意这一观点，他与英国大多数政治家一样，认为印度无法实行代议制。密尔的理想化的民主理论会遭遇各地现实情况的强烈冲击。因为印度是一个民智未开，民主程度较低的国家，缺乏代议制的建立和成长的社会环境。麦考莱运用功利主义观点论证在印度实行专制统治具有现实的合理性。他指出，对一种统治方式的评判要依据其统治的效果，而不是其具体的手段。对于土著人口远远多于外来殖民者的殖民地，专制是一种实用而有效的统治方式。在谈到 19 世纪 30 年代的英属印度殖民地政府的政体时麦考莱说道：

> 我发现将印度政体比作其他同一类型的政体，比如专制主义，军事专制或者其他国家的军事专制都不能很好地贴近它。我把它比作罗马行省的统治，以及西班牙的殖民统治。……如果从先验假设

---

① T. B. Macaulay, "Warren Hastings," *Edinburgh Review*, October 1841, in Lady Trevelyan, ed., The Miscellaneous Works of Lord Macaulay, vol. 5, New York and London: G. P. Putnam's Sons, 1898, p. 257.

② T. B. Macaulay, "Warren Hastings," in Lady Trevelyan, ed., The Miscellaneous Works of Lord Macaulay, vol. 5, New York and London: G. P. Putnam's Sons, 1898, p. 268.

上，我会得出结论，这样的政府是一个恐怖的专制政府。……因此，在既无原理也无先例教导的情况下，我不会根据理论缺陷就推翻现存的体系。①

当然，19世纪英国对印度的专制统治不同于此前主要采取的殖民战争的暴力扩张形式。麦考莱主张以法制取代人治，以开明专制取代武断专制。1833年在下院所作的关于印度治理的演说中，麦考莱指出，为印度创立一部完整的成文刑法典的时机已经来临，"我认为，没有国家像印度一样需要一部法律，也从没有一个国家如此容易满足这种要求""它是一个不可能在野蛮时代完成的工作，在自由时代完成它困难也非常大。它是一个特别属于印度那样的政府，一种开明的父权专制政体的工作"。② 在印度，伊斯兰教法律、印度教法律和不列颠的法律曾经共存，引起司法的不公与腐败。在这种混乱不统一的法律制度下，印度人不可能享有与包括英国人在内的西方人一样的法律权利。英国在印度的司法程序因其迂腐和残酷受到印度人民的憎恨。麦考莱试图制定一部统一的西方化的法律，限制不列颠人的法律特权，保障印度民众的自由与权利，将英国议会改革限制贵族权力的民主精神带到印度，现在"我们必须把欧洲人置于规范印度人的同样权力之下。没有人比我热爱政治自由，但是少数人享有特权，大多数人不享有权利的现象，不能称为自由，而是专制。……我们建议赋予政府为欧洲人也是为土著人民立法的权力"③。为了实现这一立法计划，麦考莱认为英国对印度的治理要充分地依靠东印度公司长期统治印度所积累的威望和基础，但又要对其加以民主化地改进。

---

① T. B. Macaulay, "Government of India," speech, July 1833, in Lady Trevelyan, ed., The Miscellaneous Works of Lord Macaulay, vol. 9, New York and London: G. P. Putnam's Sons, 1898, p. 174.

② Ibid., pp. 185, 188.

③ Ibid., p. 180.

三　印度的立法实践

1834 年，麦考莱被派往印度，出任英国驻印度总督参事会的立法委员，同时还担任公共教育委员会的主席。麦考莱将此前在议会中所作的关于印度治理的演说付诸实践，他在印度期间起草了许多法案，最重要的当属《印度刑法典》和《印度教育备忘录》。

（一）《印度刑法典》的制定

1834—1837 年，麦考莱主持起草了英属印度的第一部刑法典，统一了印度的刑法体系。此前，印度的刑法是由外来征服者穆斯林人和英国人输入的。不列颠在印度的三大殖民城市加尔各答、孟买和马德拉斯分别建立了英国式的司法制度，它们没有考虑印度的现实状况且各自为政。因此需要对印度混乱的刑法制度加以统一。麦考莱主持制定的印度刑法草案仍然是西方式的法律，以拿破仑法典和美国路易斯安那州的民法典为立法蓝本，没有参照任何印度地方法律。为了制定《印度刑法典》，麦考莱投入了极大的精力和热情，前后花了近四年时间。由于立法委员会的其他成员身体状况不佳，法案的起草工作基本是由麦考莱独自完成的。这部刑法典当时只是一个草案，后历经多次修改，最终在 1860 年才被通过。麦考莱起草的《印度刑法典》从法案的制定到正式公布，之所以拖延了如此长的时间，是因为刑法草案的实施受到多方的阻力，比如，有来自印度反对派的压力，参考法律专家意见的需要，以及不列颠卷入阿富汗战争等因素。①这部法案颁布之时，麦考莱已经离开人世。

为了使法律条文既准确无误，又易于理解和方便执行，《印度刑法典》在正文之外附加了许多注解和例证。②丰富的例证是该法案的一个创举。例证其本身不是法律，它是以假设的具体事例来说明法律条文的

---

① John Clive, *Macaulay: The Shaping of the Historian*, New York: Knopf, 1973, p. 463.

② T. B. Macaulay, "Introduction Report upon the India penal code," in Lady Trevelyan, ed., *The Miscellaneous Works of Lord Macaulay*, vol. 7, New York and London: G. P. Putnam's Sons, 1898, p. 211.

适用情况，避免了法典正文之烦琐。刑法典正文的内容简洁清晰，加上其注解和例证，按 8 开纸张计算总共也不过 200 多页的篇幅。这部法典的量刑是比较人性化的，死刑仅适用于谋杀与叛国罪，鞭刑和枷锁的惩罚方式不再被允许。从理论上说，在不列颠的法律面前所有民众一律平等，但实际情况并不是这样。平等原则的实施不得不考虑地方的特殊情况。比如该法案对刑罚的不同规定，对印度土著人民的惩罚并不能同样地适用于英国人和欧洲人，"欧洲人与印度土著人民之间存在身体差异，不可能将他们隶属于同样的监狱惩罚体系"，"在一个对于欧洲人来说生存几乎是持续不幸的国家中，他不能随心所欲地恣意妄为，因此让一个欧洲人长期承受监禁的刑罚是残酷的"。① 在刑罚上对殖民者和土著人民的差别对待，暴露了英国殖民者给予印度土著人民的只是有限的民主。

关于《印度刑法典》的价值在当时存在广泛的争论。批评者中有人认为麦考莱制定的法案没有尝试改变印度的社会制度，也有人质疑将西方的司法观念运用到印度社会的合理性。不少法学家给予《印度刑法典》高度评价。比如英国法学家詹姆士·斯蒂芬（James Stephen）就认为这部法典是"真正天才的作品"②。到了后世，人们对《印度刑法典》的评价依然很高。麦考莱以刑法典的形式带给印度一套理性和人性的刑法体系，这部刑法典仍然影响着当今印度社会。有研究指出，麦考莱编纂的《印度刑法典》是盎格鲁－印度法典化运动中最成功的一部法典，开启了印度刑法的现代化，"它虽然是英国殖民时代的产物，但是在印度独立建国后，印度人民并没有抛弃这部法典，经过屡次修正，依然沿用至今。时至今日，它仍然是印度最重要的刑事法律，始终保持着持久的生命力，在印度的司法活动中发挥着重要作用"③。

---

① T. B. Macaulay, "Notes on the India penal code," in Lady Trevelyan, ed., The Miscellaneous Works of Lord Macaulay, vol. 7, New York and London: G. P. Putnam's Sons, 1898, pp. 226, 227.

② John Clive, Macaulay: The Shaping of the Historian, New York: Knopf, 1973, p. 465.

③ 蒋辰：《〈1860 年印度刑法典〉述评》，硕士学位论文，华东政法大学，2016 年，第88 页。

（二）《印度教育备忘录》的提出

1835 年麦考莱向英国驻印度总督本廷克提交了著名的《印度教育备忘录》，提议在印度建立英语教育体系。麦考莱是西化论的代表人物，鼓吹在印度实行以英语教育为主的文化同化政策。实际上，18 世纪后期的查理斯·格兰特（Charles Grant）在其文章中就已经提出英语同化政策。他指出，同化对于一个成功的亚洲帝国来说是至关重要的，英语教育是文化同化的关键途径。[①]麦考莱为英国殖民当局对印度的同化政策进行论证。在《印度教育备忘录》中，他雄辩地说明了英语教育的必要性，压倒了东方学派和密尔等反对派的声音，获得了本廷克总督的大力支持。当时每年给印度教育的拨款有两万英镑，如何使用这笔款项，既能提高一部分印度上层社会的文化水平，以促进印度人民的思想进步，也有助于维持英国对印度统治的长治久安，是法案的主旨。围绕教育资金的使用，东方学派（Orientalists）和安立甘派（Anglicists）两派之间发生了激烈的争论。东方学派尊重印度的传统教育，主张在印度教授本土的阿拉伯语和梵语，这样可以迎合印度的统治上层；安立甘派认为应该以外来的英语教育取代原先的教育体系，如此才能从根本上改变印度落后的思想状况。麦考莱是安立甘派的一员。他认为，就像文艺复兴时期西欧借由复兴古希腊罗马的语言和文化，俄国的开明君主制改革通过学习西方的语言和科学文化，实现了文明的开化，"我并不怀疑英语对印度将起到与其对鞑靼人已经起到的同样作用"[②]。英语作为文化的载体，在文明交流中发挥着基础性的作用，它既是向印度本土精英传播英语文学的媒介，也是向印度介绍西方科学知识的工具。麦考莱还指出，面对有限的资金，不可能使全体人民都受到教育，因此"我们现在

① Catherine Hall, *Macaulay and Son*: *Architects of Imperial Britain*, New Haven and London: Yale University Press, 2012, pp. 225 – 226.

② T. B. Macaulay, "Minute recorded in the General Department by Thomas Babington Macaulay, law member of the governor-general's council, dated 2 February 1835," reprinted in Lynn Zastoupil and Martin Moireds eds. , *The Great India Education Debate*: *Documents Relating to the Orientalist-Anglicist Controversy*, 1781 – 1843, London: Curzon Press, 1999, p. 167.

必须尽力在我们与我们统治的上百万人民之间形成一个翻译者的阶层。这个阶层的人员具有印度的血统和肤色，但也有英国式的品位、观点、道德和才智"①。通过翻译者的中间作用，向广大印度群众传播英国先进的科学和文化知识。

《印度教育备忘录》在抬高英语重要性的同时，贬低了印度的本土语言。进一步，麦考莱认为印度在文学、道德、哲学和历史等领域的发展全面落后于英国，英国文化确立了对于东方文化的霸权地位。在英属印度政府担任高级官员期间，麦考莱阅读了一些阿拉伯语和梵语的著作，在与国内和印度的东方学家交流之后，他发现在东方学派之中也没有人会否认"一座优秀的欧洲图书馆的一个书架藏书的价值等同于印度和阿拉伯的所有民族文学作品。那些支持东方教育计划的委员会成员也完全承认西方文学本质的优越性"②。在麦考莱看来，即使在东方文学中地位和成就最高的诗歌，也无法与欧洲的诗歌相提并论。除了贬低印度的文学，麦考莱还声称印度本土的历史、形而上学、物理和神学都是荒谬的。③他认为印度基本没有历史可言，印度的社会状况类似于公元5世纪的欧洲。19世纪的欧洲在"记载事实"的历史和"探究普遍原则"的理论科学方面比亚洲进步。"毫不夸张地说，从梵语写作的所有书籍中搜集来的历史信息不比英格兰预科学校中最为琐碎的删节本要有价值。"④他还认为在物理或道德哲学领域，英国所取得的知识成果也要比印度有价值。这些评论无不透露出麦考莱对印度历史、文化的轻视和贬低。在麦考莱看来，英国人应该承担起使印度文明开化的责任，使印度转变成一个自由和民主的国家。

麦考莱提出的英语教育方案对印度社会产生了怎样的影响，《印度

---

① T. B. Macaulay, "Minute recorded in the General Department by Thomas Babington Macaulay, law member of the governor-general's council, dated 2 February 1835," reprinted in Lynn Zastoupil and Martin Moireds eds., *The Great India Education Debate: Documents Relating to the Orientalist-Anglicist Controversy*, 1781–1843, London: Curzon Press, 1999, p. 171.

② Ibid., p. 165.

③ Ibid., p. 172.

④ Ibid., p. 165.

教育备忘录》的实施效果如何？这都是一些引发争论的问题。有研究表明，1839 年之后的印度教育政策实际上是一种妥协的结果，东方学派的一些主张仍然得到保留，麦考莱和安立甘派的观点并不像人们曾经认为的那样具有决定性的影响。①麦考莱所代表的西化派的主张在实践中没有取得压倒性的优势地位，而是遭到了各种质疑和批评。

首先，不同的地域和宗教派别对英语教育政策表现出不同的兴趣。印度的穆斯林普遍敌视新的教育政策。相比于孟买和马德拉斯，孟加拉和加尔各答的印度本地人对英语和西方书籍更感兴趣。

其次，英语作为一种外来语言，不可能完全取代印度众多的本地方言，英语教育政策的实用性有限。会说英语的"中介者"也没有发挥很大的作用。新教育政策侧重于语言和文学，没有关注一些实用性学科。比如在传授农业和工业知识的学校，方言将发挥更大的作用。

再次，文化同化政策激发印度人民日益觉醒的民族意识和高涨的民族主义情绪，他们开始挑战英国的文化殖民政策。英语教育使得部分印度人逐渐疏远本民族独特的历史文化遗产，丧失对自己文化的自信心。在 20 世纪的反帝反殖运动中，民族主义是反对殖民统治的一大思想武器，为印度精英阶层所采用，他们开始重视印度传统文化的价值，批判之前的西化教育政策。②

复次，推行英语教育既是文化同化的工具，也是文化区隔的手段，成为社会阶层分裂的诱因。正如历史学家霍尔指出，使用英语"仍然是一种保持隔离的方式。确保土著人和统治者之间的鸿沟，这对于殖民统治者来说是至关重要的差异空间。……他者永远不会成为同类，差异的空间也绝不会被克服，因此帝国的统治仍是本质的"③。英国殖民者希

---

① Lynn Zastoupil and Martin Moireds eds. , *The Great India Education Debate：Documents Relating to the Orientalist-Anglicist Controversy, 1781 – 1843*, London：Curzon Press, 1999, preface Ⅹ, p. 162.

② John Clive, *Macaulay：The Shaping of the Historian*, New York：Knopf, 1973, pp. 414 – 419.

③ Catherine Hall, *Macaulay and Son：Architects of Imperial Britain*, New Haven and London：Yale University Press, 2012, p. 229.

望培养一个会说英语的本地阶层为他们的统治服务，英语是权力、地位和特殊的社会阶层的象征，将殖民者与被统治的广大印度人民区分开来。将英语及其文学引入印度造就了一个作为英国殖民者与土著人民中介的本地阶层，他们因为会说英语和较早接触西方先进的科学文化，在思想上逐渐与土著人民产生了隔阂，印度本土的反对派对他们也持敌视的态度。

最后，不列颠对印度的文化同化主要是语言和道德层面上的，对印度更广泛的社会问题还没有太多触及。比如，印度社会的种姓制度、一夫多妻制度仍然根深蒂固，很难通过法律解决。1857 年的印度土兵起义对英国人的帝国观念和英国的殖民政策产生重要影响。东印度公司被撤销，英国政府开始直接统治印度，英国人对印度的偏见也大大加强了。英国历史学家多萝茜·汤普逊曾指出："1857 年以前，许多欧洲人相信，住在印度的英国人与印度人友好相处，通过教育使印度永远地文明开化是可能的，但在兵变之后，这种看法消失了。"[①]印度土兵起义宣告了麦考莱文化同化政策的破产，文化同化不可能从根本上解决母国与殖民地之间的区别，减轻二者相互的敌视。起义还使得英国在 19 世纪晚期逐渐改变了之前的自由帝国主义政策，其殖民政策变得更加具有侵略性。

虽然英语教育的推广并非一帆风顺，英语和西方文化对印度社会影响的范围有限，但是英语逐渐成为印度社会的官方和公共语言，其地位一直比较稳固。1947 年印度独立后不久，印地语与英语一起成为官方语言。印度统治者试图到 1965 年以本土的印地语逐渐取代英语的官方语言地位，但由于印度全境存在多种语言，而且没有说哪一种语言的人占据人口的绝对多数，英语成为印度社会最为重要的公共语言媒介。[②]因此，从英语最终成为印度公共语言的角度来说，《印度教育备忘录》对后来印度社会的影响是比较长远的。对于自己提出的英语教育规划，

---

① Dorothy Thompson, The British People 1760－1902, London, 1981, p. 177. 转引自张本英《自由帝国的建立——1815—1870 年英帝国研究》，安徽大学出版社 2009 年版，第 291 页。

② John Clive, *Macaulay*：*The Shaping of the Historian*, New York：Knopf, 1973, p. 419.

麦考莱也十分满意。在十余年后的日记中，麦考莱称它"产生了一场革命"①。这场革命其实是语言文化层面上的，带着殖民者改造旧世界的优越感。

四　帝国观念中的种族偏见

前文已经论及，麦考莱在早年的不少文章中强烈反对奴隶制，他认为无论是在西印度，还是在其后来工作过的印度，殖民地人民应该享有与英国殖民者一样的自由权利。1827 年，麦考莱给《爱丁堡评论》写了一篇文章，批评当时两份政府报告的种族歧视态度，这两份报告是有关西印度托托拉岛（Tortola）被解放黑奴状况的调查。麦考莱否认"在白人和黑人种族之间存在一种本能的和无法克服的厌恶"②。他还探讨了种族歧视的原因，种族歧视不是先天的而是后天形成的，其根源不是肤色和体貌，而是整个社会的道德和政治环境。③麦考莱在西印度问题上抨击白人的种族歧视，可惜他没有将反对种族歧视的立场贯彻到底。从他关于印度的见闻感受和对爱尔兰历史的叙述，可以明显看出他的种族偏见。

麦考莱"在本质上不是一位种族主义者"④，而是一个带有种族偏见的历史学家，他没有公开支持但也没有明确否定种族灭绝。在《英国史》中麦考莱对种族灭绝表示过谴责。他写道，克伦威尔的后裔"不无羞耻地暗示，直到旧的爱尔兰种族被消灭，才会有爱尔兰的和平"⑤。不过，麦考莱对爱尔兰的轻蔑和敌视几乎贯穿《英国史》始终，他认为爱尔兰一直是英帝国的潜在威胁和麻烦制造者。他为克伦威尔的早逝

① T. B. Macaulay, 23 January 1853, in William Thomas ed. , The Journals of Thomas Babington Macaulay, vol. 4, London：Pickering and Clvatto, 2008, p. 17.

② T. B. Macaulay, "Social and industrial capacities of Negroes," *Edinburgh Review*, vol. 45 （1827）, p. 387.

③ Ibid. , pp. 389 – 394.

④ R. E. Sullivan, *Macaulay：The Tragedy of Power*, Cambridge, MA：Harvard U. P. , 2009, p. 298.

⑤ T. B. Macaulay, *The History of England*, vol. 1, London：Longman, Brown, Green, and Longmans, 1849, p. 187.

而叹息，英格兰本来可以在其统治时期，彻底地解决爱尔兰问题，克伦威尔对爱尔兰的政策"是英明、强大、直接和残酷的"，包含了"灭绝"，他"原本打算使爱尔兰变成一个彻底的盎格鲁－撒克逊化的新教国家，如果他再多活 20 年的话，他就有可能完成这一计划"。① 这些论述暗示麦考莱对于种族灭绝的态度是暧昧不清的。

在之后的爱尔兰危机中，麦考莱的种族偏见更加明显。1845 年，爱尔兰主要作物马铃薯遭受病害，几乎颗粒无收，爱尔兰面临前所未有的大饥荒。从 1846 年起，100 万爱尔兰人被饿死，100 万人移民海外。麦考莱的妹夫查理斯·屈威廉此时担任英国驻爱尔兰的官员，他是自由贸易思想的信奉者，反对政府干预爱尔兰的谷物出口，没有采取有效的救灾措施。1848 年，查理斯·屈威廉匿名发表了《爱尔兰危机》一文，他认为爱尔兰危机的前提是，"在一个对长期的不幸习以为常的国家，后人会把有益革命的开端追溯到这一饥荒，他们将会认识到，正如其他的情形，在这一情形下最高智慧已经从短暂的邪恶中引出永恒的善。"② 这里所说的最高智慧指的是天意（providence）。爱尔兰的马铃薯危机对处于水深火热的爱尔兰人来说只是"短暂的邪恶"，为天意的展现提供了历史舞台，也提供了根除社会邪恶的契机。屈威廉曾告诉《爱丁堡评论》的编辑他在写作《爱尔兰危机》时参考了麦考莱的意见。一些研究进而指出，麦考莱也是这篇文章的主要作者。③在公开场合麦考莱对爱尔兰的饥荒保持缄默。1847 年在给艾利斯（Ellis）的信件中，他写道;"我希望很好的使用你的 10 英镑，我会把它捐给苏格兰，在那它会比在爱尔兰发挥更好的用处，在爱尔兰它或许是无用的。"④麦考莱对爱

---

① T. B. Macaulay, "The State of Ireland," speech, February 1844, in Lady Trevelyan, ed., The Miscellaneous Works of Lord Macaulay, vol. 9, New York and London: G. P. Putnam's Sons, 1898, pp. 347 – 348.

② Charles Trevellyan, "The Irish Crisis," *Edinburgh Review*, vol. 87, 1848, p. 230.

③ R. E. Sullivan, *Macaulay: The Tragedy of Power*, Cambridge, MA: Harvard University Press, 2009, p. 265.

④ T. B. Macaulay, "The Letter to Thomas Flower Eills," 15 March, 1847, in Thomas Pinney ed., The Letters of Thomas Babington Macaulay, vol. 4, Cambridge: Cambridge University Press, 1977, p. 332.

尔兰的冷漠态度可见一斑，究其原因，还是他的种族偏见在起作用。

从麦考莱对孟加拉人风俗习惯、道德品质的描述可以看出他对印度的偏见。他把孟加拉人描写成身体柔弱的民族，将他们比作柔弱的女性，与欧洲人的强健体魄和男子气概形成鲜明对比。

> 这片富足地区聚集的人口，由于舒适的气候而变得虚弱，习惯于和平的事业，他与亚洲其他国家的关系就类似于普通的亚洲人与勇敢的有活力的欧洲人的关系。卡斯提亚人有一句谚语，在瓦伦西亚，大地是水，男人女性化。这一谚语也同样适用恒河下游地区。孟加拉人无论做什么事情都是倦怠的，他爱好久坐，因身体劳累而畏缩。尽管他在争论中滔滔不绝，在奇卡内战争中表现得特别义无反顾，但他极少卷入个人冲突，也很少参军，我们怀疑在整个东印度公司的军队中是否有100名真正的孟加拉籍的士兵。[1]

麦考莱还指出，正因为孟加拉人虚弱体质才使得他们经常受到侵略，"孟加拉人的身体构造虚弱得如同女性，他一直生活在水深火热之中，喜欢久坐，脚趾精巧，动作缓慢。在很多世纪，他们都被更加勇敢和强大的人践踏"[2]。麦考莱使用一连串类比贬低印度的道德水平，他说孟加拉人不配具有"勇气、独立和诚实这些品质"，"就像角之于犀牛，爪子之于老虎，刺之于蜜蜂，美丽之于女性一样，欺骗就是孟加拉人的品行。"[3]

到达印度之后，麦考莱与印度社会有了一次初步接触，就在脑海中形成了印度是一个弱小可欺的民族的观念。在离开加尔各答的前一天晚上，麦考莱的住处遭到了一群印度本地人的围困。麦考莱有一个来自孟加拉的信仰基督教的男仆，这伙本地人要求带走信仰异教的仆人进行审

---

① T. B. Macaulay, "Lord Clive," in Lady Trevelyan, ed., The Miscellaneous Works of Lord Macaulay, vol. 5, New York and London: G. P. Putnam's Sons, 1898, pp. 37-38.

② T. B. Macaulay, "Warren Hastings," in Lady Trevelyan, ed., The Miscellaneous Works of Lord Macaulay, vol. 5, New York and London: G. P. Putnam's Sons, 1898, p. 206.

③ Ibid., pp. 206-207.

判，麦考莱非常礼貌和耐心地与他们交涉，却发现自己"绅士和理性的
腔调使得他们放肆无礼""他们事实上是一个如此习惯于被强大力量所
践踏的种族，他们总是认为仁慈是一种虚弱的标志"。① 麦考莱感到无
法用西方文明的方式处理与殖民地土著的关系，他认为文明之间难以沟
通的原因是西方与印度的种族差异。

在麦考莱看来，帝国的中心英格兰是自由、文明、进步和具有男子
气概的国家，与之相对的是边缘的殖民地——爱尔兰、印度和西印度的
专制、愚昧、落后与羸弱。麦考莱通过将进步观树立为一种普遍的价值
信念，将不列颠建构为进步的楷模和落后的他者学习、归化的中心，确
立不列颠对殖民地的优势地位。他"把不列颠的扩张与人类进步的普遍
先驱相联系……将帝国的自由化等同于不列颠的优势……把（个人和全
球的）进步等同于以盎格鲁为中心的同化，以及强迫殖民地的他者放弃
那些具有文化差异的民族认同"②。不列颠的自由、进步为其殖民统治
提供了合法性来源。

麦考莱自由的帝国主义理论具有内在的矛盾性。追求自由、民主的
普遍性理想与民族国家的现实困境、帝国主义的霸权政策相互冲突。麦
考莱试图通过立法的手段使印度走上近代民主的道路，借此给帝国主义
披上一层自由与民主的外衣。然而，帝国的统治建立在武力与专制的基
础之上，这使得殖民者和被殖民者的关系从一开始就是不平等的。殖民
统治者在推行法制改革的过程中开放的民主是有限的，他们不会轻易将
统治权移交给土著人。麦考莱制定的《印度刑法典》虽然限制了白人
的特权，推动了印度的民主化进程，但没有关注到印度社会各阶层之间
的民主和公平。正如霍尔教授所指出的，自由的帝国主义者"是普遍主
义者，所以他们的工作是消除对个人自由的限制和确保法制的通道，而

① T. B. Macaulay, "The Letter to Mrs Edward Cropper," 3 October, 1834, in Thomas Pinney ed., The Letters of Thomas Babington Macaulay, vol. 3, Cambridge：Cambridge University Press, 1976, pp. 77 – 78.

② Theodore Koditschek, *Liberalism, Imperialism, and the Historical Imagination*, New York：Combridge University Press, 2011, p. 100.

并不关注性别、种族和伦理的不公平。在自由帝国主义的国家中排外与平等结合到一起"①。

第三节 英国国家认同的建构

帝国经历为麦考莱考察英国民族国家提供了新视角。1848 年麦考莱的《英国史》问世，在社会上产生强烈反响，这部巨著可以看作是维多利亚时代中期英国民族史学的代表作。此前，1842 年，麦考莱出版的诗歌集《古罗马之歌》在坊间流传甚广，并入选中学教科书，足见其突出的文学才华。麦考莱的诗歌和史学作品的影响贯穿于整个 19 世纪后半期，这些著作对建构英国人民的国家认同发挥了积极作用。

关于国家认同的含义，学术界目前没有统一的定义。笔者认为国家认同是指一个国家的公民对其所生存于其中的国家的归属感，以及对这个国家的政治、文化、历史和族群等要素的认知、确认与情感。②国家认同与民族认同既相统一又有区别。一般认为，国家认同是层次最高的认同。根据近代民族国家理论，每一个民族都将独立建国作为自己奋斗的政治目标，实现民族认同与国家认同的合一。但是当今世界纯粹的单一民族国家几乎不存在，绝大多数国家都是多民族国家。为了维护国家的稳定和共同利益，国家会通过各种方式凝聚各民族共同的情感、认知和政治文化传统，形成共同的国家认同。国家认同是高于族群认同的。英国的民族成分相对简单，其主体民族是盎格鲁－萨克逊人，少数民族主要是凯尔特人。我们经常谈到的另一个概念英吉利民族可以被视为一种国家民族，是英国所有民族的总称。本书在谈论英吉利民族认同时，

---

① Catherine Hall, *Macaulay and Son*: *Architects of Imperial Britain*, New Haven and London: Yale University Press, 2012, p. 256.

② 笔者对国家认同和民族认同概念的界定主要参考了以下研究成果：王希恩《民族认同与民族意识》，《民族研究》1995 年第 6 期；贺金瑞、燕继荣《论从民族认同到国家认同》，《中央民族大学学报》2008 年第 3 期；王付欣、易连云《论民族认同的概念及其层次》，《青海民族研究》2011 年第 1 期；张艳红、佐斌《民族认同的概念、测量及研究述评》，《心理科学》2012 年第 2 期。

也是在探讨英国国家认同。

一 关于英国性内涵的阐释

所谓"英国性"（Englishness），更准确地说应该是指英国的民族性（nationality）或者说民族精神，是有关英吉利民族的语言、地理、风俗、历史、文化和传统等方面的特征。民族认同的基础是对民族性的认识和理解。英格兰是不列颠的文明中心，在英伦三岛统一的过程中发挥了主导作用，所以英格兰（England）有时也指称整个不列颠，常用来代称英国民族和国家。在近些年对英国民族认同的研究中，对英国性和不列颠性（Britaness）做了更为严格和细致的区分。但是在 19 世纪的英国历史学家中，他们对于英格兰和不列颠的区分是模糊的。麦考莱的《英国史》主要讲述的是英格兰的历史，但是其论述也扩展到爱尔兰和苏格兰，这可能是一种"无意识"的做法。之后莱基（Lecky）在其《18 世纪英格兰史》中也同样提及了爱尔兰和苏格兰的历史，他们都不是有意为之。1891 年，《牛津英语词典》对英格兰是如此解释的，"不列颠南部岛屿，通常除去威尔士，有时宽松的用来指不列颠。常用法是英国民族或国家"，事实上，在日常交流、新闻和学术著作中，人们常常把英格兰与不列颠相互混淆。①总体来看，麦考莱的《英国史》是一部以英格兰为中心的历史著作，英格兰指代整个大不列颠联合王国，盎格鲁－萨克逊民族指代现在所谓的英吉利民族。在《英国史》及其他论述中，麦考莱从英格兰和英帝国两种不同语境对"英国性"作出了自己的阐释。

首先，麦考莱称赞英国人民是一个热爱自由与国教，富于同情心的民族。崇尚自由与热爱国教的英国人同情那些反抗专制统治的人物。麦考莱称七主教事件是"一个可以自立于我们历史之中的事件"，它使得

---

① Krishan Kumar, *The Making of English National Identity*, London：Cambridge University Press，2003，p. 7，该书着重探讨了英国性和不列颠性的形成问题。

热爱教会与热爱自由两种本来相互敌对的情感 "完美和谐地相互统一"①。他还将民众对七主教的同情与对威尔克斯（Wilkes）的态度相类比。"我们民族性格中最值得尊重的特性之一，是与热爱教会和自由混合在一起的另一种情感。即在我们当中一般能找到的，对缺乏公众尊重和感激的被权力压制的个人的强烈同情。因此，在我们先辈的时代，因为对威尔克斯的迫害社会陷入混乱之中。"② 威尔克斯是 18 世纪中期英国著名的激进派政治家，反对当时英国腐败的议会制度和乔治三世的统治，要求改革议会选举制，后来被捕入狱，引发了伦敦民众持续数年的街头抗议。威尔克斯以自由斗士的形象赢得了英国人民的普遍尊重和同情。英国人的同情心还表现在英格兰对伦敦德里城被围困的英国新教同胞的担心。在麦考莱所处的时代，这种同情心扩展到对童工、寡妇等人群的保护。

其次，麦考莱认为英国人民尊重宪法和传统，保守克制。虽然英国不乏激进的思想家和革命者，但英国人的性格在总体上偏于保守，不易走上暴力革命的极端道路。麦考莱分析说："尽管人们普遍厌恶罗马天主教和爱尔兰，尽管詹姆士的逃跑带来了无政府状态，尽管一些人玩弄阴谋使人恐惧而变得残酷，但是在这些情况下，英国人的性格中值得尊敬的是，他们没有犯下严重的罪行。"③ 英国人十分珍惜先辈流传下来的宪政传统，每当国王侵犯了人民的自由和财产等权利，他们总是会诉诸大宪章等宪政文件来维护自身的权利，他们尽量避免暴力革命的发生，寻求温和妥协的方式解决各种矛盾冲突。

再次，麦考莱指出独特的岛国地理环境形成了英国人偏狭的岛民特性。他认为在 13 世纪 "形成了伟大的英格兰民族，其民族性开始呈现出那些它现在一直保存的特性。我们的先祖是特殊的岛民，不仅仅是在

---

① T. B. Macaulay, *The History of England*, vol. 2, London: Longman, Brown, Green, and Longmans, 1849, p. 387.

② Ibid., p. 388.

③ Ibid., pp. 560 – 561.

地理上的，也反映在他们的政治、感情和风俗上"①。英国的岛国环境使其自近代以来避免了外敌的入侵，保持了长期的和平发展环境，其政治演变基本没有受到欧洲大陆的影响，走上了一条独立的渐进发展之路。由于英国人无须求助于外国的制度设计来解决自身的问题，这也形成了英国人排外的狭隘民族性格。"英国人常常按照律师而不是哲学家的精神来分析政治。他对自由的热爱经常有某种狭隘、排外和犹太人（如果可以这么形容的话）的东西。他倾向于认为大众权利是他所属的被选定种族的特殊遗产，他宁愿驱逐而不是鼓励那些分享其特权的外来改宗者。"②

最后，麦考莱宣扬英国的民族例外论和民族优越性。在和殖民地人民的比较中，麦考莱树立起盎格鲁－撒克逊人强壮、勇敢和诚实的民族形象，他认为英格兰、苏格兰比爱尔兰、印度等边缘地区文明程度更高，更加进步。在他看来，印度是一个天生就适合被奴役的国家，他们体质虚弱，道德水平低下，不具有英国人的"勇气、独立和诚实的品质"。③麦考莱对非盎格鲁－萨克逊民族的歧视态度与其民族优越感是一体两面。他认为英格兰具有独特的优势，将自身与其他国家相区别。"没有一个英国血统的人会把边缘的爱尔兰人视为他们的同胞，他们并不属于我们伟大的人类家庭的一员，他们通过道德和思想的特殊性与我们相区分。尽管在环境和教育上我们与他们存在很大区别，但这些区别似乎也不能解释这种特殊性。"④麦考莱暗示环境、教育等后天因素都无法解释英格兰、爱尔兰的民族差异，这就只能求助于先天禀赋了。

总之，在麦考莱看来，英吉利民族具有勇敢、诚实、自由、保守、

---

① T. B. Macaulay, *The History of England*, vol. 1, London: Longman, Brown, Green, and Longmans, 1849, p. 17.

② T. B. Macaulay, "Mirabeau," in Lady Trevelyan, ed., The Miscellaneous Works of Lord Macaulay, vol. 3, New York and London: G. P. Putnam's Sons, 1898, p. 143.

③ T. B. Macaulay, "Warren Hastings," in Lady Trevelyan, ed., The Miscellaneous Works of Lord Macaulay, vol. 5, New York and London: G. P. Putnam's Sons, 1898, pp. 206 – 207.

④ T. B. Macaulay, *The History of England*, vol. 2, London: Longman, Brown, Green, and Longmans, 1849, p. 423.

文明和进步的众多优秀品质。麦考莱劝导人们继承英国优秀的民族精神，他的历史著述对世人进行了一场爱国主义教育，增强了人们的凝聚力和国家认同感。

二 爱国主义的宣扬

光荣革命前后的英国政坛暗流涌动，诸如宫廷阴谋的秘密策划，谣言的制造和传播，爱尔兰、苏格兰的叛乱及平叛，巩固新政权的威廉和阴谋搞颠覆破坏活动的王党分子进行着各种较量。通过对马尔伯罗叛国案的臧否，麦考莱积极宣传爱国主义的精神。在麦考莱所描写的威廉身边的众多政治人物中，对约翰·丘吉尔（John Chuchill）的着墨颇多。约翰·丘吉尔是第二次世界大战时英国著名首相温斯顿·丘吉尔的直系先祖，获封第一代马尔伯罗伯爵。马尔伯罗历经英国斯图亚特王朝和汉诺威王朝五位君主，是英国著名的军事家和政治家。他善于投机钻营，是一位没有坚定原则、左右逢迎的政治家。麦考莱严厉指责马尔伯罗的叛国行为，把他描绘成一个投机主义者和叛国者。

马尔伯罗在《英国史》中各卷都有出场，在第四卷比较集中。这位公爵出生卑微，年轻时相貌英俊，风流倜傥，是一位很有野心的青年。他早年在国王查理二世身边当听差，他的姐姐阿拉贝勒是约克公爵即后来的詹姆士二世的情妇。马尔伯罗善于取悦宫廷贵妇，通过各种裙带关系青云直上。他后来娶了安妮公主非常宠幸的侍女萨拉·詹宁斯。与王室成员的密切关系为后来马尔伯罗的飞黄腾达埋下伏笔。马尔伯罗在镇压蒙茅斯叛乱中立下重大战功，获封男爵，从而进入贵族阶层。在光荣革命中，由于信仰新教，马尔伯罗背弃了詹姆士二世，转而支持威廉。他曾率军镇压爱尔兰的叛乱，在柯克、金赛尔取得胜利。威廉三世于 1689 年加冕为英国国王时，约翰·丘吉尔被封为马尔伯罗伯爵。威廉去世后，安妮公主即位为英国女王，马尔伯罗因为在法国战场上指挥英荷联军击退法军，回到英国后被封为公爵。这样一位战功卓著的杰出将领，并非没有可指摘之处。他与詹姆士党人的暗中联系是其一生的道德污点。麦考莱讲述了马尔伯罗反对威廉的阴谋及其被罢免的过程。马尔伯罗利用英国人的排外情绪在议会发表演说，排斥来自荷兰的议员，这一提议实际上是反对威廉的用人政策。威廉重用了一批少时的玩伴和亲信，因而受到英国国内贵族和政治家的嫉恨。威廉虽然对英国本土政治家暗中的背叛行为了如指掌，但对其采取一种置若罔闻的态度。不过，马尔伯罗是个例外，麦考莱写道："马尔伯罗的罪行却完全不同。他的叛国不是一个懦弱的人想要在任何情况下为自己留有退路，而是一个有着无畏勇气、从长计议和坚定野心的人的行为。威廉并不容易恐惧，但是，如果说世界上有什么东西是他害怕的，那就是马尔伯罗。"① 关于威廉罢黜马尔伯罗的原因，麦考莱记载了社会上流传的六个版本的说法。马尔伯罗或许是因为厌恶、攻击荷兰人，而惹怒威廉国王。另一个重要原因是，马尔伯罗写给詹姆士二世的信件泄露了英荷联合舰队进攻法国布雷斯特（Brest）港口的情报，导致英军遭到早有准备的法军的岸上炮火的猛攻而伤亡惨重，英军将领塔尔马什（Talmash）也因伤势严重而去世。② 麦考莱指责马尔伯罗是英军布雷斯特之难，是"卡马雷湾（Camaret Bay）大屠杀、塔尔马什悲惨命运的真正主谋"，他的泄密是"最邪恶的叛国行为"③。

不过，对于马尔伯罗泄密是否导致英军战败，在史学界一直存在争议。比如，麦考莱同时代的学者约翰·佩吉特（John Paget）认为，马尔伯罗或许写过泄密信，但这个情报送出去太晚以至于没起到作用，在马尔伯罗之前已经有人将情报送到了法国，他的泄密并不是导致英军远征失败的直接原因。④ 当代学者理查德·赫尔摩斯则认为，"很难想象马尔伯罗这般小心的人，刚刚才摆脱叛国的嫌疑，会写一封如果落入不法

---

① T. B. Macaulay, *The History of England*, vol. 4, London: Longman, Brown, Green, and Longmans, 1855, p. 165.
② Ibid., pp. 508 – 509.
③ Ibid., p. 513.
④ John Paget, *The New Examen; or an Enquiry into the Evidence relating to certain Passages in Lord Macaulay's History*, pp. 54 – 55.

之徒手中就会置他于死地的信件。"①另一位学者大卫·钱德勒推测说，"整个事件是如此模糊和不确定，仍然不可能作出明确的裁决。总之，也许我们应该对马尔伯罗作无罪推定。"②应该说，麦考莱对历史因果关系的判断犯了逻辑错误，将英军远征布雷斯特行动失败的原因完全归咎于马尔伯罗，并不客观公正。马尔伯罗与詹姆士党人的暗中联系可以说是一种叛国行为，再加上麦考莱支持辉格党的立场，对马尔伯罗的评价不高就是情理之中的事情了。通过对马尔伯罗叛国案及其仕途起伏经历的描述，麦考莱从道德上谴责政治家的两面性和叛国行径，弘扬爱国主义的精神。

麦考莱非常关心有关修改叛国罪审判法规的提案在议会的命运。1691 年，围绕叛国罪审判的具体规定，议会上下两院，辉格党与托利党展开了激烈的争论。辉格党、托利党对犯叛国罪的人的态度在光荣革命前后发生了相反的变化。光荣革命之后，托利党认为应该对叛国行为的人实行宽容政策，提供律师和司法帮助，保证对他们的审判符合公正的原则。辉格党的看法与之相反，他们强调在新生政权基础尚不稳固、国内阴谋叛乱不断的情况下，应该对叛国者实行严厉的审判。麦考莱支持辉格党人的意见，他写道，"国家处于极端危机之中，自由、财产、宗教和民族独立全都到了生死存亡的关头，很多英国人参与了把英国变为法国和罗马的附庸的阴谋。在这一时刻，放松对政治犯罪的法律打击并不明智。"③他认为此前对叛国罪的审判不公应该归咎于前任国王和法官。上院的贵族为了维护自身的特权，对下院提出的议案作出修订，指出当审判涉及贵族的叛国案件时，必须由全体贵族一起参与审理。这就为贵族的徇私枉法打开了方便之门，下院一直反对上院享有的各项特权，拒绝上院提出的修订案。因此关于修改叛国罪审判条例的法案在议

① Holmes Richard, *Marlborough*: *England's Fragile Genius*, New York: Harper Collins, 2008, p. 184.

② David Chandler, *Marlborough as Military Commander*, New York: Charles Scribner's Sons, 1973, p. 48.

③ T. B. Macaulay, *The History of England*, vol. 4, London: Longman, Brown, Green, and Longmans, 1855, pp. 151 – 152.

会搁浅。1692年，这个法案再次被议会讨论，由于上院和下院的分歧依然没被通过。1694年和1695年，关于叛国罪审理规定的法案又一次流产。直到1696年，议会终于通过《调整审判叛国罪法案》，这个法案禁止英国臣民与詹姆士党人有任何联系，未经王室许可前往法国的英国臣民和拿起武器反抗本国的英国人按叛国罪论处。①《英国史》追踪了《调整审判叛国罪法案》在议会艰难通过的全过程，反映出麦考莱对国家和社会稳定的迫切追求，在国家利益和公平正义的原则面前，他倾向于维护国家的利益，而暂时牺牲公平正义的原则。

麦考莱是一位热情的爱国主义者，他对狭隘的民族主义是持批评态度的。英荷联军在欧陆的斯坦科克之役中战败。法国因为胜利而欢呼，威廉的声誉则受损，他的支持者也认为威廉在战场上不是法军将领罗森博格的对手。麦考莱指出，斯坦科克之战后英军充满民族主义情绪。"联军的阵营充斥分裂和不满，民族间的嫉妒和敌视不加掩饰地表现出来，英国人大声表达他们的愤怒。联军指挥官索门虽然有一些可贵的品质，但不能安抚士兵的情绪，士兵对他这样一个外国人抱有偏见"，在战前，英国军官就不太愿意与索门交流，战后，索门受到了猛烈的批评，人们指责他没有给前方的英军有效地支援，派出的骑兵毫无用处，最后坐观自己的军队被消灭殆尽，"这些就是英国军队的抱怨，整个国家也随声附和"。②

1694年，辉格党人提出的一个归化外国新教徒的法案引发争论。当时在英国境内的胡格诺派新教徒在人文科学、自然科学等领域都作出了重要贡献。外国新教徒获得英国国民身份，有利于进一步发挥他们对英国社会的积极作用。但是，光荣革命之后，英国针对荷兰的排外主义情绪一度比较盛行。议员约翰·奈特（John Knight）反对归化新教徒的议案，煽动议会和普通民众反对荷兰。奈特认为，"新法案的目的不是

---

① T. B. Macaulay, *The History of England*, vol. 5, London: Longman, Brown, Green, and Longmans, 1855, p. 28.

② T. B. Macaulay, *The History of England*, vol. 4, London: Longman, Brown, Green, and Longmans, 1855, p. 284.

让法国或普鲁士的新教徒受益，而是为了让荷兰人受益。"①荷兰人会抢走英国人的政府职务、商业利益。奈特的演讲词被印刷出来四处传播，蛊惑了不少民众的情绪。麦考莱指出，"大多数人带着赞成和钦佩的心情阅读了这一粗俗的言论，这就是民族偏见的力量。"②奈特的煽动性言论引起议会的批评，但议会最终还是撤销了这件引发争论的议案。

三 建构英国国家认同的方式

关于麦考莱及其历史著述所发挥的建构英国国家认同的作用，国外学术界已有不少著作论及，但还没有深入展开讨论。比如，英国剑桥大学历史系教授曼德勒（Peter Mandler）提出麦考莱建构了英国的国家认同，他的英国史"插上了民族想象力的翅膀"，是一部朝向自由的进步的辉格史，具有自由主义的民族精神。③印度社会学家库玛（Krishan Kumar）在考察英国国家认同形成的专著中，指出麦考莱鼓吹的英国的进步是英国性的一大构成要素。④布伦代奇和科斯古鲁夫（Anthony Brundage，R. A. Cosgrove）在他们的研究中，详细阐述了麦考莱的历史写作如何推动英国国家认同的形成。⑤麦考莱是怎样建构英国国家认同的？这是本文接下来要回答的问题。

（一）英雄人物的塑造

英雄人物是一个民族或国家的代表和象征，他们以个人的高尚品德或丰功伟绩凝聚民心，激发普通民众的民族主义和爱国主义情感。对英雄人物的认同是实现民族认同和国家认同的重要手段，合理塑造英雄人

---

① T. B. Macaulay, *The History of England*, vol. 4, London：Longman, Brown, Green, and Longmans, 1855, p. 485.

② Ibid. , p. 486.

③ Peter Mandler, *History and National Life*, London：Profile Books Ltd. , 2002, p. 141, and his *The English National Character：the History of an Idea from Edmund Burke to Tony Blair*, New Haven and London：Yale University Press, 2006, p. 88.

④ Krishan Kumar, *The Making of English National Identity*, London：Cambridge University Press, 2003, p. 191.

⑤ Anthony Brundage, R. A. Cosgrove, *British Historians and National Identity：From Hume to Churchill*, London：Pickering & Chatto Ltd. , 2014, p. 4, pp. 67 – 78.

物的形象是建构国家认同的有效方式。麦考莱的《英国史》和历史散文将英雄人物作为叙述的中心，这些英雄有像威廉一样的国王，也有克莱夫、哈斯廷斯一类的殖民家。在麦考莱的笔下，伟人和英雄不再是一种神灵和圣徒般的存在，其形象并非完美无缺，他们具有普通人难以具备的优点，也有某些能力或道德的缺陷。对英雄人物的世俗化呈现与对他们的辩解、美化同时存在。

威廉是《英国史》刻画得最核心也最重要的历史人物。光荣革命入主英国的威廉在历史上称威廉三世（William Ⅲ，1650 – 1702），即苏格兰的威廉二世、奥兰治的威廉亲王、奥兰治亲王、荷兰执政和英国国王。他是荷兰执政威廉二世之子，母亲玛丽公主是英国国王查理一世之女，妻子是詹姆士二世的女儿，威廉的妻子与其丈夫共享王位后称玛丽二世。威廉性格沉默寡言，而且患有肺结核和气喘病。他的父亲威廉二世在其出生之前就患天花去世。1672 年，英法联军进攻荷兰，威廉在民族危难时刻率领荷兰军队赢得了战争的胜利。为保住阿姆斯特丹，威廉被迫采用决堤的办法，这一做法曾引起人们对威廉的非议。威廉终其一生都在与法国国王路易十四作斗争。他在 1688 年成为英国国王后，与法国进行了"八年战争"（1689—1797），又卷入西班牙王位继承战争（1701—1713 年）。

麦考莱浓墨重彩地描绘了威廉勇敢、坚韧的英雄形象及其在外交领域取得的成就，但在谈到威廉的缺点时多有美化和辩护之词。一方面，麦考莱高度肯定威廉的外交能力，"在战争中，他展现出一些伟大的道德和思想特质，但是作为战略家，他的地位不高。在他指挥的众多战斗中，仅取得了两次绝对性的胜利。另一方面，他在外交斡旋方面的天赋无人可及。……反法联盟是他的作品。他独自一人团结了整个联盟的各个国家，并维持它们的团结"①。麦考莱生动描写了威廉在战场上表现出的英勇、坚强的品质。1690 年 6 月末，威廉率军镇压爱尔兰的詹姆士

---

① T. B. Macaulay, *The History of England*, vol. 4, London: Longman, Brown, Green, and Longmans, 1855, p. 11.

党人叛乱。一天早晨他与众人顺着波恩河沿岸侦查对岸的爱尔兰军，不慎被爱尔兰人发现，威廉的肩膀被一颗子弹击中，身边的随从陷入惊慌之中，他随即安慰众人，在作了一些简单的伤口处理后，威廉重新骑上战马投入战斗。麦考莱赞扬威廉，"尽管他身体虚弱，刚刚负伤，但他仍然在马背上呆了 19 个小时，这就是他精神的力量。"① 为了报复爱尔兰人的伏击，1690 年 7 月 1 日，威廉发起了波恩河战役。英军将领斯康伯格（Schomberg）因被爱尔兰骑兵围攻而牺牲。在这一紧要时刻，威廉统帅另一部分英军及时赶到，"他的到来决定了这一天的命运，爱尔兰的骑兵最终退出了战斗。"② 威廉不顾个人伤势，深入前线作战，其身先士卒的英勇精神鼓舞了将士们的斗志，最终获得了战斗的胜利。

在麦考莱看来，威廉的主要缺点是缺乏军事指挥才能。他不是一个出色的军事将领，不善于制定战略战术。他领导的英荷联军在欧陆战场与法国交手时频频败北。以斯坦科克之战（Battle of Steinkirk）为例。威廉的军队在战争初期曾占据优势，占领了法军的前哨据点，但是威廉没有弄清楚这个据点和法军大本营之间的复杂地形，许多篱笆和沟渠阻碍了威廉军队进攻的步伐。③ 短暂的延误使得战场形势发生变化，英军吞下失利的苦果。威廉在欧陆战场接二连三的失败，麦考莱为之辩解："洛克森伯格（Luxemburg，按：法军将领）不断胜利，但他没有改进胜利的艺术；威廉不断失败，但他是所有将领中最有能力从失败中恢复斗志的人。"④ 威廉不善于指挥战争，在欧陆战场上屡屡失败，又屡败屡战。除了缺乏军事谋略，威廉受人诟病的另一点是他终其一生都没有完全融入英国的语言、风俗习惯和政治生活。威廉和乔治诸王"从没有彻

---

① T. B. Macaulay, *The History of England*, vol. 3, London: Longman, Brown, Green, and Longmans, 1855, p. 628.

② Ibid. , p. 633.

③ T. B. Macaulay, *The History of England*, vol. 4, London: Longman, Brown, Green, and Longmans, 1855, p. 279.

④ Ibid. , p. 276.

底理解我们的民族性格，他们几乎不尝试融入我们的民族习俗"①。威廉没有将自己从荷兰人转变成英国人，他不能流利地说英语，与人民的距离若即若离，不像詹姆士二世那般平易近人。威廉对待他宫廷中的英国贵族和大臣态度冷淡，他只是在由荷兰人组成的小圈子中，才是放松和友好的。他在位期间，经常回到母国荷兰，虽然很多时候是为了领导反法同盟的军事斗争，但也有其他的原因，比如威廉难以适应英国的政治环境，以及对母国的思念之情。麦考莱为威廉的思乡之情辩护说："因为没有立即将他对祖国荷兰的热爱转变到英国而责备他，这是不公正的。"②

威廉的一个严重的道德污点是对格伦科（Glencoe）屠杀的默许态度。1692 年 2 月 13 日，苏格兰高地的格伦科部落被敌对的部落领袖约翰·坎贝尔（John Campbell）率领一百多名英军士兵偷袭，格伦科部落的首领麦克·伊恩（Mac Ian）、33 位男性村民、两名妇女和儿童被杀害。这起事件的起因是威廉要求苏格兰高地部落必须在 1692 年 1 月 1日之前向新王威廉宣誓效忠，否则视为叛乱。麦克·伊恩在 1691 年的12 月 31 日作出宣誓效忠的决定，但是其宣誓效忠证明因为有人从中阻拦没有按时交给英国政府。约翰·坎贝尔等人开始计划袭击格伦科。直到三周后，伦敦方面才知道格伦科的麦克唐纳家族被有预谋地屠杀的消息。麦考莱详细叙述了格伦科屠杀的原因、经过及其影响。为了替威廉开脱格伦科屠杀的责任，麦考莱将格伦科地区描写成一个荒无人烟，盗匪出没之地。③英军的暴行就有了文明征服蛮荒的借口。麦考莱替威廉辩解说，"国王并不知道麦克·伊恩在规定日期之后宣誓的事实。假如他确定认真思考了这件事情，而且他仍然同意消灭格伦科居民的话，那么他肯定是认为这么做能够彻底消除文明地区受到的侵扰，是为当地百

---

① T. B. Macaulay, *The History of England*, vol. 1, London: Longman, Brown, Green, and Longmans, 1849, p. 365.

② T. B. Macaulay, *The History of England*, vol. 3, London: Longman, Brown, Green, and Longmans, 1855, p. 59.

③ T. B. Macaulay, *The History of England*, vol. 4, London: Longman, Brown, Green, and Longmans, 1855, pp, 191 - 192.

姓考虑";"3 月 6 日，威廉开始欧洲之行，他完全不可能知道屠杀的细节，这次屠杀事件竟然成为他光辉事业的一个污点"。①英军在格伦科对平民的屠杀是违法战争伦理的暴行，无论威廉是否提前知晓坎贝尔等人的军事计划，他的事前默许和事后冷漠的态度都是让人失望的。因为威廉是英军的最高统帅，对苏格兰的军事征服承担最终责任。麦考莱一方面揭露威廉的历史污点，另一方面又极力为其袒护、遮掩，塑造了一个有缺点但又真实的英雄形象。

麦考莱描述的另一位民族英雄是克莱夫（Robert Clive，1725 - 1774），他曾经是一位声名狼藉的殖民家，麦考莱却为克莱夫写了一篇著名的翻案性文章，可见他没有将道德标准作为唯一的人物评判原则。在文中，麦考莱认为"克莱夫像大多数人一样，天生感情丰富，脾气倔强，会犯错误，但每个带着平和与开明的眼光看待他一生的人都会承认，我们的岛国有如此众多的英雄和政治家，几乎不曾产生一位比他在武力或谈吐方面伟大的人物"②。麦考莱对克莱夫的赞誉之辞溢于言表。英国是当时世界上最为强大的殖民帝国，英国人对自己国家殖民历史的无知让麦考莱感到焦虑。为此，他写作了这篇歌颂克莱夫功绩的文章。克莱夫在学业上并不出众，没有接受过任何系统的军事教育，他似乎是一位天生的士兵和军官，在战场上勇敢、果断和冷静，善于谋略，取得了包括著名的普拉希之战（Plassey）在内的诸多战斗的胜利。麦考莱不同意约翰·马尔孔和密尔两人对克莱夫的评价，他认为马尔孔只看到克莱夫的荣誉和诚实的一面，密尔则因为克莱夫为达目的不择手段而完全否定他。克莱夫最为声名狼藉的事迹要算"红皮书事件"了。他在与印度王公的谈判中伪造了一份红皮文件，其中包含一些有利对方的条款，而真实的条约是一份白皮文件，没有署上印方谈判代表的签名。当时英军将领沃特森对签署红皮文件犹豫不决，克莱夫就干脆伪造了沃特

---

① T. B. Macaulay, *The History of England*, vol. 4, London: Longman, Brown, Green, and Longmans, 1855, pp. 204, 217.

② T. B. Macaulay, "Lord Clive," in Lady Trevelyan, ed., The Miscellaneous Works of Lord Macaulay, vol. 5, New York and London: G. P. Putnam's Sons, 1898, pp. 3 - 4.

森的签名。对于这一背信弃义的行为麦考莱提出了批评，"克莱夫总体
上是错误的，他不仅犯了错误，也犯下罪行"①。总的来说，麦考莱肯定
克莱夫的能力和品行，"克莱夫本质上不是一个不诚实的人，他既勇敢
也鲁莽，既真诚又有些轻率，他诚恳对待友人，公开表达对他人的憎
恨"②。克莱夫的道德瑕疵没有掩饰其历史功绩，麦考莱重塑克莱夫民
族英雄的形象是为了唤起英国人对其历史上英雄人物的崇敬之情。

（二）对立认同的建构

关于对立与认同之间的关系，美国修辞学家肯尼斯·博克有过深入
的分析。他在研究修辞和人类生存环境的文章中提出三类认同：同情认
同、对立认同与误同，其中"对立认同"是指"通过分裂达成凝聚"。③
博克认为，集体内部成员间的矛盾分歧可以通过一致反对共同的外部敌
人而被转移，从而实现集体认同。史家通过强调共同的敌对对象，使内
部民众联合起来达成思想和立场的统一，可以增强国民的民族意识和国
家认同感，对国家的认同又反过来促使民众团结起来反抗外部敌人。从
国家战争的角度来看，麦考莱的《英国史》叙述了光荣革命之后英格
兰镇压爱尔兰、苏格兰军事叛乱的过程，以及英荷联盟与法国的争霸战
争的历史，从民族冲突的角度来看，这是一部盎格鲁-撒克逊民族征服
凯尔特等边缘民族的历史。

爱尔兰和英格兰在民族和宗教方面存在巨大差异。爱尔兰是詹姆士
党人的大本营，经常发生叛乱，威胁英格兰的政治稳定。麦考莱对爱尔
兰的轻视在《英国史》中随处可见，爱尔兰土著人被他称为"一个被
征服的，从属的而堕落的民族"④，"他们是异族人，是最可恨最受轻视
的异族人。五个世纪以来，那些最可恨的人一直是我们的敌人，那些最

---

① T. B. Macaulay, "Lord Clive," in Lady Trevelyan, ed. , The Miscellaneous Works of Lord Macaulay, vol. 5, New York and London: G. P. Putnam's Sons, 1898, p. 57.

② Ibid. , p. 45.

③ ［美］肯尼斯·博克：《当代西方修辞学：演讲与话语批评》，常昌富、等译，中国社会科学出版社1998年版，第161页。

④ T. B. Macaulay, The History of England, vol. 2, London: Longman, Brown, Green, and Longmans, 1849, p. 127.

被蔑视的人也是我们的征服者、奴役者和抢掠者。……确定的是，一个半世纪之前（指 17 世纪），我们普遍轻视他们，认为他们愚蠢和怯懦。"① 麦考莱在贬低爱尔兰人和凯尔特人的叙述中，划分了"我们"与"他们"，"征服者"与"从属者"，这无疑是对凯尔特人与盎格鲁 - 撒克逊人不同民族身份与地位的确认。

民族、国家之间的战争是《英国史》的重要内容。关于战争的历史叙事往往能够体现一位历史学家的民族归属感和情感倾向，成为他们宣传民族主义和建构国家认同的途径。尽管 19 世纪以来，科学的客观性成为历史撰述的标准，但历史学家在写作历史时不可能毫无偏见，特别是当战争的一方与其所属的民族或国家有所关联时，他的倾向性可能更加明显。就《英国史》而言，麦考莱在叙述英格兰平叛爱尔兰叛乱以及英国与法国的军事斗争时，表现出以盎格鲁 - 撒克逊民族为中心和以英国为中心的民族主义情绪。

在光荣革命之前，爱尔兰天主教徒已经掌握了许多市镇的政治和军事权力。威廉登陆英国后，爱尔兰的英国殖民者与爱尔兰土著人民之间的关系更为紧张，战争一触即发。麦考莱着重描述了爱尔兰天主教徒的军队围困英格兰的殖民据点伦敦德里城的情形，他将这场城市的攻防战看作是两个敌对的民族和宗教之间的斗争。在第一次伦敦德里之围时，麦考莱写道："城内的居民是盎格鲁 - 撒克逊血统的新教徒。他们不属于同一个国家或同一个教会，但英格兰人和苏格兰人，圣公会和长老派相互友爱地生活在一起，他们对爱尔兰民族和天主教的共同敌视充分说明了这种友谊。"②当伦敦德里城再次被围困，麦考莱详细叙述了第二次伦敦德里之围的悲壮历程。他谴责攻城的爱尔兰军队的卑劣手段，他们抓来城中人民的亲属、朋友和同乡，用这些人的生命胁迫守城者投降，但是城中的军民不为所动。伦敦德里城被围困期间，面对食物紧缺、饥

---

① T. B. Macaulay, *The History of England*, vol. 2, London: Longman, Brown, Green, and Longmans, 1849, pp. 423 - 424.

② T. B. Macaulay, *The History of England*, vol. 3, London: Longman, Brown, Green, and Longmans, 1855, p. 148.

荒和瘟疫流行的极端困境，城内的军民依然不肯投降，在坚守长达三个多月后，他们终于等来了英格兰的援兵，最后成功脱围。麦考莱在总结这场战争时说道，守城者和攻城者的"竞争不是工程师之间的竞争，而是国家之间的竞争，胜利属于虽然人数处于劣势，但在文明、自治的能力和不屈不挠的决心方面占有优势的一方"①。麦考莱实际上将爱尔兰看作是一个敌对的国家，英国殖民者赢得胜利是因为它的民主和文明的水平更高。

英法之间的对立冲突贯穿于《英国史》始终。麦考莱带着盎格鲁－撒克逊民族中心论的笔调叙述英国与法国的军事斗争。他将英法两国的斗争追溯到中世纪。14 世纪的英国在与法国的对抗中占据上风，爱德华三世时期的英国一扫之前与法国战争的颓势，开始征服法国本土。麦考莱骄傲地写道，英格兰"每一个从肯特郡到诺森博兰郡的自由人，在他们都曾经战栗的国家面前，认为自己是一个为胜利和统治他人而生的民族，他们用轻蔑的眼光俯视他们曾经畏惧的国家"②。麦考莱为此时的英格兰所取得的欧洲大国地位而赞叹，"这一时期，英国军队克服巨大的困难，获得了中世纪历史上的伟大胜利。确实，一个国家应该为他们所取得的胜利感到骄傲。……或许可以这么说，英国人以这样一种光荣和壮丽的方式第一次出现于世界民族之林。"③

光荣革命之后，英法爆发"八年战争"，英国与荷兰结成军事联盟同法国在陆上和海上展开了一系列的殖民争霸战争。1692 年 5 月 19 日英荷联军与法国开始了著名的拉霍格（Battle of La Hogue）海战。在著名海军将领罗素的指挥下，英国海军取得了海战的胜利，这是自阿金科特（Agincourt）之战以来英国取得的对法国的第一次伟大胜利。麦考莱指出英军在海战中起到主导作用，这场胜利完全是属于英国的。他自豪

① T. B. Macaulay, *The History of England*, vol. 3, London: Longman, Brown, Green, and Longmans, 1855, p. 238.

② T. B. Macaulay, *The History of England*, vol. 1, London: Longman, Brown, Green, and Longmans, 1849, pp. 18 – 19.

③ Ibid., pp. 19 – 20.

地宣称:"这一次,荣耀完全属于我们。正如荷兰人在海战中已经做过的一样,无论他们是否站在我们这一边,无论是取得胜利还是失败,荷兰人确实尽到了他们的责任。但是英国人是战斗的主力。总指挥罗素是英国人,指挥攻击扎伯格海港的德拉沃(Delaval)是英国人,领导小舰队去霍格鲁克(Rooke)海湾的是英国人。唯一牺牲的两位高级将领,卡特元帅和哈斯廷斯将军也是英国人。"①麦考莱反复强调战争的领导者是英军将领,将这次海战的胜利完全归功于英国人的作用,荷兰即使是英国的盟友,也不过是次要的他者。通过对"我们"与"他们"的区分,麦考莱有力地渲染了一种赞美英国军事成就的爱国主义情绪。

总之,《英国史》通过营造"我"与"他者"的对立,激发英国民众的民族主义和爱国主义情绪,增强英国民众的国家认同。

(三)民族史诗的隐喻

19世纪民族国家的兴起不仅在历史著作中有最为突出的反映,在各国的史诗等文学作品中也有体现。当这一时期法国重新发现《罗兰之歌》,德意志发掘出《尼伯根之歌》这些反映民族历史,歌颂民族精神的史诗,英国却没有产生一部反映自己民族历史的史诗作品。1842年,麦考莱的《古罗马之歌》问世,它以史诗的方式讲述了古罗马的历史故事,文笔优美,情感热烈,一经出版便深受广大民众的喜爱。从其初次出版到1939年第二次世界大战爆发,在长达近一个世纪的时间里《古罗马之歌》不断重印,到1855年,已经售出23000册,到1875年夏天销售超过10万册。这本诗歌集在文化界和普通民众之中读者众多,影响了诸如思想家约翰·密尔和后来的文学批评家列斯里·斯蒂芬(Leslie Stephen)一类的学者。②《古罗马之歌》具有广泛和深入的群众基础,其所歌颂的古罗马的英雄品质也潜移默化地教导了英国民众。

《古罗马之歌》由四首诗歌组成,取材自古罗马作家李维和迪奥尼

---

① T. B. Macaulay, *The History of England*, vol. 4, London: Longman, Brown, Green, and Longmans, 1855, p. 241.

② R. E. Sullivan, *Macaulay: The Tragedy of Power*, Cambridge, MA: Harvard University Press, 2009, p. 258.

修斯有关罗马早期传说的记载，讲述了公元前5—前4世纪古罗马的历史故事。麦考莱认为李维等人记载的古罗马历史传说是从更早的口耳相传但没有文字记录的歌谣截录而来，他肯定了《荷马史诗》一类的古代歌谣所记史实的真实性。当人们将罗马的民谣转变为历史记载的时候，麦考莱反其道行之，"颠倒了那一过程，将某些罗马早期历史的片段转变成作为其资料来源的诗歌"①。麦考莱以后人的历史著作为史料依据，仿照古罗马歌谣的形式，将早期罗马的史事重新改写为诗歌。《古罗马之歌》虽借用了古典的诗歌形式，但其语言不是拉丁语，而是现代的英语。它不仅借鉴了荷马的史诗风格，也受到近代英国著名诗人司各特的影响。因此可以说，《古罗马之歌》是一部结合了古今诗歌文学传统的作品。

虽然《古罗马之歌》并非一部有关英国的史诗，但它发挥了民族史诗的功能，让人们由古代罗马共和国联想到当时的不列颠帝国，以隐喻的方式在古罗马与英帝国，罗马的民族性与英国的民族性之间建立起联系。美国学者苏利文认为"《古罗马之歌》为英国提供了一部替代性的民族史诗"②。麦考莱借《古罗马之歌》赞扬了古代罗马人的高尚品德，他们具有"刚毅、温和、诚实，反抗压迫的精神，尊重法律权威，诚信守约，没有偏见，有浓烈的爱国热情，但是他们还不知道基督教的慈善和绅士的慷慨一类的东西"③。不难看出，麦考莱所概括的古代罗马人的民族特征与他对英国民族精神的认识有许多相似之处。麦考莱借讲述古罗马的英雄故事教导他所处时代的英国人要继续发扬古罗马的尚武精神和法制传统。笔者的主要目标不在于揭示《古罗马之歌》的帝国喻意，④而在于探究其在民族、国家层面上的隐喻内涵。下文以《古罗

---

① T. B. Macaulay, *Lays of Ancient Rome*, preface, in Lady Trevelyan, ed. , The Miscellaneous Works of Lord Macaulay, vol. 8, New York and London: G. P. Putnam's Sons, 1898, p. 235.

② R. E. Sullivan, *Macaulay: The Tragedy of Power*, p. 258.

③ T. B. Macaulay, *Lays of Ancient Rome*, preface, in Lady Trevelyan, ed. , The Miscellaneous Works of Lord Macaulay, vol. 8, New York and London: G. P. Putnam's Sons, 1898, p. 236.

④ Catharine Edwards, "Translating Empire? Macaulay's Rome," in *Roman Presences: Receptions of Rome in European Culture* 1789 – 1945, ed. Catharine Edwards, Cambrige University Press, 1999, pp, 70 – 87.

马之歌》的前两首诗歌为例来分析这一点。

《古罗马之歌》的第一首诗歌《贺拉提乌斯》（Horatius）主要讲述了公元前 6 世纪罗马贵族贺拉提乌斯与两位同伴守卫罗马泰伯桥，抵抗伊特鲁里亚人入侵的英雄事迹。麦考莱采用李维的记载，贺拉提乌斯不是一个人在守卫泰伯桥，两位勇士拉提乌斯（Latius）和赫米尼乌斯（Herminius）也加入了守桥的战斗。在泰伯桥即将倒塌的时候，贺拉提乌斯跳入泰伯河中成功地游回岸边，受到罗马城民众的尊敬和奖赏。在这首诗歌中，麦考莱高度称赞了贺拉提乌斯视死如归、勇于牺牲的爱国主义精神。贺拉提乌斯拷问生命意义的几行诗文常常被后人吟诵："对于这片土地上的每一个人，死亡迟早都会来临。为了他父辈的荣耀，和他尊奉的神庙，面对令人畏惧的事情，人们怎样能够死得其所。"①贺拉提乌斯只是罗马共和国贵族阶层的一个代表。麦考莱不仅颂扬了罗马人为国牺牲的奉献精神，也缅怀了当时淳朴、安宁的社会风貌，为我们勾画了一幅古代罗马共和国的美好社会图景：

> 直面大军的是三位无畏的勇士。在昔日的美好时光，罗马人在争论中，不会分让土地或财富，儿子和妻子，肢体和生命。然后，没有人只为党派利益，所有人都为了国家。然后，伟人帮助穷人，穷人也热爱伟人。然后，土地被公平地分配，战利品被公平地售卖。在昔日的美好时光，罗马人亲如兄弟。现在，罗马人相互之间的厌恶比对敌人的厌恶更甚，护民官公开反对上层，长老们压迫下层。我们在党派之中热情满满，在战争中变得冷静。人们不再像在昔日的美好时光中一样战斗。②

在麦考莱看来，罗马共和时期的人民互相帮助，相亲相爱，社会财

---

① T. B. Macaulay, "Horatius," XXVII, *Lays of Ancient Rome*, in Lady Trevelyan, ed. , The Miscellaneous Works of Lord Macaulay, vol. 8, New York and London：G. P. Putnam's Sons, 1898, p. 250.

② T. B. Macaulay, "Horatius," XXXI – XXXⅢ, *Lays of Ancient Rome*, in Lady Trevelyan, ed. , The Miscellaneous Works of Lord Macaulay, vol. 8, New York and London：G. P. Putnam's Sons，1898，p. 252.

富的分配较为平等，平民和贵族的阶级矛盾也比较缓和，公民热爱祖国，同仇敌忾。正是在这样的社会环境下，才产生出贺拉提乌斯一类的英雄人物。如果我们联想到麦考莱对光荣革命历史的描述，对维多利亚时代人们生活状况的乐观态度，就可以看出《贺拉提乌斯》的隐喻含义，它也在暗示英国人民为了追求个人和民族的自由而奋起斗争的历史以及维多利亚时代英国社会的进步。

《瑞吉鲁斯湖之战》也是一首反映罗马英勇的民族精神的诗歌。这首诗歌描写了公元前 5 世纪初，在瑞吉鲁斯湖畔罗马城邦战胜拉丁同盟的一场著名战争，这场战争发生在《贺拉提乌斯》所描写的罗马与伊特鲁里亚人的战斗之后。罗马军队的统帅是奥卢斯·波斯图米乌斯·阿尔布斯（Aulus Postumius Albus），拉丁同盟的统帅是罗马王政时代的最后一位国王，被逐出罗马城的卢修斯·塔克文·苏佩布（Lucius Tarquinius Superbus）和他的女婿奥科特维乌斯·马米尼乌斯（Octavius Mamilius）。麦考莱在诗歌中描述了双方将士激烈厮杀的场面。战争一开始，罗马统帅奥卢斯便直奔对方阵营的深处，砍伤了国王塔克文，但随后拉丁同盟一方的骑兵长泰特斯（Titus）刺死了罗马军队的重要将领沃勒里乌斯（Marcus Valerius Volusus，公元前 505 年出任罗马执政官），罗马军队不得不后退。拉丁和罗马两方将领围绕沃勒里乌斯的尸体展开激烈争夺，麦考莱写道：

> 泰特斯拉着他（指沃勒里乌斯）的脚，奥卢斯拉着他的头。泰特斯说道，勇往直前吧，拉丁人，看那些叛乱者如何逃走。奥卢斯说道，坚持住，罗马人，要么战斗，要么死去。他们不应该把沃勒里乌斯的尸体留给乌鸦和秃鹫。①

在罗马军队形势不利的情况下，奥卢斯派人去罗马请来赫米尼乌斯

① T. B. Macaulay, "The Battle of the Lake of Regillus," XⅧ, *Lays of Ancient Rome*, in Lady Trevelyan, ed., The Miscellaneous Works of Lord Macaulay, vol. 8, New York and London: G. P. Putnam's Sons, 1898, p. 288.

率领的援军。赫米尼乌斯是与贺拉提乌斯一起守卫罗马泰伯桥的著名英雄，他加入战斗后，杀死了拉丁统帅马米尼乌斯，自己也受伤死去。罗马军队最终在奥卢斯的领导下取得了胜利。透过麦考莱的叙述人们可以感受到罗马人英勇无畏的精神，使读者受到爱国主义的教育。

总之，麦考莱的诗歌、史论和历史著作表达了他强烈的爱国主义热情，他讴歌英雄人物，利用对比、隐喻等修辞手法建构和塑造英国民众的国家认同。应当指出，国民的国家认同感不是自发形成的，历史学是人类积累的文化成果，在形塑、强化国家认同的过程中发挥了重要作用。麦考莱的文笔饱含深情，又善于运用丰富多样的修辞手法，这体现了他的浪漫主义史学思想。下一章即要探究这一问题。

第五章　麦考莱的浪漫主义史学思想

　　大多数学者对麦考莱的认识仅限于他是一位辉格史家，这固然不错，但从其历史著述的表现方式而言，麦考莱也是一位浪漫主义的历史学家。通过《论历史》《论哈兰的〈宪政史〉》等几篇历史散文，麦考莱最终提出了自己的史学宣言：完美的历史学应该是理性和想象，诗歌与哲学的结合。在《论历史》这篇著名的评论中，他勾画了一个理想的史学家的面貌，"完美的历史学家必须拥有足够的想象力，才能使他的叙述既生动又感人"，也必须"是一个深刻和灵巧的论证者"，而实际的情形是，历史学要么偏向理性，要么注重故事性。①同年在《论哈兰的〈宪政史〉》一文中，他宣称"至少就其理想的完美情形而言，历史学是诗歌与哲学的结合"②。在后来的《论麦金托什》中，他认为最吸引人的英国史著作是那些"结合了哈兰的勤奋、准确和判断以及骚塞的活力和色彩"的作品。③

　　对于麦考莱浪漫主义史学思想的研究和评价，国内学界的研究还较

---

　　① 麦考莱：《论历史》，刘鑫译，载何兆武主编《历史理论与史学理论》，商务印书馆1999 年版，第 260 页。中译文是节译，英文全文 T. B. Macaulay, "History," *Edinburgh Review*, May 1828, in Lady Trevelyan, ed. , The Miscellaneous Works of Lord Macaulay, vol. 1, New York and London: G. P. Putnam's Sons, 1898, p. 181.

　　② T. B. Macaulay, "Hallam's 'Constitutional History'," *Edinburgh Review*, September 1828, in Lady Trevelyan, ed. , The Miscellaneous Works of Lord Macaulay, vol. 1, New York and London: G. P. Putnam's Sons, 1898, p. 239.

　　③ T. B. Macaulay, "Sir James Mackintosh," *Edinburgh Review*, July 1835, in Lady Trevelyan, ed. , The Miscellaneous Works of Lord Macaulay, vol. 3, New York and London: G. P. Putnam's Sons, 1898, p. 339.

为匮乏，国外学者的观点则存在明显的分歧。牛津大学历史学教授弗斯是批评麦考莱的科学派史家的代表，他指责麦氏"走向了极端，忘记了历史学的科学因素，只考虑到文学因素"。另一些学者如赛耶（Thayer）、格里芬（Griffin）则为麦考莱作为历史学家的声誉辩护。格里芬认为麦考莱的历史著作具有科学和理论内涵，其学术性是他名声的保证。还有一派学者的观点较为综合，以普拉姆（J. H. Plumb）和詹恩（Jann）为代表，他们认为麦考莱的史学著作兼有学术性和文学性或者说科学性和艺术性。①笔者倾向于最后一种看法，但笔者认为，麦考莱在历史学的科学性和艺术性之间不是没有偏向的，他更为强调史学的艺术性。麦考莱是一位以历史事实为基础，以历史学的艺术性为主要追求目标的浪漫主义史家。为了阐明这一观点，本书首先分析了司各特对麦考莱的文学影响，然后着重阐述麦考莱浪漫主义史学的理论主张、表现手法和修辞手法，随后探究其历史著述中事实与想象的关系，最后考察麦考莱浪漫主义史学的历史地位和影响。

第一节　浪漫主义史学的基本主张

一　司各特的浪漫主义文学影响

19 世纪初期正是英国浪漫主义文学，特别是浪漫主义诗歌盛行的时期。浪漫主义文学强调表现作者的主观世界，重视想象和情感的功能，在艺术表现形式上，注意运用夸张等文学手法，追求奇特的情节、

---

① 国内学术界较为重要的研究见谭英华《试论马考莱的史学》，《世界历史》1983 年第1期。国外学术界论及麦考莱浪漫主义史学思想的代表作有 C. H. Firth, *A Commentary on Macaulay's History of England*, London: Macmillan and Co. , 1938. 弗斯的著作也是系统论述麦考莱史学思想的第一部重要专著。W. R. Thayer, "Macaulay Fifty Years After," *North American Review*, vol. 190 (July/Dec 1909), pp. 735 – 752; John R. Griffin, "The Intellectual Milieu of Lord Macaulay," Ph. D. Dissertation, University of Ottwa, 1963; J. H. Plumb, "Thomas Babington Macaulay," *University of Toronto Quarterly*, vol. 26, 1956; Rosemary Jann, *The Art and Science of Victorian History*, Columbus: Ohio State University Press, 1985.

异域的风情、强烈的正反对比和充沛的情感。当浪漫主义文学思潮扩展到小说领域，出现了像司各特这样影响巨大，具有浓厚浪漫主义色彩的历史小说家。司各特的文学作品对麦考莱的长期耳濡目染使得后者具有同样的浪漫主义气质。

对于麦考莱而言，司各特既是他从年幼到成年时期的精神伴侣，也是他试图比肩或者超越的文学大师。麦考莱十多岁的时候，就开始阅读和持续关注司各特的诗歌。[1]麦考莱就读剑桥大学期间，爱好阅读司各特的小说，并为他的世俗流行小说的价值辩护。麦考莱认为，那些阅读德莱顿（Dryden，英国著名诗人）的人没有理由不读司各特。[2]麦考莱常常在自己的书信和日记中提及司各特的作品，有些作品不只读过一遍。1850年，他以一种愉悦的心情重读司各特的小说《威弗利》（Waverley，1814），发现了一些错误，同时回忆起早年阅读它时体会到的优点。[3]在19世纪前期，司各特的历史小说是风靡一时的文学作品，麦考莱充分肯定它们的价值，认为其丝毫不逊色于历史著作，但是他对文学家侵入历史学家的职业领域表示了一种担忧。他呼吁"一个真正伟大的历史学家能够回收那些小说家们利用过的材料"[4]，这显然是在回应司各特一类小说家对历史学的挑战。麦考莱指出，像小说家讲故事一样，历史学家也可以将真实的历史讲得生动有趣。关于司各特对历史学和麦考莱的影响，英国历史学家希利（J. R. Seeley）曾有过准确的分析：

---

① T. B. Macaulay, "The Letter to Zachary Macaulay," 1 June, 1811, in Thomas Pinney ed., *The Letters of Thomas Babington Macaulay*, vol. 1, Cambridge：Cambridge University Press, 1974, p. 7；T. B. Macaulay, "The Letter to Hannah More," 27 July, 1814, in Thomas Pinne ed., *The Letters of Thomas Babington Macaulay*, vol. 1, Cambridge：Cambridge University Press, 1974, p. 50；T. B. Macaulay, "The Letter to C. Hudson," 15 November, 1815, in Thomas Pinney ed., *The Letters of Thomas Babington Macaulay*, vol. 1, Cambridge：Cambridge University Press, 1974, p. 72.

② T. B. Macaulay, "The Letter to Zachary Macaulay," 5 February, 1819, in Thomas Pinney ed., The Letters of Thomas Babington Macaulay, vol. 1, Cambridge：Cambridge University Press, 1974, p. 121.

③ T. B. Macaulay, 24 July 1850, in William Thomas ed., The Journals of Thomas Babington Macaulay, vol. 2, London：Pickering and Chatto, 2008, p. 272.

④ 麦考莱：《论历史》，第277页，T. B. Macaulay, "History," in Lady Trevelyan, ed., The Miscellaneous Works of Lord Macaulay, vol. 1, London：NewYork and London：G. P. Putnam's Sons Press, 1898, p. 234。

司各特让历史作家和读者清醒地认识到对于他们来说的新发现，历史上的伟大人物毕竟是一些和我们一样有鲜活血肉的男人和女人。因此在此后的历史文学中，可以看见人们努力使历史比原来个人化和戏剧化。如果不知道近代最流行的历史在很大程度上源于司各特的小说《威弗利》，那么就很难读懂麦考莱所写的有趣的生活。①

就文学表现方法而言，司各特的历史小说对麦考莱的影响体现在以下几个方面。

第一，司各特对自然与社会环境的描写来源于真实的史料和实地探访，而不是凭空臆想，所以他的历史小说读起来才有一种真实具体的感觉。麦考莱在描写苏格兰、爱尔兰的历史之前，实地游历了这些地区，探访了古战场，所以他对苏格兰、爱尔兰的历史地理与风土人情的描述读起来鲜活生动。司各特在刻画人物时注重揭示其思想和行为背后的时代精神、民族背景。他的"苏格兰小说"描写了光荣革命以来苏格兰政治与社会发展的变化，展现了苏格兰的民族矛盾、阶级矛盾和宗教矛盾等复杂的斗争。麦考莱也注意对时代、社会背景的描写，《英国史》中著名的第三章有关社会史的论述就为整个光荣革命的展开提供了一个大的历史背景。

第二，司各特充分发挥想象力，使用夸张等文学手法，创作出一些奇特的人物和情景，又不失其真实性。比如《艾凡赫》中骑士比武的场景，就仿佛让人置身于中世纪骑士的格斗之中。麦考莱对司各特的借鉴更多地在于合理运用想象力，使历史细节更为丰满，营造真实的氛围，而不是虚构人物和情节。

第三，司各特的小说带有强烈的感情色彩。司各特有一种苏格兰民族主义的情结，"他一方面按照历史发展的规律揭示了苏格兰氏族制度衰亡的历史必然性，一方面又对它的衰亡耿耿于怀；一方面确认资本主

① J. R. Seeley, "History and Politics: No. I," *Macmillan's Magazine*; Vol. 40, 1879, pp. 289 – 290.

义取代氏族制度不可逆转,一方面又对这种历史变革怀着情感上的抗拒"①。麦考莱在其《英国史》中也灌注了自己的感情,只是相比于司各特的怀旧和感伤,麦考莱的态度积极乐观,对维多利亚时代的英国充满信心。

麦考莱对他的《英国史》期望很高,"除非能够创作出取代年轻女士桌前最新时髦小说的作品,否则我不会感到满意"②。从《英国史》前两卷火爆的销售情况来看,麦考莱确实实现了他的愿望。他在 1848 年的日记中记载了当时的销售数据,《英国史》第一卷在 10 天内售出 3000 套,自司各特的小说以来,从没有这样的销售情况,书的销售在各方面都很成功。③从中不难看出,麦考莱试图与司各特小说的销量一较高下的志向。

二　强调历史想象

司各特的文学濡染为麦考莱浪漫主义史学思想的孕育提供了肥沃的土壤。麦考莱提出完美的历史学是诗歌与哲学的结合。他经常将历史与小说、诗歌、绘画等"模仿性的艺术"相类比,"绘画"、"诗歌"等词语用来指称历史学的文学性和艺术性内涵。麦考莱强调历史学是一门"叙述的艺术",一门"赋予情感以趣味,赋予想象以图画的艺术。历史学家可以创造出这些效果而不损害真理"。④想象能让历史叙述变得生动,使本无生命的历史重新焕发活力,是一个合格的历史学家的基本素质。可以说,麦考莱的浪漫主义史学思想的突出特征就在于他对史学艺术性的追求,特别是对历史想象的强调。麦考莱的历史想象力或许源于

---

① 杨思聪:《论司各特的历史小说》,《西南师范大学学报》(哲学社会科学版)1998 年第 6 期。

② T. B. Macaulay, "The Letter to Macvey Napier," 5 November, 1841, in Thomas Pinney ed., The Letters of Thomas Babington Macaulay, vol. 4, Cambridge: Cambridge University Press, 1977, p. 15.

③ T. B. Macaulay, 12 December, 1848, in William Thomas ed., The Journals of Thomas Babington Macaulay, vol. 2, London: Pickering and Chatto, 2008, p. 15.

④ 麦考莱:《论历史》,第 273 页, T. B. Macaulay, "History," in Lady Trevelyan, ed., The Miscellaneous Works of Lord Macaulay, vol. 1, London: Pickering and Chatto, 2008, p. 228.

他凭空幻想的习惯。可能是受到父母的影响，幼年的麦考莱常常沉浸于幻想之中，爱做白日梦（daydream）。①麦考莱曾向他的妹妹玛格丽特解释自己为何能够准确地陈述事实，"这源于我喜欢'建城堡'（castle-building），在我的脑海中，过去的事情不久就被建构成一个传奇故事"②。"建城堡"、"白日梦"都是麦考莱想象力的体现，他的这种思维习惯影响到日后的史学创作，想象既是他理解前人和历史的一种手段，也是他建构历史的一种方法。麦考莱的想象与历史写作之间的联系体现在以下几方面。其一，借助想象麦考莱将实地探访转化为空间的建构。为了使《英国史》的叙事鲜活动人，麦考莱使用的方法是为读者创造出一种生动的空间意识。1849 年他访问了爱尔兰，他将自己脑海中储存的有关爱尔兰的大量画面和思考转化为实在的历史画卷。他对城市和战场的描写带有很强的方位感。其二，现实生活的经历会激发麦考莱历史创作的灵感。1851 年在参观伦敦博览会之后，一段修辞流利的佳句涌上麦考莱的心头，博览会中的某些细微之处触动了他的心弦，使他关于斯坦科克之战的描述得到很大的润色。③其三，想象已经成为麦考莱生活的一个重要组成部分。麦考莱曾和他的外甥乔治·奥托·屈威廉（George Otto Trevelyan）提到自己"建城堡"的习惯，他说希腊人称这种习惯为"空洞的幸福"，他认为自己大部分时间都生活在并不真实的世界之中。④

　　麦考莱强烈的想象或者说幻想是以一种积极，还是消极的方式影响他的历史写作？对于这个问题，麦考莱的传记作者，历史学家约翰·克莱夫（John Clive）的看法比较积极。他认为麦考莱的历史想象在两个方面促使了《英国史》的成功，"以图画形式展现出来的强烈的细节感

---

　　① John Clive, *Macaulay：The Shaping of the Historian*, New York：Knopf, 1973, p. 17.

　　② G. O. Trevelyan, *The Life and Letters of Lord Macaulay*, vol. 1, p. 183.

　　③ T. B. Macaulay, 20 May, 1851, in William Thomas ed., The Journals of Thomas Babington Macaulay, vol. 3, London：Pickering and Chatto, 1976, p. 114.

　　④ John Clive, "Macaulay's Historical Imagination," A. N. Jeffares ed., Special Issue of *A Review of English Literature*, Vol. 1. No. 4 (1960), reprinted in John Clive, *Not by Fact alone：Essays on the Writing and Reading of History*, London：William Collins Sons and Co. Ltd, 1989, p. 69.

和一种推动时间中的动机、人物和情境向前运动的能力"①。比如，麦考莱对玛丽公主滑冰的细节描写带有想象的成分，"她一只脚保持平衡，所穿的衬裙比严肃端庄的女士一般穿得要短，引起了外国大使们的惊讶和欢呼"②。麦考莱所勾画的人物和场景是动态的。光荣革命前夕，詹姆士二世对葡萄酒、啤酒和咖啡等商品的销售加强政府管制，实行执照经营，对于政府的这一措施可能带来的消极影响，麦考莱推测道：

> 时髦的男士将会错过圣詹姆士大街上的巧克力屋，商人会错过咖啡馆，他们原本习惯于在真则里（Change Alley）的这些场所抽烟和谈论政治。半数的俱乐部四处寻求庇护。夜间的旅行者将会发现他所期待小饮和住宿的客栈也荒废了。小丑也会为篱笆啤酒馆而叹息，在那里，他本来习惯于夏天将他的水壶放在门前的长凳上，冬天放在烟囱的角落。③

这段假想不仅叙述了政府管制可能带来的不同社会阶层的日常生活的变化，也提及了与之相关的各种社会场所的变迁。由此可见麦考莱的想象力在推动历史叙述发展中的作用。

历史想象是麦考莱用来讲述历史和引发读者兴趣的手段。因而，柯林武德认为麦考莱的历史想象是装饰性而非结构性的。④柯林武德所谓的结构性想象也被他称为"先验的想象"，它具有三种功能或者说包含三个层次，分别是艺术家纯粹或自由的想象，知觉的想象以及历史的想象，其中历史想象要求具有批判性的思维。上文已经论及，想象已经内

---

① John Clive, "Macaulay's Historical Imagination," reprinted in John Clive, *Not by Fact alone*, p. 69.

② T. B. Macaulay, *The History of England*, vol. 1, London：Longman, Brown, Green, and Longmans, 1849, p. 531.

③ T. B. Macaulay, *The History of England*, vol. 2, London：Longman, Brown, Green, and Longmans, 1849, p. 338.

④ ［英］柯林武德：《历史的观念：增补版》，何兆武、张文杰、陈新译，北京大学出版社2010年版，第238页。构造性的历史学描述是指"在我们从权威们那里所引用来的陈述之间插入了另一些为它们所蕴含着的陈述"，其实就是通过想象填补历史叙述之间的缺环，这种插入一方面不是任意的或纯幻想的，另一方面它确实是想象的产物。

在于麦考莱的日常生活中，成为他的一种思维方式，在某种程度上，麦考莱的历史想象也是结构性的。因此，与其说麦氏的历史想象是非结构性的，不如说他的想象力缺乏批判性，这也是其历史思维的局限性之所在。麦考莱的《英国史》以描述为主，而少分析和批判，他的史论散文也是如此。《爱丁堡评论》的主编纳皮尔（Macvey Napier）曾邀请麦考莱评论司各特，麦氏认为自己不能胜任这一任务，他能够敏锐地欣赏那些想象力丰富的名著，但"自己从不习惯于分析它们"[①]。麦考莱的旨趣不在于成为一个见解深刻独到的思想家，而是成为一个能够生动地讲述历史事实的史家。为此他十分重视历史的叙述技巧，即表现历史的文学手法。

第二节 浪漫主义史学的文学和修辞手法

一 文学手法的借鉴

麦考莱的浪漫主义史学主张最终体现在他的历史著作中。在《英国史》中，他尝试运用各种文学手法来生动地再现历史。

麦考莱借鉴了小说的手法，重视对历史细节和场景的描写。通过对人物外貌、语言、表情、行为和性格等方面的刻画，对历史场景的展现，麦考莱为我们描绘了一幅有血有肉、栩栩如生的历史画面。

在人物描写方面，麦考莱手法细腻。他对威廉的外貌作了入木三分的勾勒：

> 所有艺术家都能马上捕捉到他的容貌，而且过目难忘。他的名字立刻使我们在脑海中出现一位修长消瘦的人物轮廓。他有着高耸宽阔的前额，弯曲的鹰嘴鼻，鹰一般明亮和敏锐的眼睛，若有所思

---

① T. B. Macaulay, "The Letter to Macvey Napier," 26 June 1838, in Thomas Pinney, ed., The Letters of Thomas Babington Macaulay, vol. 3, Cambridge: Cambridge University Press, 1976, p. 245.

和稍许阴沉的眉毛，坚定的有点易怒的嘴巴，一张因为疾病和操心布满较深皱纹的灰暗偏瘦的脸颊。他看上去深沉、严厉和严肃，不快乐，脾气不好，但这些方面以一种不会被误解的方式表明威廉具有胜任最为艰巨任务的能力和不会被逆境和危险动摇的刚毅性格。①

一幅立体感十足的威廉肖像画呈现在人们的面前，麦考莱对威廉五官的描绘融入了人物表情的分析，进而深入到他的性格层面，这种由外而内的写作方法是非常巧妙的。

麦考莱善于描写历史场景。比如，聚集在伦敦咖啡馆内的文人在香烟缭绕中谈论诗歌和文学的情形。

> 再没有别的地方像威尔咖啡馆那般烟熏雾绕了。这家名店坐落在科芬园和弓街之间，是纯文学的神圣之地，那里的谈话围绕诗歌的正义和时空的一致性展开。一派人支持佩罗和现代派，另一派人支持布瓦洛和古典派。这一群人在争论《失乐园》是否应该不用押韵。另一群人在聆听一位心怀嫉妒的打油诗人有关戏剧《威尼斯的遗存》应该被赶下舞台的论证。再也没有什么地方能见到这么多各式各样的人物。在这里你可以看到穿着星状长袍和吊带袜的伯爵，罩着长袍戴着臂章的教士，鲁莽的圣殿骑士团，怯弱的大学生，身穿破旧的粗呢外套的翻译家和目录编订者。……有机会向这位桂冠诗人（指德莱顿）鞠躬，倾听他关于拉辛最新悲剧或者波苏有关史诗的论文的看法，被认为是一项特权。②

这一段描写了伦敦的咖啡馆文化。各派诗人在他们钟爱的咖啡馆中，品评诗歌等文学作品。诗人是这一场合的中心，爵士、教士和学生

---

① T. B. Macaulay, *The History of England*, vol. 2, London: Longman, Brown, Green, and Longmans, 1849, pp. 160 – 161.

② T. B. Macaulay, *The History of England*, vol. 1, London: Longman, Brown, Green, and Longmans, 1849, p. 369.

是听众。麦考莱不仅描绘了这些人的穿着，也点出了各类人的神情与心态，对著名诗人德莱顿的崇拜说明当时人们附庸风雅的社会风气。

麦考莱对历史场景的展现有时还带有一种异国的情调。他在描写光荣革命时期威廉率军通过英国城市埃克赛特（Exeter）时，提到了荷兰军队中的一些外籍士兵：

> 关于军事典礼的描述传遍全国，它们恰能满足普通人对奇观的欲望。荷兰军队由出生在不同气候地区，服务于不同旗帜之下的军队构成，他们立即给一般对于外国人没有清晰观念的岛国居民展示出怪异、华丽和恐惧的一面。首先率领两百名骑兵的是麦克斯菲尔德，他们大多数具有英国血统，穿戴闪亮的头盔和胸甲，骑着弗兰德斯战马。每一个人身旁都有一个来自几内亚海岸蔗糖种植园的黑人侍从。从未见过这么多非洲人的埃克赛特市民，好奇地注视着这些装饰着刺绣头巾和白色羽毛的黑色面孔。之后出现的是拿着阔剑，穿着黑色铠甲和毛皮斗篷的瑞典骑兵队。①

麦考莱对荷兰军队中黑人和瑞典士兵装备的细致描写给人一种来自异域民族的新鲜感。这样对比鲜明的场景描写带来的新奇与陌生无疑将会引起读者强烈的阅读兴趣。

除了小说手法，麦考莱还使用通俗剧和传奇的戏剧手法来表现历史。他设置相互对立的人物，具有戏剧冲突的情节和充满传奇色彩的故事，使整个叙述充满张力，跌宕起伏。

所谓通俗剧是指人物和情感表现夸张，情节刺激，结局多皆大欢喜的故事、小说或戏剧形式，在内容上通常是邪不压正、赏善罚恶一类的故事。美国学者列文指出，"通俗剧的形式特别让人满足，因为它的叙述趋势不可阻挡得朝向正义获胜，邪恶被打败的方向。正如在麦考莱的

---

① T. B. Macaulay, *The History of England*, vol. 2, London: Longman, Brown, Green, and Longmans, 1849, p. 484.

笔下，他鲜活生动地描绘了善与恶，其魅力让人无法抗拒。"① 从总体上说，《英国史》主要塑造了两个相互敌对的人物和国家——威廉三世和詹姆士二世，英国和法国，其主要情节围绕他们之间的斗争展开，最终的结果是威廉战胜詹姆士而顺利登上王位，英国与法国签署《里斯维克和约》（Treaty of Ryswick），法国承认威廉的英国国王头衔。麦考莱浓墨重彩地刻画了威廉的名君形象。威廉率军进入英国拯救了英国人民的自由和国教信仰，他自觉将国王权力置于法律和议会的制约之下，是英国自由和民主的守护者。与威廉光彩夺目的形象相比，詹姆士二世显得暗淡许多，他被描绘为一个思想狭隘、性格顽固的暴君。为了恢复天主教，他不惜逮捕与自己意见不合的七位伦敦主教，引起伦敦大量民众的抗议。在威廉进入英国后逃亡法国给詹姆二世加上了叛国的骂名。后来，詹姆士二世为了在英国复辟斯图亚特王朝，投靠法国怀抱，不断在爱尔兰和苏格兰地区发动叛乱。麦考莱不仅呈现了威廉与詹姆士二世二人直接的利益冲突，也叙述了伴随二者冲突的英国与法国之间的政治、军事斗争。光荣革命之后，英法两国在欧陆和海上进行了一系列的较量，双方互有胜负。在《英国史》中麦考莱不时流露出抬高英国贬低法国的看法，他认为英国拥有最为先进的政治制度，是自由民主的榜样，而法国则是专制制度的堡垒。

通俗剧的戏剧表现在《英国史》中的另一个著名例子是杰弗里斯（Jeffreys）的故事。杰弗里斯是詹姆士二世时期王座法庭的首席法官，他从詹姆士二世时期不可一世的大臣沦落为威廉的阶下之囚的历程向人们例示了邪恶终将被战胜的道理。杰弗里斯刚出场时，麦考莱描写了他残暴的表情、声音和以折磨他人为乐的残酷爱好。

> 轻率与残暴写在他的眉宇之间。……正如一个经常听闻其声的人所说，他狂怒的叫喊声就像是末日审判的雷声。……人们评价说，他最令人憎恶的恶行属于人性中的偶然事件，痛苦中的快乐也

---

① George Levine, *The Boundaries of Fiction：Carlyle, Macaulay, Newman*, Princeton：Princeton University Press, 1968, p. 150.

仅仅是痛苦而已。他从对罪犯的审判中获得了一种残酷的兴奋感，犯人的悲叹和恳求似乎能满足他的感官享受，他喜欢通过详细说明并夸大他们将遭受的所有痛苦的细节来恐吓他们。①

威廉登陆后，杰弗里斯乔装隐藏在一个小城，被当地人认出，他在民众的咒骂声和围追堵截中被送进监狱。麦考莱描写了此时杰弗里斯的神情。

> 这个可怜的人在动乱中惊恐不已，他抱紧双手，疯狂地向窗外看去，有时朝这个窗户，有时又朝那个窗户。骚乱中可以听见他的叫喊声："绅士们，别让他们靠近我，看在上帝的份上让他们远离我！"最终在经历了生不如死的折磨后，他被安全地安置在堡垒中，一些著名的被迫害者曾在那里度过了最后的岁月，他自己的命运也会在难以言状的羞耻与恐惧中结束。②

关于杰弗里斯在监狱中病死的最后时光，麦考莱叙述得比较详细。"在英国整个律师行业的发展历程中，没有哪一个律师像他这样如此迅速地升迁，又如此可怕地跌落。在伦敦塔的小教堂中，他消瘦的尸体隐秘地躺在了蒙茅斯尸骨的身旁。"③ 颇有讽刺意味的是，杰弗里斯是迫害追随蒙茅斯叛乱的民众的刽子手。麦考莱对杰弗里斯人物命运的叙述贯穿于《英国史》前三卷，构成了一部个人经历的完整的通俗剧。

通俗剧不仅体现在整个文本的层面上，在一些段落中也有所表现。麦考莱所描绘的王后携子逃离白宫的情景就是一出通俗剧。在威廉率军登陆英格兰，逼近伦敦之际，詹姆士二世计划将王后玛丽和他们刚刚诞生不久的王子送往法国，他将母子俩委托给两位法国绅士洛赞和圣维克

---

① T. B. Macaulay, *The History of England*, vol. 1. London: Longman, Brown, Green, and Longmans, 1898, pp. 450 – 451.

② T. B. Macaulay, *The History of England*, vol. 2, London: Longman, Brown, Green, and Longmans, 1898, p. 558.

③ T. B. Macaulay, *The History of England*, vol. 3, London: Longman, Brown, Green, and Longmans, 1855, p. 403.

多。王后出逃的这天晚上风雨交加，麦考莱写道：

> 洛赞伸手扶住玛丽，圣维克多用他温暖的斗篷抱着本可以继承多国王位却命运不济的嗣子。他们一行人偷偷从屋后的楼梯离开，登上一艘敞篷小艇。这是一次悲惨的旅程。夜晚寒风刺骨，大雨倾盆，冷风呼啸，波涛汹涌，最终船到达了兰贝斯。这群逃亡者在一家小客栈附近上了岸，马车已等候多时。为了给马套上马具又耽误了一段时间。玛丽担心自己被人认出，不敢进入屋内，她和孩子仍瑟缩地站在兰贝斯教堂的塔楼下躲避风雨。当马夫提着灯靠近时，她惊恐万分。①

恶劣的环境，令人垂怜的母子，略显紧张的情节，如英国学者伯罗所指出的，这幕通俗剧"完全是维多利亚时代'落难美人'的场景，这种文学深受十八世纪'感伤主义'传统的影响"②，不过，玛丽王后母子最终顺利到达了法国，为这出情节波折的戏剧画上了一个较为圆满的句号。

除了通俗剧，麦考莱还采用了传奇的写作手法。他对威廉战争经历的描写颇有传奇的色彩。比如，风向在威廉大军征服英国的过程中一直起到了助力的作用。"威廉王子想要沿英吉利海峡扬帆而下时，东风刮得猛烈；当他要进入托贝港时，变成了南风；在他登陆时风停了；他们一上岸，天空立刻下起了暴雨，追捕者的舰队迎面碰上了暴风雨。"③这一连串的巧合使得威廉的事业带有传奇性。再如，在英法的兰顿战役中，威廉身旁的护卫和战马纷纷倒下，三颗子弹从他身上穿过，他都安然无恙。"一颗子弹从他弯曲的假发中飞过，另一颗从他的外套中穿出，

---

① T. B. Macaulay, *The History of England*, vol. 2, London: Longman, Brown, Green, and Longmans, 1849, pp. 544 – 545.

② ［英］约翰·布罗:《历史的历史：从远古到20世纪的历史书写》，黄煜文译，广西师范大学出版社2012年版，第357页。

③ T. B. Macaulay, *The History of England*, vol. 2, London: Longman, Brown, Green, and Longmans, 1849, p. 482.

第三颗从他的一侧擦过，将他蓝色的缎带打成了碎片。"① 麦考莱还以传奇的方式记载了一些奇闻逸事，使其历史著作富于浪漫主义色彩。他讲述了两位江洋大盗的故事。一位是颇有狭义精神，劫富济贫的威廉·赖维森（William Nevison），另一位是更具传奇性的大盗克劳德·杜沃尔（Claude Duval）。杜沃尔在一次抢劫中俘获佳人并与之共舞，他被捕后一些上层名媛为之求情，因受到大法官的阻挠，国王最终将其处死。麦考莱认为，这些逸事混杂了许多虚构，"但记载它们不是没有价值的，因为它们是权威和重要的事实，无论其正确与否，都被我们的祖先怀着热情和信仰听信了"②。奇闻逸事可能有虚假的成分在内，但是它们对普通民众的影响是真实的，读者也喜欢阅读这些充满传奇色彩的故事。

二 修辞手法的大量运用

麦考莱在历史著作中使用了各种修辞手法，比如对比、隐喻、夸张，这些修辞方式加强了文章的表达效果，使著作更加吸引人。③在《英国史》中，我们感受最为强烈的修辞手法是对比。

对比（Contrast）是一种试图呈现事物之间差异性的修辞方法。在《英国史》中对立几乎随处可见。麦考莱将历史人物、事物和事件或者置于同一时代之下比较，或者将它们放到不同时代背景下比较。

《英国史》中最为集中的古今对比体现在第三章。麦考莱比较了1685 年前后的英国与 19 世纪中期的英国在经济和社会诸多方面的不同，以阐明 19 世纪英国社会的进步。比如，麦考莱对城市空间变化和发展的说明。"在霍尔本以北不远处的牧场和麦田的边际矗立着两座著

---

① T. B. Macaulay, *The History of England*, vol. 4, London: Longman, Brown, Green, and Longmans, 1855, p. 408.

② T. B. Macaulay, *The History of England*, vol. 1, London: Longman, Brown, Green, and Longmans, 1849, pp. 383, 384.

③ 下文所举出的一些修辞例子参考了以下著作，William Minto, *A Manual of English Prose Literature*, Boston: The Ginn and Company, 1892, pp. 77 – 115, D. A. Hughes, "Thomas Babington Macaulay: The Rhetorician An Examination of His Structural Devices in the History of England," Ph. D. Dissertation, University of Cornell, 1898.

名的宫殿，每一个都带有一个大花园。其中的一座当时叫南安普顿宫，随后叫贝德福德宫，在大约 50 年前被拆除了，以为新城市的建设腾出空地。现在这片广阔的地区覆盖了广场、街道和教堂，在 17 世纪这里以桃树与鹟鸟而闻名。"①他指出 17 世纪出现的新交通工具飞车十分便捷。"这种旅行方式在今天的英国人看来是难以忍受的缓慢，对于我们的祖先而言却很神奇，他们甚至觉得车速快得吓人。"②

人物对比在麦考莱的论述中比较常见。通过比较，麦考莱揭示了人物的不同特征。为了说明查理的两面性，他用了一连串的对比和排比展现查理在公开与私下不同场合的政治态度和宗教倾向：

> 他曾经公开承认威斯敏斯特议会的合法性，但同时在私人备忘录中声称这一承认是无效的。他曾公开驳斥请求外国援助反对本国民众的建议，却暗中乞求法国、丹麦和洛林的支持。他曾公开否认雇用天主教徒，但他暗中命令他的将军去招揽为其所用的天主教徒。他曾在牛津公开立下誓言，他绝不会包庇纵容天主教徒，却私下向他的妻子承诺他会对英国的天主教徒表示宽容。③

威廉三世是《英国史》的主要人物，麦考莱将威廉与国内外不同的历史人物相比较。他对威廉与詹姆士之间的比较几乎贯穿于他们从继承王位到去世的大半人生历程。威廉是尊重自由、行事审慎与虚心纳谏的明君代表，詹姆士则是专制、顽固与刚愎自用的暴君代表。麦考莱还将威廉与法国国王路易放在一起比较。

> 在天分、脾气、习惯和观点各个方面，两人都截然不同。路易文雅而威严，挥霍奢侈，喜好排场，厌恶危险，是艺术和文学的慷慨资助者与加尔文派教徒残酷的迫害者。他的行为与威廉形成明显

① T. B. Macaulay, *The History of England*, vol. 1, London: Longman, Brown, Green, and Longmans, 1849, pp. 356 – 357.

② Ibid., p. 379.

③ Ibid., p. 126.

的对比。威廉品味粗浅，举止无礼，在战斗中不屈不挠，英勇无畏，无视所有装饰性的知识，坚定地信奉日内瓦的神学。①

与路易的奢侈与好大喜功的做派相比较，麦考莱突出了威廉朴素务实的作风。为了说明威廉的英勇品质，麦考莱将他与古希腊、古罗马乃至中世纪的一些著名英雄、国王相比。在英荷联军与法国的兰顿战役中，威廉在法军的追击下艰难地渡过了哥特河（Gette），麦考莱称赞威廉在战斗中表现出的精神风貌：

> 在这一天（1698 年 7 月 18 日）文明的进步带给战争技艺的变化再也没被更加明显地阐释了。阿加克斯用一块两位普通男子很难举起的石块击倒了特诺伊城的长官；赫拉提乌斯守卫罗马泰伯桥阻止敌人进攻；狮心王理查驰骋于整个萨拉森人的防线，没有敌人能够经受住他的攻击；罗伯特·布鲁斯在整个英格兰与苏格兰的阵前击碎了亨利波恩的头盔和脑袋。这些都是黑暗的中世纪的英雄。在这样的时代中身体的力量是一个士兵最必不可少的品质。在兰顿，两位虚弱的人物威廉与洛克森伯格，若是在原始社会，会被认为在战斗中的作用微不足道，现在却是两支军队的灵魂人物。若是在一些异教国家他们在婴儿时期就会被抛弃，若是在六百年前的基督教国家中，他们会被送往安静的修道院。但是他们的命运落在了这样的一个时代，人们发现，肌肉力量的价值要远逊于精神的力量。②

威廉和诺克森伯格虽然在体格上没有古代英雄阿加克斯、贺拉提乌斯等人强壮，但他们勇敢无畏、不屈不挠的精神丝毫不逊色于古人。正是凭借坚强的品质和一定的战略素养，身体不占优势的威廉才能成为英荷联军的统帅，与古代、中世纪的英雄人物相匹敌。在麦考莱看来，决

---

① T. B. Macaulay, *The History of England*, vol. 2, London: Longman, Brown, Green, and Longmans, 1849, p. 184.

② T. B. Macaulay, *The History of England*, vol. 4, London: Longman, Brown, Green, and Longmans, 1855, p. 409.

定近代战争胜负的重要因素是将领的指挥能力和意志品质，而不是他们的身体素质。

麦考莱在描写英国的政治家时，常将一些能力、道德、信仰、口才和政治立场不尽相同甚至相反的人物进行对比。比如，他指出哈利法克斯与丹比两人在演说能力与行事风格方面各有所长。"哈利法克斯在长篇演讲方面表现出令人羡慕的天赋，但在需要做出任何勇敢和不可改变的决定时却畏缩不前。丹比远没有那么狡猾与雄辩，他表现得更有活力，更为坚定，更有实践的睿智。"①麦考莱将威廉身边的亲信，熟悉英国政情的牧师伯内特（Burnet）与哈利法克斯相比。两人尽管有长期的友谊，但两人相似的地方很少。

> 伯内特完全不是一个优雅和机智的人，哈利法克斯为人挑剔，他的一些荒唐的想法近乎于病态。伯内特用被党派精神歪曲和渲染过的方式看待每一个人物和事件，哈利法克斯总是倾向于认为他盟友的错误比起敌人的错误严重得多。博内特带着所有弱点度过了动荡的一生，因为他是一个真正虔诚的人，所以他的虔诚与其生活的环境格格不入，哈利法克斯生性多疑又尖酸刻薄，被人们诽谤没有信仰。②

与对比相反，类比（Analogy）是将两个具有相似性的人物或事件放到一起叙述的修辞方法。比如，麦考莱说，"人们抵抗坏政府的权利与个体在缺少法律保护的情况下杀死攻击者的情形极为类似"，"政治学在某些方面类似于机械科学"，"英格兰清教主义的历史非常类似于欧洲新教主义的历史"。③麦考莱将玛丽与父亲詹姆士的去世作了一番比较。"玛丽在圣诞节这一周去世，毫无疑问如果天意向我们揭示出他的秘密，我们应该会发现，女儿在 1694 年 12 月的抱怨极其类似于父亲在

---

① T. B. Macaulay, *The History of England*, vol. 2, London: Longman, Brown, Green, and Longmans, 1849, p. 246.

② Ibid., p. 537.

③ T. B. Macaulay, *The History of England*, vol. 2, London: Longman, Brown, Green, and Longmans, 1855, p. 397; T. B. Macaulay, *The History of England*, vol. 3, London: Longman, Brown, Green, and Longmans, 1855, p. 84, pp. 95 - 96.

1688 年 12 月的不幸。父亲在午夜离开了罗彻斯特，女儿也在午夜去世。"① 麦考莱还以类比的方式表现了威廉对法国的敌视。他指出，"威廉眼中的法国君主专制，就好比是汉尼拔眼中的罗马共和国，斯坎德贝格眼中的土耳其，华莱士眼中的美国南部奴隶制各州。"②

　　类比的对象也可以是两个历史事件。比如，麦考莱在总结爱尔兰利莫里克（Limerick）的英国人抵抗爱尔兰土著人的斗争时，与另一城市伦敦德里城的反围城斗争作了类比。

> 　　利莫里克城第一次被围困的历史在某些方面与伦敦德里城被围的历史非常类似。南部城市就像北部城市一样是这个教会与国家最后的避难所，两个城市挤满了来自爱尔兰其他地方的逃难者。对于那些日常研究战争技艺的人来说，两个城市似乎都无法抵抗敌人。守城的长官在危机时刻都曾放弃防守，洛赞与泰康内尔放弃利莫里克就像柯明汉姆与伦迪放弃伦敦德里一样。两个城市凭借宗教和爱国热情孤立无援地反抗强大的敌人，他们的宗教和爱国热情达到了熟练的老兵狂热尝试的效果。③

　　麦考莱比较了两个城市攻防战争的历史，它们具有许多相似之处。利莫里克与伦敦德里都是爱尔兰的大城市，是英格兰殖民者的据点。在光荣革命之后两座城市都发生了叛乱，由爱尔兰土著人组成的叛军试图攻克英国殖民者据守的城市。面对同样的危险，两座城市的英格兰殖民者均依靠坚定的新教信仰和勇敢的斗志成功地抵御爱尔兰军队的进攻。

　　除了对比与类比，麦考莱还运用了对偶。对偶（Antithesis）是与对比相关联的修辞方式。对偶强调的是词语、结构及句式上的对称，在内容上可能是对比，但其目标不是比较而是通过将两个词语、结构类似的

---

① T. B. Macaulay, *The History of England*, vol. 4, London: Longman, Brown, Green, and Longmans, 1855, p. 534.

② T. B. Macaulay, *The History of England*, vol. 2, London: Longman, Brown, Green, and Longmans, 1855, pp. 182 – 183.

③ T. B. Macaulay, *The History of England*, vol. 3, London: Longman, Brown, Green, and Longmans, 1855, pp. 675 – 676.

句子并列在一起达到特殊的修辞效果。比如，麦考莱对英国政治家诺丁汉和罗素两人不同的性格特征作了如下说明。

> 诺丁汉是托利党人，罗素是辉格党人。诺丁汉是一个投机的海员，相信他的理论，罗素是一位务实的水兵，相信自己的成就。诺丁汉演讲有力，罗素行动有力。诺丁汉举止端庄正派，罗素易怒粗鲁。最后诺丁汉是一个诚实的人，罗素是一个恶棍。他们现在成为致命的敌人。海军将军罗素嘲笑国务大臣诺丁汉对海军事务的无知，诺丁汉指责罗素仅仅因为任性而牺牲公共利益。两者都有合理之处。①

这段话用对偶的方式将两位历史人物的职务、性格、品行进行比较。结构对仗工整，信息丰富，人物的差异、矛盾给读者带来阅读的冲击力。②

夸张也是麦考莱经常使用的修辞手法。在查理二世复辟后，麦考莱对当时民众热情欢迎的场面进行了夸张的描写。

> 当他登岸时，多佛的白色峭壁上站满了数以千计的注视者，他们当中几乎所有人因为兴奋而热泪盈眶。通往伦敦的路上胜利的欢呼不断，从罗彻斯特到伦敦的道路两旁都是帐篷和货摊，就像是一个繁华的集市。国内到处彩旗飘扬，欢快的钟声和音乐飘荡在空中，祝福查理二世健康的葡萄酒和麦芽酒源源不断地流入河中，好像他的归来意味着和平、法律和自由的恢复。③

麦考莱还使用了隐喻一类的修辞手法，但并不常见。隐喻是以部分代表整体的修辞方式。麦考莱谈到某个人时，经常以脸部的某个部分来

---

① T. B. Macaulay, *The History of England*, vol. 4, London: Longman, Brown, Green, and Longmans, 1855, pp. 291–292.

② T. B. Macaulay, *The History of England*, vol. 1, London: Longman, Brown, Green, and Longmans, 1849, p. 25.

③ Ibid., p. 150.

代替整个人，用"厚颜无耻的前额"形容道德品质低下的个人。①麦考莱在描写清教徒的禁忌时只是列举了部分的内容，"在五朔节的花柱上悬挂花环，为朋友的健康祝酒，放鹰，狩猎雄鹿，下西洋棋，穿戴长假发，演奏维金纳琴，读《仙女皇后》这些活动都是犯罪。"②麦考莱运用隐喻的手法描写威廉回到荷兰后当地烟花表演的情景。"当夜幕降临，在巨大的水面上燃放起了烟花，火光照亮了联邦会议大厦的围墙。水面因为结冰现在坚如大理石，荷兰人吹嘘说，即使在凡尔赛宫的露台上也没有人看到过比这效果更好的烟花，无数瀑布般的烟花倒映在光滑的冰面上，产生的景象光彩夺目。"③这里有两处隐喻，一是将结冰后的水面比作大理石，另一处是把大量的烟火比作瀑布。

一方面，麦考莱在历史著作中使用的修辞手法收到良好的效果。首先，最重要的是加强了表达的效果，使历史著作读起来更具文学的吸引力。其次，它激发了人们进一步探知的欲望。美国学者明图（William Minto）认为，"即使他有关个人与特殊制度的比较是模糊的，但极少引起误解。即使它们没有讲述本质的知识，但它们至少没犯什么错误。对于这种比较，人们或许会辩护说它们激起了人们的好奇心，指明了探究者的正确道路，如果我们期望更完整的信息，它们引导我们去何处寻找。"④也就是说，麦考莱的修辞手法未必带来精确的知识，但它为人们的进一步研究提供了指引。最后，夸张的表述可能更为接近历史现象的本质和背后的真相。麦考莱认为不可能对一个人物、事件的方方面面进行描述，他只能选择那些具有代表性，能反映本质特征的方面加以叙述。这和漫画是一个道理，漫画中的人物形象都是夸张和扭曲的表达，

---

① T. B. Macaulay, *The History of England*, vol. 2, p. 621; T. B. Macaulay, *The History of England*, vol. 4, p. 208.

② T. B. Macaulay, *The History of England*, vol. 1, London: Longman, Brown, Green, and Longmans, 1849, p. 81.

③ T. B. Macaulay, *The History of England*, vol. 4, London: Longman, Brown, Green, and Longmans, 1849, p. 5.

④ William Minto, *A Manual of English Prose Literature*, Boston: The Ginn and Company, 1892, p. 109.

突出的是人物最具代表性的特征，如特殊的表情、行为和言语。因此夸张是一种写意的表达方式，重神似而非形似。

另一方面，我们也应该看到，麦考莱的修辞手法有其局限性。

首先，麦考莱在运用对比时有将比较的两者极端化的倾向。明图指出，"对偶有使作者变得夸张的危险，会加深阴暗面和放大闪光处。"① 麦考莱对威廉的刻画就是鲜明的例子。为了树立威廉的正面形象，他掩饰了威廉在格伦科屠杀事件中的过失，同时，麦考莱大力描写詹姆士的专制与顽固，两相形成鲜明的正反对比。

其次，麦考莱所作的一些类比是不合理和肤浅的，但求形似，不求内容的本质区别。对于麦考莱不太贴切的类比，谭英华教授有过深刻的分析，他指出：

> 严肃的类比则不仅应当指出历史现象之间内在联系的共同性或相似性，还应注意对比现象之间的本质区别。马考莱与此相反，他所使用的类比常常是表面的，似是而非的。在一些论著中，他将诺曼人进行的改革比于资产阶级的改革，将大宪章比于资产阶级宪法，将十三、四世纪贵族与君主的斗争比附为资产阶级与专制王朝的斗争……对于历史人物，马考莱也好作比附，往往信手拈来，但求形似，牵强附会。他将詹姆士一世比之于恺撒，克伦威尔比之于委内瑞拉的民族英雄西蒙博利瓦尔。为了赞扬侵略印度的先驱人物，竟说克莱武的赫赫战功可比美罗马皇帝图拉真，其行政才能与法国大思想家、理财家杜古不相上下，说海斯汀斯的雄才大略可与十七世纪法国有名首辅黎世留相伯仲。②

最后，麦考莱的一些表达明显夸大其词。比如他认为威廉是古今最为优秀的政治家，"整个古代和近代的历史从没有记录如此成功的政治

---

① William Minto, *A Manual of English Prose Literature*, Boston: The Ginn and Company, 1892, p. 102.

② 谭英华：《试论马考莱的史学》，《世界历史》1983 年第 1 期。

家的事迹"①。这一论断是言过其实了。

第三节　浪漫主义史学与文学的界限

　　无论麦考莱如何强调历史想象的作用，灵活运用各种浪漫主义的文学手法来表现历史，他仍然遵循了历史学的基本原则，即尊重历史事实。他所谓的完美的历史学是理性和想象的结合的论断，实际上是说，理想的历史学应该是理性和想象，事实与虚构相互平衡的产物。麦考莱认为大多数古典史家的虚构胜过事实，而近代史家的理性占据了上风。在他看来，自希罗多德以来的历史著述中理性和想象，事实与虚构两种对立的因素从未实现过融合。麦考莱对古典史家优雅的风格，高超的叙事艺术，雄辩的修辞技巧表示由衷的赞赏，也指出了他们的缺点，对事实的陈述不够准确。麦考莱在谈到历史学之父希罗多德时，认为他混淆了事实与虚构，"他写作了一部无与伦比的著作，写作了一部也许比最好的历史还要好的历史著作，但他并未写出一部真正的历史著作。他自始至终都是一位虚构者"，他"长期以来习惯于在叙述的同时进行虚构，所以他发现自己不可能只叙述而不虚构"。② 相比于希罗多德有闻必录的风格，修昔底德的叙述更为客观，麦考莱对他的评价也更高，"尽管有种种缺陷，我们还是应该承认修昔底德在历史叙述和制造想象的效果方面是无与伦比的。这是因为他精通选材和布局而不是一味地进行虚构。"③ 如果说古典史家以叙述艺术见长，那么近代史家在思辨上更胜一筹。克拉伦敦、休谟是英国近代的著名史家，麦考莱尤其敬重休

---

　　① T. B. Macaulay, *The History of England*, vol. 2, London: Longman, Brown, Green, and Longmans, 1849, p. 558.

　　② 麦考莱：《论历史》，刘鑫译，载何兆武主编《历史理论与史学理论》，商务印书馆1999 年版，第 261、264 页。T. B. Macaulay, "History," in Lady Trevelyan, ed., The Miscellaneous Works of Lord Macaulay, vol. 1, New York and London: G. P. Putnam's Sons, 1898, pp. 182, 189.

　　③ 麦考莱：《论历史》，刘鑫译，载何兆武主编《历史理论与史学理论》，商务印书馆1999 年版，第 267 页。T. B. Macaulay, "History," in Lady Trevelyan, ed., The Miscellaneous Works of Lord Macaulay, vol. 1, New York and London: G. P. Putnam's Sons, 1898, pp. 193 - 194.

谟。休谟的历史著作富于哲理且文笔优美，但是像休谟一类的近代史家"犯了歪曲事实以迎合普遍原理的错误"①，他们为了论证自己的观点，不惜牺牲事实以迁就于主观判断。麦考莱试图矫正古典史家重虚构，近代史家重理性的偏颇，让充满活力的想象进入到历史事实的表现之中。

然而，历史著作中的想象或者虚构的界限是什么？或者说，对历史想象应该加以怎样的限制，才能使历史学区别于小说等以虚构为其主要特征的文学形式？才能保证历史学自身的特性？对此，麦考莱认为，完美的历史学家必须具有充分的想象力，"但他必须绝对地掌握自己的想象，将它限制在他所发现的材料上，避免添枝加叶，损害其真实性"②。在历史著作中驰骋想象必须受到历史事实和情境的限制。事实与虚构、想象可以相互兼容，关键在于历史学家要充分地掌握事实。麦考莱在与妹妹的一次谈话中，也论及了上述问题：

> 轮到我这样的人，能接触到备忘录是一个非常有趣的事情，或许比接触到最为重要的历史事件还让人感兴趣。……日期的准确，个人出生或死亡的日期和时辰变得绝对必要。一个细微的细节、一句话、一个词语在我的传奇中都是重要的。佩皮斯的日记几乎构成了我幻想的无穷的来源。我似乎知晓了白金汉宫的每一寸地方。我进入汉斯·荷尔拜因（按：文艺复兴时期旅居于英国的德国著名画家）的大门，穿过了暗淡的画廊。我所创作的时代伟人之间的对话有充分长久的生命力，即使其不具有沃尔特·司各特爵士著作的优点，也带有他的风格。③

---

① 麦考莱：《论历史》，刘鑫译，载何兆武主编《历史理论与史学理论》，商务印书馆1999年版，第270页。T. B. Macaulay，"History," in Lady Trevelyan, ed., The Miscellaneous Works of Lord Macaulay, vol. 1, New York and London: G. P. Putnam's Sons, 1898, p. 224.

② 麦考莱：《论历史》，刘鑫译，载何兆武主编《历史理论与史学理论》，商务印书馆1999年版，第260页。T. B. Macaulay，"History," in Lady Trevelyan, ed., The Miscellaneous Works of Lord Macaulay, vol. 1, New York and London: G. P. Putnam's Sons, 1898, p. 181.

③ G. O. Trevelyan, *The Life and Letters of Lord Macaulay*, vol. 1, London: Longmans, Green and Co., 1876, p. 184.

这段话为我们揭示了麦考莱写作历史的过程，同时也说明了事实与想象、虚构的关系。麦氏动笔前会大量阅读备忘录、日记等各种文献资料，在掌握了详细的历史信息后，通过"建城堡"一类的想象去理解和体验历史，在脑海中复原历史，最后将它们完整和流畅地表述出来。事实的详细梳理对于麦考莱浪漫主义地历史建构是必要的。正如列文所指出的，"对于麦考莱而言，幻想的世界必须具有真实世界的坚实性，即使他仍然意识到它的幻想性，它需要以一种奇怪的方式满足他的怀疑。浪漫必须建立在事实之上，直到事实足够密集到使得浪漫成为一种实在。"①

　　麦考莱虚构的许多人物对话不是凭空捏造出来的，都有其事实依据和史料支撑。在《英国史》中有一个非常精彩的片段，这就是国王詹姆士二世会见伦敦七主教的情景。②七位主教代表英国广大国教徒的利益，要求国王保护国教，限制天主教。詹姆士二世一开场就将七主教的请愿定义为标准的叛乱行为。屈勒沃尼（Trelawney）、莱克（Lake）、特纳（Turner）和肯（Ken）几位主教轮番向国王表示他们对于国王的忠诚，有的人还提及家族为国王征战的功劳，但主教们依然坚持原则，"我们既有对上帝的责任，也有对国王陛下的责任。我们尊敬您，但我们也敬畏上帝"。詹姆士二世恼怒万分，不停地宣称主教们的行为是叛乱。③国王与几位主教的对话是麦考莱根据桑克罗夫特（Sancroft）的记录和荷兰驻英国使节冯·赛特斯（Van Citters）的报告创作的。通过这些对话，麦考莱表现出詹姆士二世顽固专横以及主教们有礼有节的形象。

　　麦考莱对历史场景的再现也有充分的史料来源。比如查理二世临终

---

　　① George Levine, *The Boundaries of Fiction：Carlyle, Macaulay, Newman*, p. 100.

　　② 1687 年，詹姆斯二世颁布了"赦免宣言"，取消了反对天主教的刑事法和"宣誓条例"，并于 1688 年重申了这一宣言，要求在教堂宣读。以坎特博雷大主教为首的七主教签署请愿书，指出国王此举违法。詹姆斯以煽动罪逮捕了七位主教，但其最终被法庭无罪释放，即所谓伦敦七主教事件。在向国王递交请愿书时，大主教被禁止进入宫廷，不在场，所以只有六位主教面见詹姆斯。

　　③ T. B. Macaulay, *The History of England*, vol. 2, London：Longman, Brown, Green, and Longmans, 1849, pp. 348 – 349.

的场景。他先叙述了詹姆士与查理商量临终礼的对话。国王的情妇朴茨茅斯公爵夫人希望法国大使提醒詹姆士，他的兄长查理实际上是一个天主教徒，应该请一位天主教神父为国王做临终礼。在法国大使传达了这一请求后，詹姆士恍然大悟，他急忙叫开国王旁边的人员，询问查理的意见。接下来，麦考莱描写了国王的临终礼，然后是国王与诸位王子的离别，他对情妇朴茨茅斯母子的担心以及对王后的歉意，直至国王去世。①麦考莱对人物的语言、心态，以及情景的描写给人一种鲜活的画面感，他创作的查理和詹姆士的对话反映了查理最终回归天主教的迫切愿望，其心态描写非常符合人物的特性。这些历史的细节建立在胡德利斯顿（Huddleston）、克拉克（Clark）、外国使节等见证者或听闻这些事迹的人的记录之上②。

总之，小说是虚构的产物，历史学讲述真实发生的事情。历史学不可能像小说一样自由创造人物和虚构情节，历史叙述需要尊重事实，符合当时的历史情境，符合每一个人物的性格和心理特征。作为一名浪漫主义史家，麦考莱主张历史可以讲得如同小说一样精彩动人，历史学家丰富的想象力应该建立在对史实的细致爬梳的基础之上。所以美国学者詹恩称麦考莱是一位"现实主义的浪漫主义者"③。

前文已经论及，学术界对麦考莱浪漫主义史学思想的评价呈现出一种两极分化的特点。之所以如此，一个重要的原因在于，麦考莱所处的19世纪上半期正是英国历史学向职业化与科学化过渡的时期，麦考莱既追求传统"文学型史家"注重的文笔与修辞，也试图按照科学主义史学的要求去探究历史事实。在当时的历史研究条件下，麦考莱比较成功地做到了上述两点要求。但以近代史学的标准衡量，麦考莱离一位科

---

① T. B. Macaulay, *The History of England*, vol. 1, London: Longman, Brown, Green, and Longmans, 1849, pp. 435 –439.

② Ibid. , p. 439，注释：麦考莱此处的注释在整部《英国史》中都显得比较突出，篇幅较长，详细交代了所引史料的来源，对于史料的可信度及相互矛盾之处也作了说明。还特别指出荷兰外交使节的报告作为史料的重要价值还不为当时学者重视和利用。

③ Rosemary Jann, *The Art and Science of Victorian History*, Columbus: Ohio State University Press, 1985, p. 104.

学主义史家尚有一段距离。他在史实的叙述上有许多错误和缺漏。比如，他对威廉·潘恩（William Penn）、托灵顿爵士（Earl of Torrington）的指责就是不公和失准的。在史料的批判和考订方面，麦考莱做得还不够细致。他对史料的处理比较肤浅，也没有严格的遵守史学规范。麦考莱不时会转述一些没有证实的谣言，引用史料有时不说明其来源或不标明日期，有时甚至不标注所参考的史料。自《英国史》问世以来，学术界不乏对其历史细节和人物评判上的指摘，但从总体上看，人们认为麦考莱所叙述的历史大都是真实可信的。

在尊重事实的基础上，麦考莱是一位文辞华丽、激情雄辩的历史叙述大师。由于麦考莱的叙述才能太过突出，所以不少学者认为他是一位想象力丰富的文学家，将他与优秀的艺术家相提并论。格拉斯通曾说"他的著作不是一本游记，而是一个伟大艺术家的著作"①，评论家莫莉认为麦考莱作为文学艺术大师要比作为历史学家受人尊重。②也有学者认为麦考莱将历史学对事实的尊重与叙述的艺术性很好地结合起来。美国学者列文指出，麦考莱"追求一种有尊严的古典艺术，其中传奇与事实能够相互协调"，这种历史著作的形式"尽管不是虚构，但能够分享虚构的流行和事实的尊严"。③纵观各种评论家的看法，可以看出麦考莱历史著作的文学或艺术价值更加受到学者的肯定与重视。因此，笔者认为决定麦考莱史学著作魅力和长久价值的因素正是其著作蕴含的艺术性内涵。

作为英国"文学型历史学家"的典范，麦考莱的叙述史传统和史学精神被后世学者继承和发展。本特利教授在分析 1960 年代英国的史学发展时，指出这一时期"英国史家已经存在一个回到麦考莱那种将过去构想为一种想象的文学形式的传统，屈威廉，巴特菲尔德，波威克和

---

① W. E. Gladstone, "Macaulay," *Gleanings of Past Years*, 1844 – 1878, vol. 2, London：John Murray, 1879, p. 340.

② John Morley, "Macaulay," *Critical Miscellanies*, vol. 1, London：Macmillan and co., 1886, p. 290.

③ George Levine, *The Boundaries of Fiction：Carlyle, Macaulay, Newman*, p. 117.

普拉姆等人一直试图延续这一传统"①。麦考莱的曾外甥乔治·麦考莱·屈威廉是20世纪前期英国著名的历史学家，其历史著作广受读者喜爱。他在《克莱奥：一位缪斯》中批评伯里将历史学完全看作是一门科学的观点，强调历史写作的技巧和历史想象的意义。屈威廉认为"在历史业务的最重要的方面，历史并不是一种科学的演绎，而是一种对于最可能的概括的想象的猜测"②。屈威廉的著作重视历史叙述和想象，可以说是回应了其舅公麦考莱的史学主张。20世纪英国的著名哲学家罗素对历史学颇多思考，他在1954年发表的一次演说，即以"历史学作为一门艺术"为题，其为史学的艺术性辩护的目的十分明显。罗素在文中指出，历史学家在不歪曲事实的前提下，"对他所叙述的事件和他描述的人物应该怀有感情"，他应该运用一定的文学技巧，将历史传达给普通大众。③屈威廉的弟子，当代史家普拉姆是一位非常注重叙述和史学社会功用的历史学家，在其老师去世后，积极鼓吹屈威廉和麦考莱的史学思想。屈威廉和普朗布都是熟练掌握近代史学方法的知名学者，面对战后经济史、社会史等新兴史学潮流，他们以一种包容的心态，积极投身于新史学运动之中，但他们都坚持了历史学的叙事传统，并将麦考莱奉为精神导师。这也说明了麦考莱的浪漫主义史学思想具有强大的生命力，值得我们批判地加以继承。

① Michael Bentley, *Modernizing England's Past: English Historiography in the Age of Modernism*, 1870 – 1970, Cambridge: Cambridge University Press, 2005, p. 229.
② 田汝康、金重远主编：《现代西方史学流派文选》，上海人民出版社1982年版，第179页。
③ ［英］罗素：《论历史》，何兆武等译，广西师范大学出版社2001年版，第60、60—61页。

第六章　麦考莱的功利主义史观

麦考莱深受密尔功利主义哲学的影响，他的历史著作表现出一种功利主义的特征。麦考莱写作历史的目标之一是像他所崇拜的古典史家一样垂训后世，为政治提供镜鉴。另一个目标是娱乐读者。历史学的教益与娱乐构成麦考莱功利主义史学观的两个核心要素。

第一节　史学的功用：教益与娱乐

麦考莱主张将历史学的教益和娱乐的功能结合起来，让读者在趣味盎然的阅读体验中感受到历史的政治教益。他曾说："来自历史作品的教诲应该有鲜活和实际的性质，它应该既被想象接受，也被理性接受。"①麦考莱既肯定了密尔《印度史》的价值，也指出它不能带给人们阅读的愉悦感。"毫无疑问它有巨大和珍贵的价值，但是其鲜活和生动还不足以吸引那些以娱乐为目的的读者。"②1841 年，麦考莱已经有了写作《英国史》的初步计划，他认为从 1688 年到法国大革命时期的英国史还是一份空白，关于这段历史时期的史料中"支持娱乐

① T. B. Macaulay, "History," *Edinburgh Review*, May 1828, in Lady Trevelyan, ed. , The Miscellaneous Works of Lord Macaulay, vol. 4, New York and London: G. P. Putnam's Sons, 1898, p. 237.

② T. B. Macaulay, "Clive," *Edinburgh Review*, January 1840, in Lady Trevelyan, ed. , The Miscellaneous Works of Lord Macaulay, vol. 4, New York and London: G. P. Putnam's Sons, 1898, p. 2.

性叙述的材料很多"①。这说明麦考莱在历史写作之前就已经将娱乐性作为自己追求的一个目标。他要使自己的历史作品取代司各特的小说,成为年轻女士梳妆台上的时髦读物。麦考莱希望创作一部流传后世的经典著作,他将历史写作本身看作是"生活中的事业与娱乐"②。写作历史对于麦考莱而言不仅仅是为了取悦大众,也成为他个人娱乐的主要方式。

为了取悦广大读者,麦考莱强调历史叙述的生动和趣味性。他认为完美的历史学家不仅要能准确地陈述事实,还要能够生动地将它们叙述出来。希罗多德、修昔底德等古希腊史家是历史叙述艺术的大师,他们"能够虚构故事并很好地讲述它们,也能够以有趣的方式讲述一个并非虚构的故事"③。相比之下,麦考莱批评罗马史家波里比乌斯和阿里安"不具有以一种有趣的方式讲述故事的艺术"④。麦考莱对趣味性的强调也体现在他对文学作品的评判上。他大加称赞苏格兰传记作家博斯维尔所写的《约翰生传》,"人们普遍同意他的作品是有趣的,有教育意义的,具有突出的原创性。然而,这带给他的只有轻视。世界上所有人都在读它,所有人都高兴地沉浸其中,我们并不记得曾经读过或是听说过对一个人表达出这样的尊敬和羡慕,我们受惠于他如此之多的教导和娱乐"⑤。由此可以看出麦考莱在评价历史学家或是文学家的作品时,其趣味性或者娱乐性是一个重要的考察标准。

除了娱乐性,总结和提供历史的教益是麦考莱史学创作的另一个目

---

① T. B. Macaulay, "The Letter to Macvey Napier," 5 November, 1841, in Thomas Pinney ed., The Letters of Thomas Babington Macaulay, vol. 4, Cambridge: Cambridge University Press, 1977, p. 15.

② T. B. Macaulay, "The Letter to Thomas Flower Ellis," 30 December, 1835, in Thomas Pinney ed., The Letters of Thomas Babington Macaulay, vol. 3, Cambridge: Cambridge University Press, 1976, p. 158.

③ T. B. Macaulay, "History," in Lady Trevelyan, ed., The Miscellaneous Works of Lord Macaulay, vol. 1, New York and London: G. P. Putnam's Sons, 1898, p. 189.

④ Ibid., p. 199.

⑤ T. B. Macaulay, "Samuel Johnson," Edinburgh Review, September1831, in in Lady Trevelyan, ed., The Miscellaneous Works of Lord Macaulay, vol. 2, New York and London: G. P. Putnam's Sons, 1898, p. 357.

标。麦考莱充分继承了古典史家重视历史镜鉴的史学传统，历史学应该
为政治提供经验指导。历史的功能就是为"政治家提供事例和镜鉴"①，
"历史是一种通过事例进行的哲学教导。"②麦考莱所说的历史哲学是指
"引导我们对事件和人的看法，追踪因果联系，从前一个时代的事件中
总结出一般的道德教训和政治智慧"③。他指出历史学家不能仅仅满足
于叙述客观的事实，还应该从历史现象中概括出普遍性原理。他说：
"一个作家如果不能在陈述一个现象的同时解释它，他就只是尽到了他
的一半责任。事实只是历史的浮渣（dross）。正是从渗透在它们中间并
像乌金一样埋藏在抽象真理中，人们才获取它的全部价值。"④陈述事实
不是麦考莱的目的，总结历史的教训才是他的最终目标。

第二节　哲学型史家与历史的政治教导

美国学者汉伯格指出："麦考莱扮演了哲学型史家的角色，其职责
是确认公民审慎的伟大历史行为，以确立起一种他自己时代和未来的政
治家典范。"⑤ 麦考莱的历史哲学是对历史经验、教训的理性思考和初
步总结。他厌恶哲学思辨和抽象演绎，主张运用归纳法探寻历史的普遍
性原则。"在虚构中，原则已经给出，要找寻的是事实；在历史中，事
实已经给出，要找寻的是原则。"⑥ 他所说的普遍原则或者说规律不是
对事物之间普遍联系的揭示，也不是一般性的政治哲学原理和道德戒

① T. B. Macaulay, "On Mitford's History of Greece," *Knight's Quarterly Magazine*, November 1824, in Lady Trevelyan, ed., The Miscellaneous Works of Lord Macaulay, vol. 8, New York and London: G. P. Putnam's Sons, 1898, p. 205.

② T. B. Macaulay, "History," in Lady Trevelyan, ed., The Miscellaneous Works of Lord Macaulay, vol. 1, New York and London: G. P. Putnam's Sons, 1898, p. 181.

③ T. B. Macaulay, "Hallam's Constitutional History," in Lady Trevelyan, ed., The Miscellaneous Works of Lord Macaulay, vol. 1, New York and London: G. P. Putnam's Sons, 1898, p. 240.

④ T. B. Macaulay, "History," in Lady Trevelyan, ed., The Miscellaneous Works of Lord Macaulay, vol. 1, New York and London: G. P. Putnam's Sons, 1898, p. 194.

⑤ Joseph Hamburger, *Macaulay and the Whig Tradition*, pp. 164 – 165.

⑥ T. B. Macaulay, "History," in Lady Trevelyan, ed., The Miscellaneous Works of Lord Macaulay, vol. 1, New York and London: G. P. Putnam's Sons, 1898, p. 194.

律，而是一种实用的经验原则。它有时表现为某种常识性的论断，有时则体现为某种简单的抽象概括。如果说麦考莱相信什么历史规律的话，那么毫无疑问对进步的信仰是其中最为重要的一条。这从《英国史》的开篇可见一斑，麦考莱简明扼要地描绘了英国从一个边缘的岛国一跃成为整个欧洲乃至世界强国的进程。麦考莱由现实感性经验逐步上升为对英国文明进步的理性分析和概括。19 世纪英帝国的经济繁荣、科技进步、万国博览会、对外战争（中英鸦片战争）是麦考莱感知时代社会发展水平的经验事实，麦考莱又从历史中探寻英国社会进步的缘由。除了总结社会发展规律，麦考莱更为重视历史的政治教导。政治家应该从历史事件中总结出治国理政的经验教训。比如，麦考莱概括说，"一个好的政府就像一件好的大衣，适合于它所设计的人穿"，他也会以一种普通原理的方式讲道，"所有道德和政治的问题都是比较和程度的问题"。[1]麦考莱对政治行为的评价没有一个绝对的道德标准，因为正义与邪恶有时没有清晰的界限可以区分，"好的行为不能通过像区分六边形和四边形的普通标志那样从坏的行为中区别开来，存在着一条正义与邪恶相互融合的边界"[2]。在这种边界模糊的情形下，"政治权宜之计的迫切需要塑造了'规律'"[3]。政治实用主义取代了普遍的道德准则以评判人物是非，所以麦考莱对历史人物的评价呈现出"机会主义"的折中色彩。麦考莱试图通过塑造威廉的光辉形象为后世政治家提供榜样。他高度评价了威廉的贡献：

在治国的才能方面，他在同时代中没有对手。他制订的计划宏伟大胆，毫不逊色于法国政治家黎塞留，他在推行这些计划时和马

---

① T. B. Macaulay, "On Mitford's History of Greece," in Lady Trevelyan, ed., The Miscellaneous Works of Lord Macaulay, vol. 8, New York and London: G. P. Putnam's Sons, 1898, p. 186; T. B. Macaulay, "History," in Lady Trevelyan, ed., The Miscellaneous Works of Lord Macaulay, vol. 1, New York and London: G. P. Putnam's Sons, 1898, p. 224.

② T. B. Macaulay, The History of England, vol. 2, London: Longman, Brown, Green, and Longmans, 1849, p. 396.

③ Rosemary Jann, The Art and Science of Victorian History, p. 74.

泽林一样谨慎、老练。凭借其智慧和勇气，他将英荷两个国家的市民自由和新教信仰从极端危险中拯救出来。他将荷兰从国外的敌人，英国从国内的敌人中解救出来。①

在麦考莱看来，威廉有胆有识，行事谨慎，体现了一个杰出政治家的优秀品质。在光荣革命之前，威廉积蓄实力，隐忍不发。当时机成熟，他果断率军进入英国，结束了政治混乱。在登上英国王位后，威廉遵守法律的约束，自觉将国王的权力置于议会之下。"他不能像之前的统治者一样，朝令夕改。在通过《权利法案》后他庄严声明放弃滥用权力，他既受到审慎，也受到良心和荣誉的制约，避免打破他保有的国王的契约。"②以威廉和英国政治家的经历为例，麦考莱总结了英国光荣革命的几点政治教训。

一　"公民的审慎"

麦考莱认为政治家应该具有"公民的审慎"（civil prudence）。关于公民审慎的含义，他曾作了一些描述性的说明，"公正与审慎是一种仅仅以温和的程度存在的美德"③，"公民审慎的问题不是一个算术问题，而是一个仔细衡量利弊的问题，然后打破平衡"④。汉伯格指出，"包含在《历史》中的政治理解是由麦考莱有时所说的'公民审慎'组成的。它的暂时目标是政治的稳定性，它本身不是目的，而是避免交替产生无政府和专制主义的政治极端的一种手段。"⑤ 据此，笔者认为公民审慎是一种不偏激的态度，一种中庸的处世之道。

---

① T. B. Macaulay, *The History of England*, vol. 3, London：Longman, Brown, Green, and Longmans, 1855, p. 49.

② T. B. Macaulay, *The History of England*, vol. 4, London：Longman, Brown, Green, and Longmans, 1855, p. 181.

③ T. B. Macaulay, "John Dryden," *Edinburgh Review*, January 1828, in Lady Trevelyan, ed., The Miscellaneous Works of Lord Macaulay, vol. 1, New York and London：G. P. Putnam's Sons, 1898, p. 162.

④ Ibid., p. 204.

⑤ Joseph Hamburger, *Macaulay and the Whig Tradition*, p. 77.

公民审慎是麦考莱最为重视的政治美德，也是他评判政治家优劣的重要标准。他欣赏那些具有审慎美德的政治家，其中最主要的两位是威廉三世与哈利法克斯。在麦考莱的笔下，威廉的审慎不仅表现在他个人的性格，言谈举止上，也体现在他的政治、军事决策上。

首先，威廉沉默寡言，隐忍不发，善于控制个人情绪，保持着君主的神秘和权威。

威廉登陆英国后，不少托利派的骑士倒向威廉。威廉阵营内辉格党人、托利党人与新教徒之间存在复杂的矛盾。为了不受制于各个党派的掣肘，避免党派冲突给国家带来的危害，威廉很少主动发表关于国事的意见。

> 威廉的权威和智慧避免了党派之间的相互敌视所产生的罪恶，在威廉的身边环绕着热心的争论者，好管闲事的顾问，卑鄙的奉承者，警惕的间谍，恶毒的造谣者，他仍然表现沉着，充满神秘感。他尽可能地保持沉默，当他被迫说出自己的意见时，他以一种坚决和不容分说的语气表达他经过深思熟虑得出的观点，其观点一出就平息了其他人的争议。[1]

在各派大臣和党派之间保持沉默，不被任何一方的势力和观点左右，这是君主驾驭臣子，牢牢将国家权力掌握在个人手中的一种手段。威廉能够控制和掩饰自己的情感。他在面对一份阴谋发动叛乱的詹姆士党人的忏悔书时，冷静地认识到：

> 它所包含的信息不过是他很早之前就已经知道的，他在慎重和大度的掩饰之下，长期假装不知道这件事情。如果他宽恕、使用和提拔那些对他犯过错误的人，不是因为他被这些人所欺骗。……对很多人来说奇怪的是，一位脾气严厉和精神高尚的王子会以一种最

---

① T. B. Macaulay, *The History of England*, vol. 2, London: Longman, Brown, Green, and Longmans, 1849, p. 533.

为谦恭的人都难以预料的仁慈对待那些深深伤害过他的人。不过，威廉毕竟是一位政治家，坏脾气和身心的疼痛所产生的自然的可以原谅的后果或许有时迫使他给出尖刻的回答，但是他没有在任何重要的场合，以牺牲他所守卫的巨大利益为代价发泄他的愤怒。尽管威廉本性骄傲和专横，但是为了那些利益，他还是耐心忍受令人烦恼的限制，承受残酷的侮辱和失望的情绪，在众人面前还要表现得平静从容。他不仅要原谅，也要假装没有看到那些让其怨恨的冒犯之举。①

威廉体弱多病，又有帝王的雄心壮志，身体的苦痛和骄傲的本性并没有使他变得喜形于色、恣意妄为，他努力克制自己的情绪，在公众面前表现得宽容与仁慈。这种隐忍也是威廉为了维护自己的统治地位赢得民心的政治智慧。

其次，威廉具有一种伺机而动的政治韬略。他会小心掩饰自己的政治野心，耐心等待合适的行动时机。

> 不管他的狂热的追随者说些什么，他也不会对有关英格兰王位的计划发表任何观点。毫无疑问，他意识到，不经审慎地思考，就不会克服横在他和他的王位之间的障碍，走错简单的一步就难以跨越这些障碍。他获得华丽奖赏的唯一机会不是粗鲁地抓住它，而是等待，不用他花费力气或是计谋，他的隐秘愿望就能通过环境的力量，对手的错误和王国议会的自由选择而实现。②

威廉静观其变的对策看似消极，实际上是对敌我力量和民心导向仔细分析之后的务实之举。当詹姆士权力稳固之时，威廉注意保持与英格兰的亲密联系。为了避免英格兰发生叛乱，他曾试图阻止苏格兰贵族阿

---

① T. B. Macaulay, *The History of England*, vol. 4, London: Longman, Brown, Green, and Longmans, 1855, p. 719.

② T. B. Macaulay, *The History of England*, vol. 2, London: Longman, Brown, Green, and Longmans, 1849, p. 533.

吉尔与查理二世的私生子蒙茅斯公爵离开荷兰前往英国。在詹姆士二世的儿子出生后，威廉送上贺表以示祝贺。后来詹姆士致力于加强君主权力和推行天主教，威廉发现联合英格兰共同对抗法国的计划成为泡影。他开始逐渐与英格兰王室疏远，并暗中取得辉格党、托利党各派的支持，成为英国政府反对派的领袖。1686 年的时候，威廉身边的一位幕僚莫当特勋爵建议威廉突袭英格兰，威廉认为这个计划太过冒险，远征英格兰的时机还未成熟。"他清楚地认识到，英格兰的民众虽然对政府愤恨不已，但革命的时机绝对没有成熟。"① 这一时期，英国政治家还没有准备好迎接一位来自外国的征服者，教会和骑士阶层仍然站在詹姆士二世一边。

最后，威廉有效地驾驭不同的党派势力，协调各种利益冲突。

威廉在继承英国王位后，没有偏向辉格党或托利党任何一方，没有采取任何一个政党的纲领作为统治英国的指导思想，更不是任何一个党派的代言人。辉格党在迎立威廉入主英国的过程中发挥了关键作用，但威廉在其统治过程中没有偏袒辉格党人。他厌恶辉格党在议会的专制。1690 年，辉格党人反对威廉去爱尔兰，为此威廉中止了议会。此举不是要抛弃辉格党，而是给他们一个警告。麦考莱分析说，威廉"不会使他们独自享有权力，也不会让他们迫害在野党。……他会以其特有的审慎、坚定和隐秘安排其计划"②。由此可见威廉对于国内党派势力的驾驭能力。威廉十分清楚他身边的英国政治家的道德操守，他们中的很多人一方面对威廉表示忠诚，另一反面又与詹姆士党人暗中联络。因此，威廉并不十分信任身边的英国大臣，与许多英国政治家保持距离。但出于实际的政治运转的需要，他还是要任用这些人达到其统治英国的目的。

如果他要统治英格兰，就必须使用英国的这些政治家。在他的

---

① T. B. Macaulay, *The History of England*, vol. 2, London: Longman, Brown, Green, and Longmans, 1855, p. 191.

② T. B. Macaulay, *The History of England*, vol. 3, London: Longman, Brown, Green, and Longmans, 1855, p. 533.

时代，英国政治家虽然有特殊的能力，但他们作为一个阶层是不道德和思想低下的。也有一些例外……在威廉内阁中大多数辉格党和托利党大臣都参与了反清教的反动活动。……尽管他们不被信任，但他们或许可以被启用，也是能够发挥作用的。不能相信他们的原则，但可以相信他们的希望与恐惧。①

威廉作出决策时会考虑各方利益关系。他入侵英国后，主动避免与詹姆士的军队发生大规模的正面交战，他"不希望这样的一场战斗会伤害他试图解放的英国人的民族自尊心或是引起他们仇恨的情绪，因此，他凭借令人钦佩的审慎将英格兰军团放到最有可能爆发冲突的地方，王室军队的前锋是爱尔兰军。结果在一个短暂的战斗中，作为入侵者的威廉一方赢得了所有英国人真诚的同情"②。威廉选择与爱尔兰军团交战是经过谨慎考虑的，这样一方面避免了与英格兰籍的军队作战，减少了民族侵略战争的舆论压力；另一方面这场战斗是在新教徒与天主教徒之间展开的，容易获得英国人的宗教同情。威廉的宗教政策比较中立，既要维护新教利益，也要试图安抚天主教徒。他没有实行英国国教严厉地镇压和迫害天主教的政策，而是通过审慎和人性的方式在实践中逐渐消除那些反对天主教的决定。③

哈利法克斯是麦考莱非常崇敬的一位政治家，也是最具代表性的机会主义者。麦考莱认为哈利法克斯"是一个根据自己的原则行事的机会主义者，也是一个心灵和头脑都遵照宪法原则的机会主义者"④。他不属于任何政治党派，反对党派暴力。

这样的人无法长期忠实于任何政治盟友，尽管如此，决不能将

---

① T. B. Macaulay, *The History of England*, vol. 4, London: Longman, Brown, Green, and Longmans, 1855, p. 720.

② T. B. Macaulay, *The History of England*, vol. 2, London: Longman, Brown, Green, and Longmans, 1849, pp. 508 – 509.

③ Ibid. , p. 593.

④ T. B. Macaulay, *The History of England*, vol. 1, London: Longman, Brown, Green, and Longmans, 1849, p. 244.

他列入变节者之流。因为虽然他像变节者一样从一个党派跳到另一个党派，但他转变的方向总是与他们相悖。他与那些在党派之间跳来跳去，并以一种远远超过敌人的仇视眼光看待他们所抛弃的政党的人完全不同。他身处社会团体相互敌对的领域，他从未越过任何一方的边界，他在某一时刻归属的政党在另一时刻是他最不喜欢的党派，因为在另一时刻，他近距离地观察到那个政党。因此，他总是严厉地对待他的那些暴力的同伙，总是友善地对待温和的对手。①

哈利法克斯反对政治与宗教的狂热主义，他的思想介于共和主义和保守主义之间。"从性情上说，他是我们时代所谓的保守人士，在理论上他是共和主义者。即使由于对无政府状态的恐惧和对百姓妄想的鄙视，他曾经站在国王一方，他的思想却总是与洛克与弥尔顿一致。……在宗教上，他如此远离狂热，以至于被一些苛刻的人士称为无神论者，但是这种诋毁遭到了他强烈的否认。"② 哈利法克斯努力调和国王与民众的矛盾。麦考莱认为他"最有资格也最有雄心担任国王与人民之间的调和者的角色"③。在国家事务中，哈利法克斯的政治立场摇摆不定。他反对排斥法案，支持詹姆士的王位继承权，但批评詹姆士滥用权力；他没有参加针对詹姆士的阴谋，但却是签名邀请威廉入主英国的几位大臣之一。哈利法克斯之所以选择一种机会主义的立场，是因为在他看来，"如果在两个极端之间进行调和，那么所有事情都会处理地很好。"④

除了上述两人，麦考莱还赞扬了古今具有审慎美德的其他政治家、思想家。谨言慎行是麦考莱笔下的许多政治家在动荡的政治环境下明哲保身的方法，它有时表现出明显的政治投机主义。16世纪的巴尔雷

---

① T. B. Macaulay, *The History of England*, vol. 1, London: Longman, Brown, Green, and Longmans, 1849, p. 244 – 245.

② Ibid. , pp. 43 – 244.

③ T. B. Macaulay, *The History of England*, vol. 2, London: Longman, Brown, Green, and Longmans, 1849, p. 461.

④ T. B. Macaulay, *The History of England*, vol. 1, London: Longman, Brown, Green, and Longmans, 1849, p. 244.

（William Cecil Burleigh，1520－1598）就是如此，他因为其审慎的性格平安度过了以宗教迫害著称的"血腥玛丽"的残酷统治。

> 在玛丽阴沉和灾难性的统治时期，威廉·赛尔（William Cecil）保护自己的最好方式来自他自身的审慎和脾气。他审慎行事，绝不会因为麻痹而犯下粗心大意的错误，他的脾气也绝不会因为恼怒而变得轻率。天主教徒找不到机会反对他。然而，他也没有失去那些严格的新教徒的尊重，后者宁愿逃亡也不会改变其信仰。他依附于王室被迫害的女继承人，赢得她的感激和信任，但是他继续得到女王的偏爱。在下院，他是反对派的首领。他守口如瓶，以至于和他一起行动的人被咨议会逮捕，他却逃脱无事。①

同样，哲学家洛克也因为审慎的性格躲避了专制者的迫害。洛克痛恨专制和宗教迫害，厌恶党派暴力。洛克与辉格党的激进派萨夫茨伯里关系甚好，王室想要抓住洛克言谈上的把柄，将他关进监狱，但洛克对于那些能够煽动人们情绪的时政话题总是保持缄默，不动声色地应对。麦考莱评价"洛克是如此审慎，一言不发，以至于将他带到当时腐败与不公正的审判面前也是徒劳无功的"②。政府最后以莫须有的罪行将洛克驱逐出境。除了洛克，汉普顿、培根依靠审慎的处世态度，成功地避免了政府的迫害。③

在光荣革命时期的众多政治家中，麦考莱高度评价了具有审慎品质的辉格党大臣萨默斯（Lord Keeper Somers）和财政大臣蒙塔古。萨默

---

① T. B. Macaulay, "Burleigh and his Times," *Edinburgh Review*, April 1832, in Lady Trevelyan, ed., The Miscellaneous Works of Lord Macaulay, vol. 3, New York and London: G. P. Putnam's Sons, 1898, pp. 80－81.

② T. B. Macaulay, *The History of England*, vol. 1, London: Longman, Brown, Green, and Longmans, 1849, p. 545.

③ T. B. Macaulay, "John Hampden," *Edinburgh Review*, December 1831, in Lady Trevelyan, ed., The Miscellaneous Works of Lord Macaulay, vol. 3, New York and London: G. P. Putnam's Sons, 1898; T. B. Macaulay, "Lord Bacon," *Edinburgh Review*, July 1837, in Lady Trevelyan, ed., The Miscellaneous Works of Lord Macaulay, vol. 4, New York and London: G. P. Putnam's Sons, 1898, p. 28.

斯是律师出生，参与了权利法案的起草工作，是一个坚定的辉格党人。萨默斯对待政敌以慷慨著称，他的才能和思想连他的诽谤者也无法否认。尽管萨默斯的私人生活放荡不羁，但"在他同时代的人当中，只有他拥有杰出的口才，并且还有保证其成功的冷静沉着的审慎态度"①。麦考莱赞扬了蒙塔古对英国财政制度的贡献。蒙塔古"以审慎与热情来实施他的财政计划"②，他善于借鉴各种理论提出自己的财政方案。麦考莱认为，对于一个政治家而言很难做到既精通政治科学理论，又知道如何推进改革实践，"既成为亚当·斯密，又称为皮特一样的人物，几乎是不可能的"，因此能够在各种计划、方案中找到一个实用和准确的方案，也是能力的体现。事实证明，蒙塔古是一位十分成功的财政专家，帮助英国度过了战争时期的财政危机。对 18 世纪托利党的著名政治家老皮特（第一代查塔姆伯爵）的政治才能，麦考莱也不吝赞美之词。"历史最终会为真正的人物辩护，避免那些隐藏在谄媚的外表之下的诽谤，将会表明他是一个拥有巨大天赋的内阁大臣，他诚实，具有自由主义的观念，他的思想和道德能够出色地胜任一个议会领导人的角色，可以审慎、温和地执政。"③对审慎的强调也成为麦考莱评价当代政治家的准则。麦考莱在为英国驻印度总督本廷克碑铭的题词中写道，他"以审慎、诚实和仁慈统治了印度七年"④。麦考莱在印度工作期间，深得其上司本廷克的器重，正是在本廷克的支持下，才通过了《印度教育备忘录》。麦考莱对同时代的另一位政治家梅特卡夫（Lord Metcaife）的颂词中说道，"他的审慎抚平了邪恶的情感"，"调和了相互竞争的党

①　T. B. Macaulay, *The History of England*, vol. 4, London: Longman, Brown, Green, and Longmans, 1855, pp. 449 – 450.

②　Ibid. , pp. 454, 455.

③　T. B. Macaulay, "William Pitt," in Lady Trevelyan, ed. , The Miscellaneous Works of Lord Macaulay, vol. 7, New York and London: G. P. Putnam's Sons, 1898, p. 195.

④　T. B. Macaulay, "Inscription of the Statue of Lord William Bentinck at Calcutta (1835)," in Lady Trevelyan, ed. , The Miscellaneous Works of Lord Macaulay, vol. 8, New York and London: G. P. Putnam's Sons, 1898, p. 414.

派"。①梅特卡夫为调和不列颠帝国与殖民地牙买加、加拿大的矛盾做出了贡献。

二　适时的妥协

麦考莱认为政治家需要能够把握时机，在危机时刻作出适时的妥协，以维护国家的政治稳定和人民的利益。英国历史上的复辟时期，詹姆士逃离伦敦之际和1831—1832 年的议会改革时期，政治家都采用妥协的方式平稳度过了统治危机。

1660 年，克伦威尔之子被废黜，军人反复无常地扶植或废黜一些代理人作为他们军事独裁的工具，英国有落入军事专制统治的巨大危险。英国政治家利用军人集团的内部矛盾，曾经相互敌视的骑士党和圆颅党联合起来复辟了斯图亚特王朝，重新恢复了国内的统治秩序。

> 民族的未来命运建立在对幸运时刻的把握上。我们的祖先很好地利用了那一时刻。他们忘记了旧有的伤痛和略微起伏的顾虑，在一个方便的时刻，讨论我们所需要的制度改革，骑士党人和圆颅党人，新教圣公会教徒和长老派教徒紧密团结在一起，利用国家的古老法律反对军事独裁。……在两个政党的一致同意下，恢复了之前的国内政治。②

面对军人专政这一共同的敌人，骑士党和圆颅党人放下他们在政治理念和宗教信仰方面的分歧，实现了暂时的和解，选择让查理二世复辟。复辟后查理二世保留了之前长期议会通过的许多法案，骑士所拥有的古老的土地占有权不复存在。让骑士党人和圆颅党人恐惧的常备军解散后，双方联盟的基础消失，此后两党重新陷入党派斗争之中。

---

① T. B. Macaulay, "Epitaph on Lord Metcaife," in Lady Trevelyan, ed., The Miscellaneous Works of Lord Macaulay, vol. 8, New York and London: G. P. Putnam's Sons, 1898, p. 420.

② T. B. Macaulay, The History of England, vol. 1, London: Longman, Brown, Green, and Longmans, 1849, p. 152.

　　与王政复辟相似，光荣革命的发生也是辉格和托利两党相互妥协、合作的结果，威廉与英国政治家两方都能够审时度势，果断地做出抉择。辉格党自莱因宅阴谋案后，势力大为削弱，他们成为政府的反对派，对于采取暴力方式反对詹姆士的统治，他们持一种非常谨慎的态度。而在伦敦七主教事件之后，詹姆士完全暴露了其专制统治的意图，这促使辉格党人采取了大胆的行动。辉格党的领袖罗素被派往荷兰海牙，向威廉报告英国国内的政治和民意动向，建议威廉率军进入英格兰。威廉也认为这是一个难得的介入英国政治的时机。坚信国教的托利党人对于詹姆士的天主教政策也表达了强烈不满。在反对专制和维护国教地位的共同利益驱使下，辉格和托利两党暂时放弃党派成见，邀请威廉入主英国。"在不宽容的压迫政策之下，所有党派偏见，所有之前敌视的回忆，所有对危险的忧虑都被忘记。相互的不宽容让位于共同的危险。辉格党人和托利党人，教士和乡村牧师因为对专制和宗教迫害的恐惧而联合起来。"① 麦考莱对王政复辟和光荣革命进行过比较。"复辟和光荣革命都是通过联合完成的。……在 1660 年和 1688 年国家的命运悬而未决之际，两个敌对的党派相互谅解。在这两个场合，当面对危险时，人们似乎诚恳地要求妥协，而在胜利的时刻，妥协则被认为是错误和虚伪的。"②可见，妥协的实现有其特定的时代背景和阶级社会基础。

　　在威廉接受两党邀请率军登陆英国后，詹姆士的出逃使得英国出现了权力的真空。英国国内各种政治派别召开了非常会议，围绕王权的归属这一重要问题展开了激烈的争论。麦考莱详细叙述了各方提出的解决方案。非常议会的成员"分成两个派别。一派由热情的辉格党人组成，如果他们能实现他们的路线，就能赋予议会的进程一种决定的革命性。

---

① T. B. Macaulay, "Essay on the life and character of King William Ⅲ," (1822), in *Time Literary Supplement*, ed. A. N. L. Munby, 1 May 1969, p. 469.

② T. B. Macaulay, *The History of England*, vol. 3, London: Longman, Brown, Green, and Longmans, 1849, pp. 396 – 397.

另一派承认革命是必要的，但将其视为一种必要的邪恶，希望尽可能在法律的展示下掩盖它"①。辉格党与托利党，上院和下院有关王位是否空置和设置摄政王的议题观点相互对立。首先是王位空置的问题。辉格党和丹比领导的一部分托利党人认为詹姆士出逃法国是一种叛国行为，国王事实上放弃了自己的权力，英国出现了王位空置的局面。他们向下院提交的王位空置的提案被上院否决。因为承认王位空置就意味着否定詹姆士还是国王，这对于那些留恋君主制度的贵族来说是难以接受的，上院有许多贵族仍然认为王位是属于詹姆士的。辉格党被迫作出妥协，放弃王位空置的宣言，但是最后上院表决时还是否决了他们的提案。辉格党的方案被拒绝后，伦敦民众聚集到议会开会的宫殿周围，要求公开宣布威廉和玛丽为英国国王与女王。另一问题是关于托利党提出的摄政王方案。丹比提议由玛丽担任女摄政王，这一方案在当时有很多人支持。威廉不希望充当摄政王的角色，他对这一方案具有决定性的影响。他一方面宣称自己"没有权利和愿望凌驾于议会之上"②，另一方面也表达了自己的意愿，如果议会授予他王位他会欣然接纳，但如果不这么做，他会返回大陆。下院后来提议威廉和玛丽并称为英国国王和女王，王国的法令由二人共同发出，但行政权只属于威廉。在威廉和下院的压力下，上院做出妥协，原先一些支持摄政王提案的贵族转而支持下院的新方案。最终在威廉、议会两院和辉格、托利两党的共同努力下，英国解决了王位空悬的危机。可以说，这是一次各方通过相互妥协才实现的政治成果。

1831—1832 年民众对议会改革的呼吁，给英国的政治家提出了一个是否进行改革的难题。麦考莱在 1831 年的议会演讲中，认为统治阶级的改革是一种妥协的智慧。"虽然它（改革法案）在很多方面与人民所要求的有所差别，但是人民还是高兴和感激地接受了，这一法案坚定

---

① T. B. Macaulay, *The History of England*, vol. 2, London：Longman, Brown, Green, and Longmans, 1855, p. 622.

② Ibid. , p. 642.

地证明了适时妥协的智慧。"①议会改革是大势所趋，"为了英国的民主作出巨大妥协的时机已经来临，这一变化本身是好是坏成为一个次要的问题，无论好坏，议会改革都必须进行。一个如同引力规律一样强烈的法则在决定这么做。"②麦考莱还指出了不进行改革所带来的政治风险和经济问题。"这一反抗绝不等同于叛乱，一个很难由法律规定的任何犯罪，然而，它已经足够阻碍正义的进程，干扰工业事务和阻止财富的积累。"③麦考莱认为，改革还有一个及时性问题。如果错过了改革时机，再优秀的政治家也无力扭转日趋恶化的政治形势。爱尔兰就是一个例证。英国对爱尔兰政策失败的原因在于英格兰没有及时作出让步，不仅没有安抚当地人民的不满，还产生了新的矛盾风险。④

三　顺应和利用民意

麦考莱强调政治家应该善于利用和顺应民意。他写道："在转变的时刻，没有什么统治才能比把握民意趋势的艺术重要。不只在一个场合下，威廉表现出自己是把握民意的艺术大师。"⑤威廉本人并不喜好文学，不过，他重视文学作品在政治宣传中的作用，发挥小册子一类的宣传品引导民意变化的作用，利用荷兰的出版机构影响欧洲的民众。"尽管他并没有享受文学乐趣的品位，但是他非常明智并注意到，不能忽视

① T. B. Macaulay, "Parliamentary Reform," speech, 5 July, 1831, in Lady Trevelyan, ed., The Miscellaneous Works of Lord Macaulay, vol. 9 New York and London: G. P. Putnam's Sons, 1898, p. 35.

② T. B. Macaulay, "Parliamentary Reform," speech, 16 December, 1831, in Lady Trevelyan, ed., The Miscellaneous Works of Lord Macaulay, vol. 9 New York and London: G. P. Putnam's Sons, 1898, p. 91.

③ T. B. Macaulay, "Parliamentary Reform," speech, 10 October, 1831, in Lady Trevelyan, ed., The Miscellaneous Works of Lord Macaulay, vol. 9 New York and London: G. P. Putnam's Sons, 1898, p. 71,

④ T. B. Macaulay, "Parliamentary Reform," speech, 5 July, 1831, in Lady Trevelyan, ed., The Miscellaneous Works of Lord Macaulay, vol. 9 New York and London: G. P. Putnam's Sons, 1898, p. 41.

⑤ T. B. Macaulay, The History of England, vol. 5, ed., Lady Trevelyan, London: Longman, Green and Roberts, 1861, p. 174.

文学助手的价值。他意识到,一本流行的小册子或许能够发挥打赢一场胜仗一样的价值。"①民意成为威廉政治、军事决策的重要参考因素。1687年,当威廉身边的幕僚鼓动他进攻英国时,威廉不为所动,他认为此时的詹姆士政府仍然有一定的群众基础,詹姆士还没有到众叛亲离的程度,所以不宜贸然行事。"英格兰此时的民意虽然被仇恨点燃,但绝没有成熟到革命的时机已经到来。"②威廉进入英国后,一路高歌猛进,兵临伦敦城下。面对詹姆士和谈的要求,他没有拒绝。麦考莱揣摩威廉的内心,认为他"并不希望和谈成功,但他十分明智,不会不知道如果他提出不合理的要求就会导致失败,这样民心就不会站在他这一边了"③。威廉深深了解英国民众渴望和平,恐惧国家再次卷入内战的心态。威廉继位后的连年战争不仅对国家构成巨大的经济负担,也引起不少民众的不满。议会反对在和平时期维持一支庞大军队,当1698年议会提出解散军队法案时,威廉是持相反意见的,他十分愤怒甚至决定退位返回荷兰。但是最终威廉冷静下来,接受了这一法案。麦考莱指出威廉如此做的原因也是为了顺应民意。

> 在他将这一决议付诸实施的这一天,从来没有哪一天像那一天一样,他成功地掩饰了外露的情绪。大众非常兴奋。公园和街道上拥挤着大量人群。詹姆士党人也在人群之中,威廉曾让他们恐惧,他们希望高兴地看到威廉羞耻与愤怒的一面。这一希望落空了。普鲁士大使……看到威廉在公众的注视之下露出宁静和高兴的神色,感到震惊。④

与威廉相比,詹姆士二世则提供了刚愎自用、不顾民意要求的反面

---

① T. B. Macaulay, *The History of England*, vol. 2, London: Longman, Brown, Green, and Longmans, 1849, p. 177.

② Ibid., p. 191.

③ Ibid., p. 539.

④ T. B. Macaulay, *The History of England*, vol. 5, ed., Lady Trevelyan, London: Longman, Green and Roberts, 1861, pp. 170 – 171.

例证。詹姆士继位之初，王权的基础是比较稳固的，但他公开推行天主教，扩大常备军的做法使他逐渐丧失了民心的支持。在威廉发布了拯救英格兰的宣言并准备进攻英国后，詹姆士试图向伦敦民众作出妥协以挽救逐渐失去的民心。他发出公告，承诺保护英国国教，取消高等教会法庭，恢复伦敦城宪章和所有市政机构被剥夺的特权，决定派温彻斯特主教纠正莫德琳学院所犯的错误。"詹姆士自我安慰地以为在短短一个月的时间内作出如此大的让步将会为他赢得人心。"① 然而普通民众怀疑詹姆士的真诚，一个偶发的事件表现出詹姆士的背信弃义，也加深了民众对国王的反感。温彻斯特主教在前往摩德琳学院的路途中，被王室急召返回王宫参加枢密院的会议。人们认为国王的妥协是迫于威廉的军事压力，一旦威廉远征英格兰的计划受阻，詹姆士的统治危机得以平稳度过，他就会改变之前的承诺。麦考莱指出民众对国王的责难虽然没有根据，"但是国王却没有权力抱怨人民的怀疑，如果他们有时候没有严格考察证据，就将国王不诚实的政策归因于偶然或怠慢的结果，那么这就是他犯下的错误。那些习惯于失信的人当他们打算守信时却不被人们相信，这是他们受到的合理与公正的惩罚。"②

英国议会改革期间，麦考莱认为统治阶段应该考虑民众的改革诉求。他指出，如果拒绝改革，民众发生叛乱的危险就会增加，所以为了避免群众从街头暴力活动演变为更为剧烈的暴力革命，应该及时改革选举制度，满足民众扩大选举权的要求。

除了总结各种政治经验教训，麦考莱还探讨了获取公民智慧、审慎美德的方法，即比较和权衡。"公民审慎的问题不是一个算术问题，而是一个仔细衡量利弊的问题，然后打破平衡。"③权衡利弊就是比较各种

---

① T. B. Macaulay, *The History of England*, vol. 2, London: Longman, Brown, Green, and Longmans, 1849, p. 463.

② Ibid., p. 466.

③ T. B. Macaulay, "Edinburgh Election," speech, 29 May, 1839, in Lady Trevelyan, ed., The Miscellaneous Works of Lord Macaulay, vol. 9, New York and London: G. P. Putnam's Sons, 1898, p. 204.

决策、行为的结果的好坏。麦考莱认为，通过比较的方法总结规律不能以偏概全。"一个理性的人知道，即便在比管理学的复杂程度小得多的科学领域，仅凭一条经验还不足以得出一条普遍规律。自从世界诞生以来，就没有产生两项所有条件都完全类似的政治实验。从历史中掌握公民审慎的唯一方法是审查和比较大量的案例。"①事实上，麦考莱所说的从大量案例的比较中学习审慎的公民品质的方法就是归纳法。

① T. B. Macaulay, *The History of England*, vol. 2, London: Longman, Brown, Green, and Longmans, 1849, p. 61.

第七章　麦考莱的史学影响

第一节　麦考莱的辉格史学遗产

英国学者本特利对辉格史学传统有过这样一段评述，"如果有一种历史学形式可以用来定义辉格传统，那么宪政史肯定不遑多让。辉格史学相信，自盎格鲁–萨克逊时代以来制度和实践的连续性赋予英国历史一种特殊的世系，它使英国民族逐渐获得独特的性格和认识世界的方法。……也带来一种认为英国血统具有优越性的种族因素，它带来的是自豪、爱国主义和与祖先的交流。"①本特利强调的连续性观念是辉格史学的一个重要思想遗产。毫无疑问，19 世纪英国辉格史学最为突出的代表史家是麦考莱，他于 1859 年去世后，辉格史学似乎一度衰落了，在近 20 多年的时间里英国几乎找不出一位影响力可以和麦考莱相匹敌的历史学家。直到 19 世纪中后期，涌现出斯塔布斯、弗里曼和格林一批杰出的历史学家，三人都在牛津大学有过学习或研究的经历，都致力于推动历史学的科学化，被后人归为牛津学派的代表史家。1874—1878年，斯塔布斯出版了他的成名作《英国宪政的起源与发展史》，这部巨著获得了学术界的热烈好评。弗里曼是一位比斯塔布斯年长的学者，他的代表作是《诺曼征服以来的英国史》。与麦考莱集中于 17 世纪的近

---

① Michael Bentley, *Modernizing England's Past*：*English Historiography in the Age of Modernism*，1870 – 1970, Cambridge：Cambridge University Press, 2005, pp. 19 – 20.

代英国史研究不同，牛津学派诸位史家的研究侧重于中世纪的宪政史研究，他们在不同程度上受到了麦考莱辉格史观的影响。另外，必须指出的是，麦考莱关于光荣革命的历史阐释成为直到今日英国史学界关于1688年事件的主流看法，这也可以看作是麦考莱留给后世的一项重要的辉格史学遗产。

首先，麦考莱对宪政主义的强调为后世辉格史家所继承。

辉格史家普遍认为英国自盎格鲁－撒克逊时期就存在着一部古老的宪法。麦考莱也认为，英国很早就形成了限制国王权力的宪政原则，其年代久远而无法确定具体日期。他所说的宪法"不是撒克逊意义上的古代宪法，当然也不是纯粹近代意义的宪法"①，而是13世纪产生的奠定日后英国自由与宪政根基的大宪章。13世纪还产生了英国的议会与自由，《英国史》的主要内容便是讲述议会与国王的斗争历程。斯塔布斯宪政史研究的一个核心问题是探究英国议会及自由的起源。他认为英国的宪政制度源于古代条顿人（包括盎格鲁－撒克逊人、日耳曼人、荷兰人和北欧人）的原始民主制，近代英国政治自由的源头可以追溯至中世纪，1203年的议会已经形成代议制的雏形，13世纪的议会是各地方利益的代表在中央召集之下的集体会议。斯塔布斯重点研究了大宪章，宣称"整部英格兰宪政史不过是对大宪章的注解，大宪章被视为之前历史的结果，其中一些条款的概要是我们现在著作中必要的部分"②，大宪章展现了"教会、男爵与平民第一次联合起来完全一致的国家行为"③。斯塔布斯认为大宪章蕴含了民族的自由精神，当时的贵族是自由和民主的守卫者，贵族与国王进行斗争不是为了维护自身的特权，而是为了争取整个民族的自由和财产权利。

弗里曼也是条顿民主制学说的支持者。他指出，古代条顿人的法律和公民会议是日后英国宪政制度的源头。"我们的议会按照时间和法律

① J. W. Burrow, *A liberal Decent: Victorian Historians and the Past*, p. 33.

② William Stubbs, *The Constitutional History of England*, the second edition, vol. 1, Oxford: The Clarendon Press, 1875, p. 532.

③ Ibid., p. 543.

继承来说，是古代贤人会议的真实与合法的代表。"①大宪章的作者"以另一种形式为我们重新获得了古代的宪法"②。与麦考莱一样，弗里曼热情颂扬英国的自由，"至少就我们种族而言，每一处的自由要比奴役的历史悠久。……我们的古代历史是自由主义者的历史，他们是准备改革的真保守主义者，并不是拒绝改革和尽其所能的破坏改革的自诩的保守主义者。"③

其次，麦考莱对连续性的追求成为牛津学派诸位史家的共同目标。

麦考莱在 17 世纪与 19 世纪的英国之间建立了一种连续性，这种连续性既是指自由主义原则的，也是指宪政制度的，还包括政治实践的经验层面。麦考莱认为，光荣革命不过是恢复英国的有限君主制和公民的人身、财产和信仰自由，光荣革命确立了此后英国社会革命或改革的基调，英国走上渐进改革而非暴力革命的发展道路。当 1848 年欧洲许多国家爆发革命的时候，英国依然保持了稳定的社会秩序，这就是渐进式改革传统的影响。追求连续性在以斯塔布斯为首的牛津学派史家的著作中有鲜明的体现。斯塔布斯认为日耳曼的自由民主的政治传统对于英国中世纪宪政制度的形成具有决定性影响。1066 年诺曼征服只是在中央创立了君主集权的封建制度，并没有完全摧毁盎格鲁－撒克逊的地方行政和司法制度，也就是说诺曼入侵之后英国的宪政制度保持了基本的连续性。斯塔布斯认为亨利二世加强中央集权化的举措没有中断盎格鲁－撒克逊的地方自治传统。亨利二世使用巡回法庭的形式来统一地方的司法和行政，但"巡回法庭的访问形成了国王法庭与郡法庭，王室审判与大众审判，以及新制度与旧制度之间的联系"④。在斯塔布斯看来，诺曼制度与盎格鲁－撒克逊制度曾经是并行不悖的，古代的条顿自由也原

---

① E. A. Freeman, *The History of Norman Conquest of England*, the third edition, vol. 1, Oxford: the Clarendon Press, 1877, p. 74.

② Ibid. , p. 113.

③ E. A. Freeman, *The Growth of the English Constitution*, the second edition, London: Macmllan and Co. , 1873, p. Ⅷ.

④ William Stubbs, *The Constitutional History of England*, the second edition vol. 1, Oxford: The Clarendon Press, 1875, p. 605.

封不动地保留了下来。

在辉格史家中，弗里曼的历史著作最为突出地反映了他的历史连续性理论。弗里曼对诺曼征服的看法吸收和借鉴了斯塔布斯的观点，诺曼征服只是干扰而非破坏了英国及其宪政发展的连续性。在弗里曼看来，诺曼征服没有摧毁英国的自由传统与"自治政府"的原则，具有民主精神的盎格鲁－撒克逊时期的"贤人会议"在诺曼征服之后的一段时期内依然发挥着作用。英吉利民族没有被征服者消灭，"诺曼征服暂时推翻了我们的国家，但这只是暂时的。……在几代人之后，我们又俘获了征服者。英格兰再次成为英格兰人的国家，诺曼入侵者的后裔成为最正宗的英国人"①。诺曼征服没有给英国的宪政制度带来太多直接的变化。"它没有立即消除这个国家之前的法律与自由，但是它立即改变了他们行政的方式与精神，它为今后法律不断的变化开辟了道路。……在立法、语言、行政制度和土地占有方面最为重要的常规变化不是由征服直接引起的，也不是威廉统治时期的制度革新引起的。它们是之后逐渐发展的结果，这一时期诺曼人和英国人发现自己都处于外来主人的束缚之下。"②概言之，"诺曼征服没有消除英国人的宪法、法律、语言和民族生活。"③英国本土的宪政制度经受住了外来制度的挑战，旧制度仍然有很强的生命力与外来的制度斗争对抗。因此，弗里曼总结说："新的外来因素不时侵入我们的法律中，但是发展与完善旧的本土制度的同样的精神通常不久也能找到方式驱逐这些新的外来因素。"④

在历史连续性观念的指导下，弗里曼认为古代的制度与当代的制度有更多的相似性。"我打算表明，在很多方面，我们更加清晰地了解我们最早的制度，比起第一眼看上去与我们当下的政治制度有着共同之处的处于中间历史时期的制度，古代早期的制度与我们当下的制度有更多

---

① E. A. Freeman, *The History of Norman Conquest of England*, vol. 1, Oxford: The Clarendon Press, 1877, p. 2.

② Ibid., pp. 4 – 5.

③ Ibid., p. 70.

④ E. A. Freeman, *The Growth of the English Constitution*, London: Macmillan and Co., 1873, p. 20.

的共性。"①诺曼政府之前英国的地方自治传统、法律和司法制度都能在近代的英国宪政制度中找到踪影。

弗里曼还强调历史认识的连续性，了解过去的历史事件对于理解现在和未来的历史具有重要意义。弗里曼说道："有关不久前事件的知识对于之后的事件的任何知识是绝对必要的。如果不能清楚地了解征服者与他的追随者踏上我们的海岸之时英国与英国人民的状况，那么诺曼征服对于我们来说就是一个不可解答的谜团。"② 对于弗里曼的历史连续性观点，英国史家古奇评价说，"从早期希腊到罗马帝国，再从罗马帝国到中世纪与近代欧洲，其间不存在任何中断；强调历史连续性正是他对历史思想与历史教育的一大贡献。"③

最后，麦考莱对光荣革命的历史解释成为后世英国史家有关光荣革命的正统解释。

麦考莱认为光荣革命的特点就是保守性，这是一次没有颠覆传统的不流血的政治改革，并没有法国革命的血雨腥风，也没有经历推翻旧制度后国家政权的长期动荡。因为人们一般都是从暴力冲突的意义上理解革命的含义，所以按此种理解去认识温和的光荣革命就有些让人费解。这其实是对革命内涵的不同理解造成的。麦考莱对光荣革命性质和特征的认识奠定了后世英国史家对这一问题看法的基础。20 世纪 30 年代的屈威廉指出，光荣革命的功绩不是叫喊和喧哗，而是战胜了所有的喧嚣后依旧微弱的审慎与智慧。"这场奇怪的革命的精神是反对暴力革命的。"④很多 20 世纪中后期的学者都认为光荣革命是保守革命而非创新，英国著名史家休·特雷弗－罗珀（Hugh Trevor-Roper）继承了麦考莱提出的光荣革命防御性和保守性的观点，他讲道："光荣革命本质上是防

---

① E. A. Freeman, *The Growth of the English Constitution*, preface, pp. Ⅶ－Ⅷ.
② E. A. Freeman, *The History of Norman Conquest of England*, vol. 1, p. 3.
③ ［英］乔治·古奇：《十九世纪历史学与历史学家》，下册，耿淡如译，商务印书馆 1989 年版，第 563 页。
④ G. M. Trevelyan, *The English Revolution, 1688 － 89*, Oxford：Oxford University Press, 1965, pp. 3 － 5, 129.

御性的，是注定的抵制革新的产物。它也必然是保守的。"①多数学者达成共识，"光荣革命在很大程度上是贵族政治的一个插曲，在意识形态、政治和社会影响上是坚定的'保护者'。"②纵观 20 世纪学术界对光荣革命性质的研究，可以发现麦考莱对光荣革命的解释成为英国学术界关于光荣革命的主流观点。

第二节　麦考莱的文风

文风是一个作家思想气质和表达能力的综合反映。不同文学体裁的风格是不一样的。与编年史、纪事和传略等传统史学体裁不同，麦考莱发表在《爱丁堡评论》等期刊上的历史评论类文章的体裁比较特殊，被称为"史论"（historical essay）。麦考莱不是"史论"这一体裁的发明者，但他将其发扬光大。古奇对"史论"的评价甚至高于麦考莱的《英国史》，他称赞说："麦考莱史论为 17、18 世纪完成的工作，殊不差于莎士比亚的戏剧为 15 世纪所完成的工作。"③《英国史》的体裁可以说是纪事散文体，吸收了史论的风格。麦考莱的"史论"和《英国史》的浪漫主义的精神气质和华丽修饰的文风形成了所谓的"麦考莱体"，被后人竞相模仿，在英国散文史上占据一席之地。麦考莱的文风是其《英国史》获得大众欢迎的重要原因。下面我们从具体的文本出发，分析麦考莱文风的特征、类型以及形成过程。

一　文风的特征及类型

麦考莱比较欣赏博内特的文风，他认为博内特的文章"远非毫无错

---

① Hugh Trevor-Roper, *Counter-Refmation to Glorious Revolution*, Chicago：University of Chicago Press, 1992, p. 246.

② Steve Pincus, *1688：The First Modern Revolution*, New Heven and London：Yale University Press, 2009, pp. 26 – 27.

③ ［英］乔治·古奇：《十九世纪历史学与历史学家》下册，耿淡如译，商务印书馆1989 年版，第 487 页。

误般的纯净，但总是明晰、生动，有时候还会上升为庄严和热烈的争论"①。博内特是光荣革命时期的神学家、历史学家和辉格党政治家，是威廉信任的少数英国大臣之一，担任过威廉英国王位加冕礼的牧师。博内特写过一些政治性小册子，著有《英格兰宗教改革史》和《我们时代的历史》，其中《我们时代的历史》是麦考莱描述光荣革命期间史事的重要史料来源。麦考莱对博内特文风的评价其实也适于对他自身文风特点的概括。不少评论者指出麦考莱的历史著作明晰、生动，具有图画般的感染力。美国文学家明图概括了麦考莱文风的三大特征，简明（simplicity）、明晰（clearness）和活力（strength）。②笔者认为除了以上三点，还可以加上流畅这一特征。

首先，简明是指叙述简洁明了。无论是描写人物，还是叙述事件，麦考莱都力求简明扼要，言简意明。在解释一些复杂的历史现象时，他有时采取了简化的方式。比如他对 14 世纪意大利城市公民道德堕落的分析。麦考莱解释说，意大利城市因为商业繁荣，城市公民不愿意亲身参与战争，所以他们雇佣国外的士兵为其征战。然而雇佣军经常背信弃义，他们侵蚀了社会风气，在利益的驱使下城市公民重阴谋诡计而轻视勇气，社会上投机取巧之风盛行，最终整个社会的道德水平出现了滑坡。③麦考莱的上述解释过于简单，实际上雇佣兵只是导致城市公民道德水平败坏的原因之一。再如，在《英国史》中，麦考莱对民众叛乱的解释比较单一。他认为某一历史时期民众的不满情绪是对前一时期社会发展的反动。他指出复辟之后英国社会出现了道德放荡的现象，这是对之前清教徒节俭之风的反动。

其次，明晰是说历史现象清楚明白。麦考莱选择叙述的对象是一些

① T. B. Macaulay, *The History of England*, vol. 2, London: Longman, Brown, Green, and Longmans, 1849, p. 174.

② William Minto, *A Manual of English Prose Literature*, Boston: The Ginn and Company, 1892, pp. 77 – 115.

③ T. B. Macaulay, "Machiavelli," *Edinburgh Review*, March 1827, in Lady Trevelyan, ed., The Miscellaneous Works of Lord Macaulay, vol. 1, New York and London: G. P. Putnam's Sons, 1898, pp. 85 – 86.

人们熟悉的不会引起困惑的历史人物和事件。他所写的许多评论、人物传记涉及的都是历史名人,其中文学家有拜伦、但丁、戈登斯密斯和约翰森,历史学家有哈兰,麦金托什,政治家有皮特、克莱夫和哈斯廷斯等人。关于这些名人的基本事迹已为读者熟知,这使得麦考莱的描述易于被人理解。对国债、银行这些复杂的金融现象,麦考莱能够以浅显易懂的方式将它们的缘起和发展娓娓道来。

复次,活力是指叙述鲜活生动,果断有力。为了获得生动的表达效果,麦考莱采用了小说、戏剧等多种表现手法,细节描写丰富,情节设置曲折,还运用了对比、夸张等修辞方法,多使用短语、短句,以形成明快的节奏。麦考莱的表述强劲有力,他对于自己的观点十分自信。比如,麦考莱对光荣革命时期的大多数英国政治家评价不高,但他认为威廉·坦普尔(William Temple)"与同时代政治家相比,表现得非常令人尊敬"①。麦考莱厌恶法国的共和主义分子巴热尔(Barere),他对巴热尔的谴责颇为严厉,"巴热尔没有一丝美德,即使是类似于美德的东西也没有。"②麦考莱充满力量的表达有时候采用了夸张的方式。比如,他这样描写哈斯廷斯活跃的思想,"在唐宁街和萨默塞特宅邸的所有地方都充满了他的思考与活力"③。

最后,流畅是指文笔顺畅,没有突兀。在麦考莱的叙述中,前后文的转承衔接比较自然。他要求自己写作一气呵成,如果思绪有所阻塞就暂时停笔。"直到他的文字到了细致入微的程度,小到一个逗号都准确无误的时候,直到每一段落都以生动的句子结尾,每一个句子如流水一

---

① T. B. Macaulay, "Sir Willam Temple," *Edinburgh Review*, October 1838, in Lady Trevelyan, ed., The Miscellaneous Works of Lord Macaulay, vol. 4, New York and London: G. P. Putnam's Sons, 1898, p. 172.

② T. B. Macaulay, "Barere," *Edinburgh Review*, April 1844, in Lady Trevelyan, ed., The Miscellaneous Works of Lord Macaulay, vol. 6, New York and London: G. P. Putnam's Sons, 1898, p. 186.

③ T. B. Macaulay, "Warren Hastings," *Edinburgh Review*, July 1843, in Lady Trevelyan, ed., The Miscellaneous Works of Lord Macaulay, vol. 5, New York and London: G. P. Putnam's Sons, 1898, p. 284.

般说出来，他才会下笔"①。一位读者表示自己在阅读《英国史》前两卷时，只有一处行文没有立即领会其意思，很多读者在拿起《英国史》后会手不释卷地读完全书，读者的热情反映足可以看出麦考莱酣畅淋漓的文笔。

以上我们从总体上阐释了麦考莱文风的特征，但没有考察他的《英国史》与史论在风格上的差异。麦考莱对历史著作与期刊做出了明确的区分，这从他与《爱丁堡评论》的编辑纳皮尔（Macvey Napier）的长期通信中可以看出来。在动笔写作《英国史》前夕，麦考莱在给纳皮尔的信中表示他不会以写作历史的方式去创作史论。"我现在沉浸于一部大部头的著作（按：指《英国史》），它耗费了我的大量体力和精力。关于《爱丁堡评论》的选题有必要参考那一著作，我不会选择写一篇文章，其中论及的某些观点我会再次按照历史学家的方式去处理。"②在早前的信中，麦考莱指出史论的风格可以稍微华丽一些，以吸引读者的注意力，但史论这一体裁并不适合于历史著作的编撰。他说："对于严肃的著作而言，比如说历史学、政治学或道德哲学体系，约翰森博士的原则——应该剔除每一个作者认为的辞藻华丽的句子——是出色的。但是像我们这类期刊，除非它们能第一眼打动读者，否则就再也不会让读者动情，其生命就一两个月而已，我认为应允许有时采取非常华丽的形式。"③历史著作要避免华而不实，即避免因为过度的修辞而损害历史的真实性。期刊文章有一定的时效性，其影响和传播不会维持太久，所以"醒目的、耀眼的和图画般的风格是期刊写作中最为成功的样式"④。后

① G. O. Trevelyan, *The Life and Letters of Lord Macaulay*, vol. 2, p. 230.

② T. B. Macaulay, "The Letter to Macvey Napier," 1 December, 1841, in Thomas Pinney, ed., The Letters of Thomas Babington Macaulay, vol. 4, Cambridge: Cambridge University Press, 1977, p. 17.

③ T. B. Macaulay, "The Letter to Macvey Napier," 25 January, 1830, in Thomas Pinney, ed., The Letters of Thomas Babington Macaulay, vol. 1, Cambridge: Cambridge University Press, 1974, p. 261.

④ T. B. Macaulay, "The Letter to Macvey Napier," 20 July, 1838, in Thomas Pinney, ed., The Letters of Thomas Babington Macaulay, vol. 3, Cambridge: Cambridge University Press, 1976, p. 250.

来麦考莱在与纳皮尔讨论《腓特烈大帝》一文时，再次论及了他的史论与历史著作风格的不同。

> 我不是说我的文章总是严肃和真诚的。如果你按照自己的方式评价，你所指责的普通的历史作品应该比实际的情况更为严重，它既针对本质也针对措辞。不用说整篇散文，就许多段落的风格而言，按普通历史书的标准来看，人们可以公允地评价为轻率无礼。但我认为这种论文有其自己的特点与规律。我不能声称拥有发明它的荣誉，那一称赞属于骚塞。……当需要这一主题时，他们的史论能够上升到修昔底德一样的高度，或许又再次堕落为沃尔波尔书信一般的口语化和轻浮。这是我的理论。我是否成功的实践了这一理论，这是另一个问题。然而，你应该感觉到在我的历史著作中采取类似的自由的处理方式是没有危险的。我确实非常不赞同某些作者所说的历史尊严的观念。①

麦考莱指出史论的风格可以是多样的，在表达上既可以严肃谨慎，也可以夸张活泼。他认为历史著作"可以采取类似的自由的处理方式"，即借鉴史论灵活多变的风格，这在《英国史》中是可以找到印证的。

麦考莱的史论和《英国史》都谈及了腓特烈一世（Frederick I，1657－1713，1688 年 4 月继位，堂兄是威廉三世），这为我们提供了比较同一主题之下不同类型文本风格的案例。在《腓特烈大帝》一文中麦考莱追溯了普鲁士国王腓特烈大帝（又称腓特烈二世）的众多先祖，其中有他的曾祖父腓特烈一世。

> 腓特烈追求王室作风，讲究排场，挥霍无度，对他的真正利益和崇高责任漠不关心，贪得无厌地渴望毫无意义的荣誉。他没有增

---

① T. B. Macaulay, "The Letter to Macvey Napier," 18 April, 1842, in Thomas Pinney, ed., The Letters of Thomas Babington Macaulay, vol. 4, Cambridge: Cambridge University Press, 1977, pp. 27–28.

强他所统治的国家的实际力量，或许他传给后代的遗产被削弱而不
是被增强。但他成功地在 1701 年获得了新的尊荣，实现了称王这
一伟大的人生目标。在那一时刻他经历了所有雄心勃勃的新贵的屈
辱。与欧洲其他王室首脑相比，他成为类似于购买贵族头衔的纳博
布或物资供应商一样的人物，这些人在一些贵族的帮助下获得了他
们的地位，这些贵族的先祖曾因背叛金雀花王朝而被剥夺财产。腓
特烈既受到他所离开的那个阶层的嫉妒，又被他所侵入的阶层轻
视，这两者都非常显著地被人关注到了。萨克森选帝侯不承认他的
王位。①

在《英国史》中，麦考莱是这样叙述腓特烈一世的生平经历的：

斯肯伯格爵士腓特烈，一个来自日耳曼的巴拉丁贵族，他是唯
一一位在欧洲没人反对的人。人们普遍认为他是最伟大的战争艺术
大师。他的正直与虔诚经受了强大诱惑的考验，为他赢得了普遍的
敬重与信任。尽管他是一个新教徒，很多年一直为路易服务，尽管
有耶稣会士从中作梗，因为许多战功，他的主子路易十四还是封他
为法国的陆军元帅。当法国开始了宗教迫害的风潮，这位勇敢的老
兵果断拒绝了迎合王室的喜好而背教，没有怨言地放弃了所有荣誉
和权力，永远离开了他的国家前往柏林的宫廷避难。他在那度过了
17 年的时间，他的思想与身体仍然充满活力，他曾在英格兰住过
一段时间，在那里受到人们的爱戴与尊敬。没有几个外国人吹嘘可
以给英国人提建议，但他确实提出过建议，因为他不仅能流利地说
英语，还能讲得优雅和纯粹。在勃兰登堡选帝侯的同意和英格兰各
党派领袖的热情举荐下，他被任命为威廉的顾问。②

――――――――――――

① T. B. Macaulay, "Frederic Great," *Edinburgh Review*, April 1842, in Thomas Pinney, ed.,
The Letters of Thomas Babington Macaulay, vol. 5, Cambridge: Cambridge University Press, 1976,
pp. 339 – 340.

② T. B. Macaulay, *The History of England*, vol. 2, London: Longman, Brown, Green, and
Longmans, 1849, p. 453.

在另一处，他写道："首先出现的是雄心勃勃和衣着华美的腓特烈，勃兰登堡选帝侯，若干年后，取得了普鲁士国王的头衔。"①

就同一主题，史论和《英国史》呈现出不同的风格。首先，在两个不同的文本中，麦考莱均强调腓特烈一世是一位雄心壮志、注意仪表的君主。相比于《英国史》，麦考莱在期刊的散文中更加详细地描写了腓特烈称王的野心和称王之后的国际舆论。其次，麦考莱在《英国史》中赞扬了腓特烈的勇敢与宗教虔诚，也肯定了普鲁士作为盟国对于英国的支持。在散文中，麦考莱提到腓特烈受到欧洲其他国王的嘲笑。最后，《英国史》的风格较为平和，期刊的文笔显得更加辛辣和严厉。在史论中，麦考莱使用了"贪得无厌"、"屈辱"和"嘲笑"一类的负面评价来形容腓特烈，在《英国史》中麦考莱对腓特烈的评价更为正面。由以上的对比，我们可以看出《英国史》与史论的风格的差别。但如果我们仔细比较上述两处引文的修辞方式和总体风格，我们会发现它们是存在共性的，两者的文笔均清晰有力，都使用了对比的修辞手法。

根据美国学者梅登（William Madden）的观点，麦考莱的历史著作有三种风格：演说型、审慎型和戏剧型。②所谓演说型文风是那种高谈阔论式的风格。麦考莱将自己议会演说的雄辩口才运用于对历史事件、人物的描写。在措辞上麦考莱使用了许多最高级的修饰词；在句式结构上他多使用陈述性短句，常常重复主语或代词；在内容上，他会揭示一个人物正反两方面的特征，呈现一个事件内部相互矛盾的侧面。例如，威廉进入伦敦后，英国政府各派围绕王位归属问题进行了激烈的争论，麦考莱记载辉格党人、托利党人及中间各派的解决方案，还有他们之间的矛盾与妥协。③在叙述奥茨案的经过时，麦考莱展现了上院与下院针

① T. B. Macaulay, *The History of England*, vol. 4, London: Longman, Brown, Green, and Longmans, 1845, p. 6.

② William Madden, "Macaulay's Styles," in *The Art of Victorian Prose*, George Levine and William Madden eds., London: Oxford University Press, 1968, pp. 127 – 151.

③ T. B. Macaulay, *The History of England*, vol. 2, London: Longman, Brown, Green, and Longmans, 1849, pp. 608 – 646.

锋相对的观点，上院指控奥茨诽谤凯瑟琳王后，奥茨因此丧失了在法庭上作证的资格，下院由辉格党人萨默斯作出了精彩和成功的反驳，宣称对奥茨的惩罚是违法的，上院的判决并不合法。①麦考莱在论述这些历史事件时，就像法官一样，让控诉方和申辩方分别陈述他们的观点、论据，从而营造了一种演说的氛围。

审慎型的文风反映了麦考莱对历史的深思熟虑，他试图对历史做出客观公正的评价，一些冷静的思考和总结取代了那种铿锵有力的演说式表达。对于各种历史人物，无论是威廉、詹姆士等君主，还是博内特、哈斯廷斯等政治家，麦考莱的评价都是赞扬和批评兼而有之，只是侧重点会有所不同。对他人的著作，麦考莱也能比较公允地作出评论。在谈到格拉斯通的《教会与国家》一书时，麦考莱说道："我们不同意他的观点，但我们赞赏他的天赋，尊重他的诚实和仁慈。我们希望他对政治的爱好不会完全占据他的研究时间，这样可以留下一些闲暇研究文学和哲学。"②麦考莱文风的审慎还表现在他频繁使用警句、箴言来概括与人性、历史和哲学有关的道理。他说，"正如我们的后代将会评价我们一样，我们也应该评价我们的父辈"，"在地球上人们思考的最为高贵的对象是人自身"，"在抬高一个人的时候，总会有挑剔的声音"。③他还说，"冷静和危险常常迫使人们团结起来，财产与安全却常常促使人们分裂"，"每一个人都试图相信感激之情和情感依附，即使得到他利益

---

① T. B. Macaulay, *The History of England*, vol. 3, London: Longman, Brown, Green, and Longmans, 1855, pp. 390 – 392.

② T. B. Macaulay, "Gladstone on Church and State," *Edinburgh Review*, April 1839 in Lady Trevelyan, ed., The Miscellaneous Works of Lord Macaulay, vol. 4, New York and London: G. P. Putnam's Sons, 1898, p. 364.

③ T. B. Macaulay, "Sir James Mackintosh," *Edinburgh Review*, July 1835, in Lady Trevelyan, ed., The Miscellaneous Works of Lord Macaulay, vol. 3, New York and London: G. P. Putnam's Sons, 1898, p. 351; T. B. Macaulay, "Criticisms on the Principal Italian Writers. No. I. Dante," in Lady Trevelyan, ed., The Miscellaneous Works of Lord Macaulay, vol. 8, New York and London: G. P. Putnam's Sons, 1898, p. 79; T. B. Macaulay, "John Dryden." in Lady Trevelyan, ed., The Miscellaneous Works of Lord Macaulay, vol. 1, New York and London: G. P. Putnam's Sons, 1898, p. 173.

的人是最没有价值之人"。①麦考莱总结的箴言不是塞内卡（Seneca，古罗马悲剧作家）式的道德说教，而是西塞罗式的对政治和人生经验的简单概括。

戏剧性是麦考莱《英国史》一个非常突出的特征。麦考莱经常以一种戏剧化的方式整合大量史料。他认为"写作历史所需要的天赋很大程度上类似于一位伟大戏剧家的天赋"②。梅登在分析了麦考莱著述的各种类型的风格后，认为戏剧性的文风是麦考莱散文最具创造性的风格，也是他作品的特殊魅力之所在。③麦考莱的传记作者莫里森称"麦考莱是一位舞台调度的艺术大师"，他对麦考莱的戏剧化的表现手法进行了细致地分析。

> 在经过润饰的和流畅的文字表面，人们可以看到一层又一层的附属的叙述，它们相互交织在一起，就像是清唱剧中的配乐部分。这种复杂性带来的不是混乱，而是让人羡慕的清晰与统一的效果。他的内容不仅是图画般的，也是戏剧性的。麦考莱以一个熟练的剧作家的技巧让一幕接着一幕，每一幕的计划与形成都会考虑到它在整部戏剧中预先安排的位置。④

如果将光荣革命看作是一场戏剧，那么《英国史》的前三章交代了这部戏剧的政治和社会背景。《英国史》第一章追述了自罗马统治时期的不列颠到1660年斯图亚特王朝复辟时期的历史概况，简述了诺曼征服、玫瑰战争、内战和宗教改革等历史事件及其影响。第二章叙述的则是查理二世复辟后的英国议会史。到了第三章，麦考莱才逐渐进入正

---

① T. B. Macaulay, *The History of England*, vol. 2, London: Longman, Brown, Green, and Longmans, 1849, p. 390; T. B. Macaulay, *The History of England*, vol. 4, London: Longman, Brown, Green, and Longmans, 1855, p. 441.

② T. B. Macaulay, "History," in Lady Trevelyan, ed., The Miscellaneous Works of Lord Macaulay, vol. 1, New York and London: G. P. Putnam's Sons, 1898, p. 213.

③ William Madden, "Macaulay's Styles," George Levine and William Madden, eds., in *The Art of Victorian Prose*, London: Oxford University Press, 1968, p. 138.

④ J. C. Morrison, *Macaulay*, London: Macmillan and co., 1882, pp. 145, 144.

题，描述了詹姆士二世继位之后光荣革命前夕英国的社会状况。麦考莱的写作明显是薄古厚今的，他的叙述呈现出一幅由远景到近景的转变。在处理历史人物和细节时，麦考莱大都采取了戏剧化的方式。威廉与詹姆士构成了一组对立的人物，他们的性格、政治主张、宗教信仰和个人抱负迥异。在情节安排上，麦考莱注意制造紧张的危机气氛和设置跌宕起伏的情节。比如，对伦敦德里之围的描写，英国殖民者就经历了从被困数月的极端困境到迎来援军的命运转变。

根据历史学发展的时代特征而论，笔者认为麦考莱的文风实则具有古典作品、启蒙史学和科学史学的多重特征。首先，麦考莱继承了古典史学的政治军事史编撰传统和风格，又受到启蒙史家社会文化史研究的影响，抛弃了将政治史作为史学正统范式的"历史学的尊严"的观念。《英国史》专门用一章讲述社会史，这表明麦考莱认为政治、文化和经济是齐头并进的，但政治史仍然是《英国史》的核心内容。其次，古典史家常常记叙的是他们所经历的当代史，而启蒙以来的史家则将更为遥远的过去作为研究对象。光荣革命距离麦考莱所在的 19 世纪中期已逾一个半世纪，相比希罗多德、修昔底德等古典史家的研究对象，光荣革命距离研究者的时代更加久远。不过，麦考莱对现实有非常强烈的关注，他对过去的叙述经常带着"现在"这一参照对象，这与古典史学的现实关照的指向相互契合。再次，启蒙史学特别是近代科学主义史学对史家提出了更高的要求，历史学家必须掌握批判分析史料的技艺，想象力要受到理性的严格限制。不能像古典史家希罗多德一样不加辨别地有闻必录，要像修昔底德一般审慎地对待他的所见所闻，垂训于后世。最后，古典作家往往身兼政治家和史学家的双重身份，比如修昔底德和西塞罗。近代史学职业化的趋势使得政治家和文学家相互分离。麦考莱有与修昔底德等古典史家类似的政治经历，他在写作《英国史》之前是一位政治家和立法者，也是历史评论类文章的作者。麦考莱游走于文学家和政治活动家的双重身份之间，并渴望兼顾专业化的历史写作和政治活动。但由于精力有限，在决定撰写《英国史》后，麦考莱参与议会活动的次数明显减少。

正是因为麦考莱身上有着古典和近代史学的多重烙印，他的历史著作的风格才显得多元而不统一。在梅登看来，麦考莱没有成功地整合他著作中的不同风格，以形成一个统一的风格。《英国史》"有时候是有力的，有时候是审慎的，有时是清晰的，经常富于戏剧化。麦考莱的风格绝不是这些形式的综合。因为他不能将不同的兴趣融为一体。我们得出了这样的结论，风格不等同于人本身，不同的风格构成了人的不同组成部分。外表的清晰与光彩掩饰了潜在的含糊"①。麦考莱的《英国史》借用了古典史学的特定写作方式，比如拟写演说词，注重修辞表达，也将浪漫主义的戏剧表现手法融入历史细节和场景的描写之中，同时坚持历史学从史料、档案出发的基本学术规范，要求具有批判和审慎的研究态度。《英国史》是演说、审慎和戏剧三种风格的矛盾混合体，任何一种类型都无法完全概括麦考莱的整体文风。我们没有必要苛责麦考莱没有形成统一的风格。麦考莱按照一种实用主义的原则，根据叙述的内容选择合适的表达形式。他时而慷慨激昂时而冷静稳重，时而浪漫时而理性的风格增加了文章的层次性，也给读者带来了不同的阅读感受。

二 麦考莱历史著作风格的形成

麦考莱开始写作《英国史》时，已经 42 岁，正值盛年，所以这部著作是一部思想趋于成熟、风格较为定型的作品。考察麦考莱《英国史》文风的形成过程有助于我们深入地理解他的史学创作过程。麦考莱的历史风格与他此前的成长环境，阅读习惯、文学创作与政治活动等经历有着密切联系。

首先，麦考莱幼时居住的克拉彭社区的宗教环境对麦考莱演说型文风的形成产生了潜在的影响。

麦考莱是幼时所受到的克拉彭派的宗教熏陶对他日后的思想产生重要影响。克拉彭派的名称源于位于伦敦西南的克拉彭社区，其四周被时

---

① William Madden, "Macaulay's Styles," George Levine and William Madden eds., in *The Art of Victorian Prose*, London: Oxford University Press, 1968, p. 146.

尚的别墅区环绕。克拉彭派主要由富裕和杰出的工商业资产阶级组成，他们是一群信仰福音派的英国教徒，有着共同的政治观点，主张社会改革，废除奴隶贸易和改革刑法系统。简明、清晰再加上个人气质是福音派理想的布道风格，这也是麦考莱追求的目标。历史学家杨（G. M. Young）暗示麦考莱从福音派牧师丹尼尔·威尔森处学习了演说式的文风，克拉彭社区的福音派牧师的布道手册的风格是小心谨慎的，具有统一的谋划、清晰的布局和简单的措辞。①麦考莱演说式的风格在韵律上与拜伦、西蒙和怀特菲尔德等福音派信徒的作品接近。在众多诗人中，麦考莱非常欣赏拜伦，他认为"在运用虚构使得真相变得清晰，美德变得富有吸引力方面，他是唯一一位按照基督徒应该自我奉献的信念践行的榜样"②。

其次，麦考莱的戏剧演出活动有助于他的戏剧性风格的形成。

麦考莱在克拉彭社区生活时，喜欢各种戏剧活动，比如化装舞会、魔术幻灯表演、戏剧和游戏。屈威廉曾经记载了关于麦考莱的一则故事。在麦考莱还是孩童时，他参加了克拉彭区泰恩莫斯勋爵主办的《第十二夜》的戏剧晚会，在这部戏中他假扮的是拿破仑。麦考莱对游戏的热爱一直延续到他成年，他喜欢与妹妹汉娜一家人居住在一起，会花很多时间与孩子们做各种游戏，玩起捉迷藏会持续好几个小时。③麦考莱在生活中喜欢角色扮演，放到历史著作中便是以一种戏剧性的方式表现历史。

最后，麦考莱痴迷古典作品，善于从古典史家和当代作家的著作中汲取各种风格的优长，形成自己浪漫又不失理性的文风。

在麦考莱看来，希罗多德是古典时代伟大的浪漫主义史家，"在浪漫的历史学家中希罗多德是最早也是最好的一位。他的热情、单纯、细腻，令人惊叹的描述场景和写作对话的才能，他那甜美酣畅的语言，在

① William Madden, "Macaulay's Styles," p. 135.
② T. B. Macaulay, "John Bunyan," in Lady Trevelyan, ed., The Miscellaneous Works of Lord Macaulay, vol. 7, New York and London: G. P. Putnam's Sons, 1898, p. 37.
③ G. O. Trevelyan, The Life and Letters of Lord Macaulay, vol. 1, p. 133.

叙事作家中都是首屈一指的”，但他有时混淆了虚构与事实，他的“缺陷是单纯想象的思想缺陷”。①而修昔底德的风格更为审慎，他不仅具有丰富的想象力，也是“睿智的和自我反思的”，在他的著作中，“有一种成熟的力量，严肃而忧郁的反思，不偏不倚和习惯性的自我控制的氛围。他极少放纵自己的情感，而是迅速地压制情感，他以一种冷峻和清醒的蔑视对待每一种粗俗的偏见，尤其是迷信。他的风格是稳重、凝练、对仗和常常晦涩的”。②麦考莱理想的史学风格是浪漫主义和审慎的结合。他不仅强调历史学家生动的表达能力，还重视事实叙述的准确性。他批评波利比乌斯和阿里安欠缺讲故事的能力，李维不重视事实，只关心他的著作的生动性。③在罗马史家中，麦考莱对塔西佗的评价最高，他的历史著作具有突出的戏剧化风格，“在刻画人物性格方面，塔西佗在史家中无可匹敌，在戏剧家和小说家中也鲜有对手”，但麦考莱也指出了塔西佗戏剧化风格的局限性，即过于追求表达的效果，失之于简朴。④在近代史家和文学家方面，对于休谟的哲思，吉本的庄重典雅，哈兰的冷静审慎，司各特、拜伦的浪漫主义，麦考莱都是批判性地加以吸收，以融入自己的风格中。

三　对麦考莱文风的评价

学术界对麦考莱文风的评价可谓是褒贬参半。批评者认为他的文风言辞尖刻粗暴；句式单调重复；表达夸张武断；思想通俗肤浅。⑤麦考莱认可朋友西德尼·斯密斯对他粗暴文风的批评，“他热情称赞我在《爱丁堡评论》上的文章，我愿意真诚地相信这一点。他的赞扬之所以

① T. B. Macaulay, "History," in Lady Trevelyan, ed., The Miscellaneous Works of Lord Macaulay, vol. 1, New York and London: G. P. Putnam's Sons, 1898, pp. 181, 183.

② Ibid., p. 197.

③ Ibid., pp. 199, 207.

④ Ibid., p. 213.

⑤ 参见 Leslie Stephen, "Macaulay," *Hours in a library*, third series, London: Smith, Elder, and co., 1879, pp. 279 – 324; John Morley, "Macaulay," *Critical Miscellanies*, vol. 1, London: Macmillan and co., 1886, pp. 253 – 291.

是合理的是因为他提出了许多明智的警告。他指出，我最大的危险在于以一种极其刻薄和轻视的语气对待论敌，我认为他是对的，我应该改正。"① 麦考莱散文风格引起的长期争论使他逐渐放弃了期刊文章的写作而开始更宏大的作品——《英国史》的写作。《英国史》虽然尽量避免麦考莱史论表现出的华丽和武断，但依然存在缺陷。他有时因为追求表达的效果而不顾事实的准确性。比如，格拉斯通认为，"麦考莱习惯上以一种华美的形式来表现事实，而这种形式对于主题的平衡和完整的展现是有害的。"②明图指出麦考莱的文字虽然明白但不精确，他对一些概念的描述性说明不能使人们获得准确的知识。③苏联学者认为麦考莱"是一个优美的文学家，大量使用比喻，巧妙地塑造人的形象，使用演说家的方法和效果，力求叙述的动人，而不顾历史的精确性"④。

也有不少学者对麦考莱的文风持一种积极肯定的态度，认为他的表达简洁清晰、文辞华美生动、情节富于戏剧性。历史学家弗里曼的看法可以作为一个代表。他一方面批评麦考莱著作中史实方面的错误，另一方面高度称赞了麦考莱简洁、清晰和准确的风格。

> 阅读麦考莱著作中的一页，扫过每一个姓名、短语和名称之下准确的细节，将其纯净的英语与那些从报纸中进入我们书籍中散漫的行话相比，我们会沉浸于麦考莱的风格，他为所有用英语表达的思想找到了一个合适的位置，其使用的词汇没有一个不能表达出它准确和最为真实的意义。如果一本书不能抓住人们第一眼的注意力，就再也没人会看它，但是对于麦考莱的著作，我们会读好多遍，因为他清晰、饱满和简洁的风格，词语搭配，以及恰当选择的

---

① T. B. Macaulay, "The Letter to Zachary Macaulay," 26 July, 1826, in Thomas Pinney, ed., The Letters of Thomas Babington Macaulay, vol. 1, Cambridge: Cambridge University Press, 1974, pp. 216–217.

② W. E. Gladstone, "Macaulay," *Gleanings of past Years, 1844–1878*, vol. 2, London: John Murray, 1879, p. 338.

③ William Minto, *A Manual of English Prose Literature*, Boston: The Ginn and Company, 1892, p. 107.

④ [苏] 维诺格拉多夫:《近代现代英国史学概论》，商务印书馆1961年版，第36页。

绰号和激烈尖锐的挖苦带来的纯粹快乐。①

弗里曼要求史家能够准确客观地讲述历史，也强调历史表达形式的重要性。他说："风格与形式不应被嘲笑。真实枯燥的叙述比错误生动的叙述要好，但是所有叙述中最好的是能够将准确的事件与充满活力和雄辩的风格结合起来的叙述。"②麦考莱在这方面作出了成功的尝试。

总之，以科学史家的严格眼光审视麦考莱的文风，不免有各种缺陷。但历史学自起源就与文学保持了密切的联系，麦考莱的著作不仅是对英国"文学型"史学传统的回归，也是对西方史学重视历史叙述的传统的回归。因此，我们应该批判地看待麦考莱的文风，借鉴其清晰生动的表达和对历史事实的巧妙编排，扬弃其夸张虚饰的缺点。

第三节　麦考莱与英国通俗史学的发展

近些年，公共史学或公众史学（public history）、大众史学（popular history）成为国内史学界讨论的热点。国内公共史学的研究集中于公共史学的概念界定、公共史学学科建设的规划、欧美国家公共史学的发展状况以及学科化和制度化的经验等问题。③公共史学的概念起源于20世纪70年代的美国，当时美国的一些大学为了解决高校历史学专业毕业生的就业难题，建立了公共史学专业，培养实用型的史学人才，随后他们创办了专业学术杂志、研究机构和协会。时至今日，美国是公共史学发展最为成熟的国家。英国、德国等国家也纷纷效仿美国发展本国的公共史学及相关学科。

---

① E. A. Freeman, "The Difficulties of Historical Study," in *The Methods of Historical Study*, London：Macmillan and co., 1886, pp. 105 – 106.

② Ibid., p. 104.

③ 比如《史学理论研究》2014年第4期的"面向社会需求的公众史学（公共史学）：老问题、新探索"的一组文章，《江海学刊》2014年第2期的相关论文，《甘肃社会科学》2014年第1期"公共历史的现状与发展趋势"的一组文章。关于当代英国公共史学的研究参见朱联璧《英国的公众史学》，《历史教学问题》2014年第2期。

公共史学虽然是较为新鲜的事物，但是公共史学的现象在各国早已有之。在英国，公共史学的早期形式可以追溯到 18—19 世纪的英国通俗史学或业余史学传统。一些业余的史学研究者、政治家和文学家会撰写一些可读性强的小册子。在 18 世纪，著名哲学家休谟的历史著作《英国史》流传广泛，占据英国史坛主流地位长达半个多世纪，直到 19 世纪初依然有其影响力。麦考莱写作《英国史》是为了反击休谟同情专制君主的托利史观。18 世纪末 19 世纪初，著名作家司各特的历史小说在英国也非常流行。这都说明通俗史学作品在英国具有相当大的市场需求。在 19 世纪上半期，与欧洲大陆相比，英国历史学的发展显得比较落后，还没有实现史学的职业化和专业化。英国的大学尚未建立独立的历史学科教学体系，历史学还未从法学、文学中区分开来。在职业史学欠发达的情况下，英国的业余史学取得了显著的发展。麦考莱和与他同时代的著名史家卡莱尔是众多业余史家中的佼佼者。美国史家汤普森认为英国的业余史家"由于自然的爱好而钻研一种东西，并不是为了获利"①。这一定义并不完全适用于麦考莱，因为他在写作《英国史》时也有物质利益的追求。之所以说麦考莱是一位业余史家，是因为麦考莱终其一生都是一位政治家，他没有受过职业的历史学训练，也没有在大学担任过专业教职，他在历史著述方面的成就是一种个人兴趣主导的产物。即使是在写作《英国史》期间，麦考莱在参与政治活动，直到 1856 年他才完全离开议会。麦考莱不仅是业余史家，也是通俗史家。与内容深奥、表达晦涩的专业史学著作相比，通俗史学语言直白、生动，重事实叙述而少分析说理，能够吸引大量读者的关注。业余史学和通俗史学有重合之处，因为许多业余史家就是通俗史家，比如麦考莱。但它们也有区别，因为一些职业史家也会从事通俗史学的写作。

麦考莱可以说是 19 世纪英国最为著名的通俗史家和业余史家。这

---

① ［美］J. W. 汤普森：《历史著作史》下卷第三分册，孙秉莹、谢德风译，商务印书馆 1996 年版，第 459 页。

一点也为当代西方学者所承认。①他的五卷本名著《英国史》问世后好评如潮，受到了普通民众的热烈欢迎。从其流传的广度与深度来说，《英国史》毫无疑问可以算作是 19 世纪英国通俗史学的代表作。随着 19 世纪晚期到 20 世纪初英国史学科学化和职业化的进程加快，英国学术界对麦考莱史学思想的评价从褒奖转向批判，对麦考莱的不同评价体现了通俗史学与科学史学之争。麦考莱是如何实现其历史著作的通俗化或大众化的？科学史家对他的通俗史学作出了哪些批判？麦考莱的通俗史学范式对后世史家又产生了怎样的学术影响？对这些问题的回答不仅是为了探讨麦考莱对英国史学通俗化的贡献，也试图为当下处理公众史学与职业史学之间的关系提供一点参考。

一 作为通俗史学代表作的《英国史》

麦考莱的《英国史》实现了一定程度的社会普及和大众化。这表现在以下几个方面。

首先，《英国史》的读者众多。《英国史》自出版后销量一路攀升，在整个 19 世纪没有哪部学术著作取得如此巨大的成功，它创造的销售奇迹在今天来看也是相当惊人的。1848 年《英国史》前两卷问世后，在短短 3 个月内，不列颠售出 1、3 万套，美国售出 10 万套。1855 年第 3、4 卷问世后，销售依然火爆，到 1863 年，不列颠已经售出 26、7 万卷。1875 年出现了一个新的廉价版本，有 13、3 万多本《英国史》第一卷流传于世。与此同时，麦考莱 1842 年出版的《散文和演讲集》卖得也非常好。到 19 世纪末，《英国史》和麦考莱的历史散文加在一起，可能有超过 100 万卷的麦考莱的著作在民间流传。有人声称麦考莱的《英国史》"几乎被英伦三岛内自认为有知识的人全部读过"②。如果将

① 国外学术界的研究参见［德］斯坦凡·贝格尔《职业历史学家与大众历史学家，1800—1900—2000》，载陈恒、耿相新编《新史学：职业历史学家与大众历史学家》，第 11 辑，大象出版社 2013 年版。

② Theodore Koditschek, *Liberalism, Imperialism, and the Historical Imagination: Nineteenth-Century Visions of a Greater Britain*, New York: Cambridge University Press, 2011, p. 143.

流动图书馆的读者考虑在内，读过麦考莱历史著作的读者的数量会更多。《英国史》可以说是一部超级畅销书。

其次，《英国史》的读者群涵盖了社会各个阶层和年龄段。他的《英国史》是一部老少皆宜的佳作，上至 80 多岁的老人，下至学校的孩童都对其爱不释手。英国女作家玛利亚·埃及沃斯（Maria Edgeworth）在 83 岁高龄之时读到了《英国史》，在一封信件中她激动地写道："我需要你相信，所有我对麦考莱著作的赞美完全没有受到因为在注释中发现自己的名字所产生的自负、虚荣、骄傲和惊奇的影响。我向为我朗读这本书的友人表达了上述看法，之后我才注意到注释。"①麦考莱在《英国史》的注释中提到了埃及沃斯的著作《科尼国王》（King Corny），对于影响更大的司各特的作品却只字未提。②这是让这位女作家倍感荣幸的地方。《英国史》在英国中学生中也较为流行。1864 年，由克拉伦敦爵士组成的委员会调查了英国公立中学的教学状况，其中包括在校学生的阅读爱好和习惯。在其调查报告中记录了一位 1854—1860 年就读于罗格比中学（Rugby）的学生的受访情况。这位学生告诉调查者他的许多同学都读过麦考莱的作品。根据受访学生的回答，罗格比中学的学生除了普遍喜欢读莎士比亚，在当代作家方面，便是卡莱尔、唐生和麦考莱。③尽管这只是一个学校的案例，还不足以说明英国大多数中学生的阅读情况，但它还是提示我们麦考莱在普通学生中受欢迎的程度。

英国社会的贵族、中产阶级和无产阶级各个社会阶层对麦考莱的《英国史》都热情加以赞美。哈利法克斯勋爵（Lord Halifax）感谢麦考莱为热爱自由与秩序的人创作了一部有关光荣革命的出色的史书。杰弗里勋爵（Lord Jeffrey）读后感到自豪和愉快。奥克兰德勋爵（Lord

---

① G. O. Trevelyan, *The Life and Letters of Lord Macaulay*, vol. 2, p. 234.

② T. B. Macaulay, *The History of England*, vol. 2, London：Longman, Brown, Green, and Longmans, 1849, p. 129, 页下注。

③ R. D. Altick, *The English Common Reader：A Social History of the Mass Reading Public*, *1800 – 1900*, Chicago：University of Chicago Press, 1957, pp. 181 – 182.

Auckland）写信表示对《英国史》的喜爱，"麦考莱是不会被人遗忘的，他的著作会留存下来。"①阿克顿勋爵（Lord Acton）在其 15 岁时已经读过四遍《英国史》。英国文学家乔治·艾略特（George Eliot）认为阅读《英国史》是令人愉快的，而萨克雷（Thackeray）认为它像闪耀的晚餐一般诱人。②1876 年屈威廉的《麦考莱生平与书信》出版后，英国著名政治家格拉斯通在对这本传记的评论中称赞了麦考莱的史学贡献。由此可见，《英国史》赢得了英国贵族和中产阶级的普遍认可。不仅如此，麦考莱的读者超出社会中上层的范围，扩展到由广大工人构成的无产阶级。廉价版的《英国史》方便了它在工人阶级中的普及。曼彻斯特附近的一位绅士在晚上为他贫穷的工人邻居朗读《英国史》，这位工人被麦考莱的叙述深深打动，他感谢麦考莱"写作了一部工人们能够理解的历史"③。伦敦的流动图书馆也购买了多套麦考莱的《英国史》。查理斯·穆迪（Charles Edward Mudie）是伦敦图书租赁领域的大书商，《英国史》第 3、4 卷出版后，他订购了 2400 套，并安排了一个专门的房间来摆放它们。④这意味着来自不同社会阶层的人，主要是出身底层的有一定文化水平的劳动人民有更多机会接触到麦考莱的历史著作。到 20 世纪初，麦考莱在工人阶级中的影响力依然存在。1906 年，5 位工党的国会议员投票选出了他们喜爱的作者，麦考莱的得票数要高于费边社会主义者贝尔奇斯（Beatrice）和西德尼·韦布（Sidney Webb）。普通工人可能没有读过麦考莱的《英国史》，但读过他的散文。1880 年代在一份流传广泛的百本最佳图书的名单中麦考莱的散文集赫然在列。一位出生于 1879 年的工人在读过麦考莱的著作之后认为："麦考莱像其他人一样……他推动我从传统的肤浅的编年史概念向马克思理

---

①　G. O. Trevelyan, *The Life and Letters of Lord Macaulay*, vol. 2, p. 233.

②　Theodore Koditschek, *Liberalism, Imperialism, and the Historical Imagination: Nineteenth-Century Visions of a Greater Britain*, p. 143

③　G. O. Trevelyan, *The Life and Letters of Lord Macaulay*, vol. 2, p. 235.

④　R. D. Altick, *The English Common Reader: A Social History of the Mass Reading Public, 1800 – 1900*, p. 296.

解的包括所有世界进程的更为广泛的历史哲学概念走去。"①

再次,《英国史》具有世界范围的影响力,它走出英伦三岛,得到了欧洲、美洲等世界其他国家人民的喜爱。《英国史》问世后被翻译为欧洲多国语言,畅销于欧洲大陆。一位评论者称赞"这是一部杰出的著作,一个廉价的奇迹,一个漂亮的八开的印刷本",巴黎与布鲁塞尔的出版商为了满足读者的需求,纷纷加大《英国史》的订单量。②《英国史》在美国的销售甚至要好于其在英国本土的情况。北美曾经是英国的殖民地,即使独立后仍与母国保持着密切的经济、文化联系。1849 年,纽约的哈伯先生写信告诉麦考莱,在推出了《英国史》的廉价版以后,市场上一共有六个版本的《英国史》,"或许在三个月内,销量会达到20 万册,它像暴风雨一般完全占据我们整个国家,之前没有任何类型的著作能够做到这一点。"③美国总统西奥多·罗斯福也是麦考莱《英国史》的忠实读者。1912 年大选失败后,他为美国历史协会作了一个题为"作为文学的历史"的报告,向在座的美国历史学家热情推荐麦考莱的历史著作。④

《英国史》还获得英国海外殖民地读者的青睐,成为联系殖民地与母国的文化桥梁。特别是在那些由盎格鲁 – 撒克逊人开拓的白人殖民地,麦考莱受到广泛的欢迎。在澳大利亚的墨尔本,323 户人家预定了300 套《英国史》,几乎是每户一本。在印度和斯里兰卡,麦考莱的著作在会说英语受过教育的中等阶层中迅速流传。当地精英将麦考莱的著作作为进入律师等行业的范本,从中学习修辞和写作的技巧。⑤

---

① R. E. Sullivan, *Macaulay: The Tragedy of Power*, Cambridge, MA: Harvard University Press, 2009. p. 475.

② G. O. Trevelyan, *The Life and Letters of Lord Macaulay*, vol. 2, London: Longmans, Green and Co. , 1876, p. 236.

③ Ibid.

④ Theodore Roosevelt, *History as Literature and Other Essays*, New York: Charles Scribner's Sons, 1913, pp. 1 – 36.

⑤ Theodore Koditschek, *Liberalism, Imperialism, and the Historical Imagination: Nineteenth-Century Visions of a Greater Britain*, pp. 146 – 147.

最后，《英国史》起到了社会教化和意识形态宣传的功能。麦考莱以鲜活生动的文笔向英国不同阶层的广大读者普及光荣革命的历史知识和政治经验，展现了 17 世纪末英国在物质、道德和精神等领域的进步。哈利法克斯勋爵在读完《英国史》后对麦考莱说："对于你展现在人们面前的 1688 年光荣革命的历史，所有爱好真理、自由的人，以及所有爱好秩序和文明自由的人都会感激你。它的问世刚好处于这样一个时机，它反复灌输的教训应该对那些正在海外工作的有教养的领导者的行为产生实际的效果。"①麦考莱在《英国史》中赞美英国的个人自由，鼓吹自由主义思想，所以 19 世纪末英国著名的自由主义历史学家阿克顿认为麦考莱是英国自由主义最为重要的旗手。当代学者詹恩肯定了麦考莱对史学通俗化的贡献和他作品洋溢的爱国主义精神，"麦考莱是 19 世纪最伟大的通俗作家，在培育人数迅速增加的读者的历史品味，塑造他们对历史目标之期待方面，他起到了重要作用。他论证了爱国主义的人性化力量，赋予历史学家在大众眼中新的文学地位，使历史写作成为民族文学的一部分。"②

二 《英国史》大获成功的原因

麦考莱的《英国史》为何取得如此巨大的成功？笔者认为主要有以下几方面的原因。

首先，麦考莱出众的阅读能力、记忆力和语言天赋是他成为一个杰出的历史学家的先天条件。

麦考莱博览国内外古今名著，阅读量十分惊人。在去印度的航行途中，他不知疲倦地阅读各种文学、历史著作，"读完了《伊利亚特》和《奥德赛》，维吉尔，贺拉斯，恺撒回忆录，培根，但丁，彼得拉克，亚里斯多德，塔索，堂吉诃德，吉本的《罗马帝国衰亡史》，密尔的《印度史》，伏尔泰所有七十卷的作品，西斯蒙蒂的《法国史》，七大本

① G. O. Trevelyan, *The Life and Letters of Lord Macaulay*, vol. 2, p. 233.

② Rosemary Jann, *The Art and Science of Victorian History.* pp. 103 – 104.

对开的不列颠百科全书。我发现自己的希腊文和拉丁文的水平足够好。"①从这份长长的书单可以看出麦考莱广博的阅读范围。到达印度后，麦考莱继续沉浸于古希腊、古罗马等古典作家的著作，许多书读过两遍甚至更多遍。麦考莱阅读速度极快，能一口气读完整部《俄狄浦斯王》。但并非囫囵吞枣，他能够准确地记住书中的各种细节。根据屈威廉的观察，麦考莱"读书比其他人的浏览要快，就像其他人翻树叶一样快速地浏览。……这一速度的获得不是以牺牲准确性为代价的。任何类型的文字，从最出色的天才作品，到最可恶的垃圾文字，在他眼里都是史料，他可以将错误的引用视为一种较小的亵渎神灵的行为"②。麦考莱具有惊人的记忆力。他曾声称，如果《失乐园》和《天路历程》的所有版本消失，他也能将它们默写出来。在他54岁经历了心脏病的打击之后，他依然保持了良好的记忆力。"我经常测试我的记忆力，发现它像以前一样好。记忆是最容易受到决定性测试的能力，也是一种最早衰退的能力。"③麦考莱语言天赋较高。他不仅熟练地掌握希腊语、拉丁语，还能读懂德语、法语史料。语言的优势使他能够利用欧洲多国的文献来写作历史。麦考莱的上述能力和天赋可以帮助他处理浩如烟海的大量史料，写出细节丰富的历史作品。

其次，麦考莱追逐名利和迎合读者的撰史动机是《英国史》赢得大量读者的主观原因。

麦考莱有创作一部流传后世的史学经典的雄伟抱负。他的最高目标是希望《英国史》能达到他所钟爱的古典作品的高度，在英国文学中占有永远的一席之地。他的一般目标是创作出像小说一样吸引人的史学作品，取代社会上流传广泛的司各特的历史小说和之前盛行于英国史学界的带有保守主义倾向的休谟的《英国史》。1841年，麦考莱告诉纳皮

---

① T. B. Macaulay, "The Letter to Thomas Flower Ellis," 1 July, 1834, in Thomas Pinney, ed., The Letters of Thomas Babington Macaulay, vol. 3, Cambridge: Cambridge University Press, 1976, p. 62.

② G. O. Trevelyan, *The Life and Letters of Lord Macaulay*, vol. 1, p. 53.

③ T. B. Macaulay, 29 January, 1855, in William Thomas ed., The Journals of Thomas Babington Macaulay, vol. 4, London: Pickering and Chatto, 2008, p. 212.

尔他试图"写作一部不久将取代年轻女性书桌上时髦小说的历史著作"①。事实证明，麦考莱确实实现了自己的宏伟目标。除此之外，对物质利益的考虑也是麦考莱的撰史动机之一。合理地追求利益是工业革命时期英国的时代精神，麦考莱也不例外。他写作《英国史》"不仅是为了歌颂辉格党的起源，也是为了赚钱"②。《英国史》第3、4卷出版后，朗曼出版社在10周内售出了26500套书，在第11周麦考莱收到了出版社的2万英镑的版税。对名利的追求构成麦考莱历史写作的内在动力，迎合读者和市场的需要是这一内在动机的外部表现。

《英国史》满足了英国不同阶层的历史知识需求和民族自豪感。维多利亚时代中期，英国富裕的中产阶级和普通的劳动阶级渴望了解自己国家的历史文化。作为中等阶级的代言人，麦考莱的目标读者群是有一定文化水平的中等阶级男性。在给读者的信中麦考莱写道，他的《英国史》不是"为了寄宿学校的女子学生所作"，而是针对男士，"教授民族兴衰的原因"。③ 学者托马斯分析了麦考莱的读者的特征，"他为一个能够阅读长篇评论和文学季刊的规模相对较小，受过良好教育，有闲暇时光和世界主义精神的读者群写作。"④可以看出，麦考莱没有成为一个大众作家的意图，他并不打算取悦底层的普通读者，但《英国史》出版后的销量大大超出朗曼出版社和麦考莱本人的预期，成为全社会各个阶层民众喜爱阅读的畅销书，而不是服务于中等阶级一个阶层的休闲读物。麦考莱在《英国史》中积极宣传英国社会物质财富和政治制度的进步，鼓吹盎格鲁－撒克逊的民族优越性，迎合维多利亚时代英国人乐

---

① T. B. Macaulay, "The Letter to Napier,", 5 November, 1841, in Thomas Pinney ed., The Letters of Thomas Babington Macaulay, vol. 4, Cambridge：Cambridge University Press, 1977, p. 15.

② William Thomas, "Introduction," The Journals of Thomas Babington Macaulay, vol. 1, London：Pickering and Chatto, 2008, p. XXI.

③ T. B. Macaulay, "The Letter to Unidentified recipient," 31 March, 1849, in Thomas Pinney ed., The Letters of Thomas Babington Macaulay, vol. 5, Cambridge：Cambridge University Press, 1977, p. 42.

④ William Thomas, "Introduction," The Journals of Thomas Babington Macaulay, vol. 1, London：Pickering and Chatto, 2008, p. XXII.

观、自满和高傲的心态。19 世纪中叶，英国的民族情感是积极、高昂的，也蕴含着轻视其他文明成就的狭隘。学者海斯凯斯（Ian Hesketh）认为麦考莱的《英国史》"试图反映和加强他的许多读者的情感和偏见"①。

《英国史》还为国内外人民提供了历史的借鉴。《英国史》的诞生正值 1848 年欧洲革命爆发之际，英国人担忧欧洲各国的革命浪潮会蔓延到英国，对革命形势感到焦虑。在这个敏感的时刻，麦考莱从历史中寻找支持温和妥协的政治道路的依据。《英国史》所讲述的光荣革命是一次党派妥协的温和革命，它试图告诫英国的统治者面对社会危机应该采取妥协和审慎的解决方式，避免暴力革命的发生。麦考莱的《英国史》之所以被欧洲人接受，是因为它让欧洲人看到另一种政治模式的可能性，为欧陆的绝对主义专制王权提供了一种作为参考的混合制的宪政发展模式。

复次，麦考莱对史料的勤奋收集为《英国史》的写作奠定了坚实的史实基础。

在 19 世纪 40 年代的研究条件下，麦考莱还无法查阅后来历史学家可以利用的公共档案局（The public record office）的文献。公共档案局成立于 1838 年，但大部分文献直到 1850 年代才从西斯敏斯特大教堂搬到伦敦。为了写作《英国史》，麦考莱四处搜集史料，他走访了各大图书馆、博物馆和档案馆，查阅了国家档案、议会日志、报纸、书信、小册子、民谣等各种文献，也实地探访了国内外的历史遗迹。除了钻档案馆、图书馆，麦考莱还利用自己辉格党政治家的身份和私人关系查阅了当时并没有公开的议会上院档案，获取了许多珍贵的有关议会争论的一手史料。他让光荣革命之后未被通过的谅解法案（Comprehension Bill）重新回到人们的视野中。有关谅解法案的复印件虽然保存下来，却只有两三个人见过。麦考莱在注释中说明了他接触到这一史料的缘由，"在

---

① Ian Hesketh, "Writing History in Macaulay's Shadow: J. R. Seeley, E. A. Freeman, and the Audience for Scientific History in Late Victorian Britain," *Journal of the Canadian Historical Association / Revue de la Société historique du Canada*, Vol. 22, No. 2, 2011, p. 34.

上院的档案中能够找到这一法案，奇怪的是，如此庞大规模的重要文献竟完全被我们最为勤奋和准确的历史学家忽视了。通过我一位十分重要的朋友约翰·勒弗沃，我才接触到这些文献。"①麦考莱有关爱尔兰、苏格兰的城市和战争的描写非常形象生动，原因就在于他亲身考察过他所描写的城市和战场。《英国史》的写作前后花了近20年的时间，第五卷最终也没有完成。可以说，《英国史》是一部耗尽麦考莱半生心血的力作。

最后，麦考莱充满文学色彩的撰史风格是《英国史》大众化的重要原因。

麦考莱早年发表在《爱丁堡评论》上的散文以简明、清晰和生动的文风著称。后来的《英国史》保留了散文的上述优点，但避免了其虚饰和夸张的缺点。从撰述的内容上说，《英国史》叙述的光荣革命的历史是大众熟悉和感兴趣的主题。全书主要刻画了威廉和詹姆士两位性格、命运迥异的君主，以及杰弗里斯、哈利法克斯、丹比、马尔伯罗等王工大臣的形象。《英国史》除了讲述这些精英人物的故事，还介绍了普通大众的历史及其生活。从表达形式上说，麦考莱是一位浪漫主义的历史学家，强调想象在再现历史中的作用，重视历史叙述的艺术。他运用小说、戏剧等文学表现方法和各种修辞手法描述历史，文学表现手法的运用取得了积极的效果，《英国史》获得大量读者的喜欢。因此，《英国史》的文学性在决定其流传的广度和深度方面起到关键作用。

三 科学史家和通俗史家围绕麦考莱的争论

《英国史》的成功将麦考莱置于大众瞩目的焦点，他的历史写作方式也成为人们竞相模仿的对象。麦考莱的大众史学写作是一种迎合读者需要，将历史学文学化，更具体的说是小说化或戏剧化的写作方式。这与19世纪历史学的主流——科学史学的潮流是相背离的。19世纪中后

---

① T. B. Macaulay, *The History of England*, vol. 3, London：Longman, Brown, Green, and Longmans, 1855, p. 90, 页下注。

期，英国史学界科学化和职业化的步伐加快，科学史家开始对麦考莱的通俗史学或者说大众史学范式展开批判。为了追求历史学的客观性，他们强调历史学家必须运用原始档案，在研究过程中应该保持一种超然的态度，尽量避免在叙述客观历史时渗入主观偏见，否定之前那种过于注重文采的"文学型史学"。剑桥大学的希利（Seeley）、阿克顿和牛津大学的弗里曼、弗斯等教授是历史学科学化的大力宣传者和推动着。希利指出，19 世纪 70 年代末期的英国史学界有两种不同的潮流，一派追求历史著作的可读性，走的是史学大众化路线，麦考莱和他的浪漫主义史学是其代表：

> 如果说司各特建立了历史传奇，那么他（按：指麦考莱）或许可以说是建立了浪漫主义史学。到今天，浪漫主义史学是历史写作的正确方式成为一种确定的流行观点，只有少数有足够天赋的作者才能完成。……流行的观点认为，最好的书是可读性最强的。让大众难以想象的是，一个人原本可以写一部令人愉快和着迷的著作却写了一部难以阅读的书。①

另一派以科学和准确为目标，突出史学的科学属性，希利是这一派立场的捍卫者。他从史学的科学性出发认为史学是无法实现大众化和通俗化的。英国著名历史学家阿克顿也是英国科学史学的鼓吹者和推动者，他将法国著名史家、客观主义史学的鼻祖兰克的治史方法引入英国。阿克顿接任了希利的剑桥钦定近代史讲席教授的席位，他批评麦考莱的一些观点已经过时，某些论述粗鄙、低下和带有偏见，但他仍然认为麦考莱是一位伟大的作家。1883 年，在给玛丽·格拉斯通的信中他写道：

> 麦考莱的《英国史》和他的一两篇演讲是精彩的。他对 17 世纪之前的历史知之甚少，对国外历史、宗教、哲学、科学和艺术一无所知。他关于一些争论的说明与兰克的论述相比相形见绌，他有

---

① J. R. Seeley, "History and Politics: No. I," *Macmillan's Magazine*, vol. 40, 1879, p. 290.

关外交问题的解释也被克洛普的取代。我被人说服相信，他的论述是低下和不公的。因此，阅读麦考莱就是发现最没有同情心的批评家如何得出这一看法，即麦考莱离英国最伟大的作家仅一步之遥。①

阿克顿再次论及麦考莱时声称，"他仍然是英国所有作家和大师中最伟大的一位，尽管由于某些原因，我认为他完全是低下、卑鄙和让人厌恶的。"②阿克顿对麦考莱既欣赏又批评的态度其实是许多科学史家的普遍性看法。

除了希利，牛津大学的钦定近代史教授弗斯也是一位科学史家。弗斯是麦考莱《英国史》插图版的主编，他原本打算修订出版他在牛津大学所做的关于《英国史》的讲稿，但受到第一次世界大战的干扰而没有遂愿。他死后由其助手整理出版了这些讲稿。弗斯认为历史学既是科学也是文学，他批评麦考莱将史学的文学性推向极端，希利等人挑起了科学史学与大众史学之间的争论，这一争论主要表现为三个方面。

（一）科学倾向和艺术旨趣：历史学的性质之争

历史学是一门偏向科学的学问，还是一门侧重艺术的学问？这是一个长期争论不休的问题。麦考莱认为历史学偏重艺术，其历史著作的科学性受到希利等科学史家的批评。

第一，麦考莱对新史料的挖掘不够，对史料缺乏有力的批判。受研究条件的限制，麦考莱在写作《英国史》时，还无法参考后来被许多历史研究者大量使用的历史手稿委员会的资料，也没有使用日后成立的伦敦历史公共档案局的文献。他对同时代其他学者的研究成果参考得较少。虽然他注意到法国、荷兰等国家的史料，但是忽视了来自德国的史料。麦考莱在引用比如小册子之类的文学性史料时常常不加批判就随意使用。在他的《英国史》中，会叙述一些未经证实的流言和奇闻逸事，

---

① Herbert Paul ed. , *Letters of Lord Acton to Mary Gladstone*, New York：The Macmillan Company, London：George Allen, 1904, p. 285.

② Ibid. , p. 326.

比如关于一些强盗风流韵事的记载，以及爱尔兰乱军屠杀英国人的传言。这些流言不仅可信度不高，而且与整部著作没有太多关联。因此，在弗斯看来，麦考莱没有跟上 19 世纪历史学的主要潮流———对史料的批判。

第二，麦考莱对历史人物和事件的评价带有一定的偏见，有失公允。在麦考莱的笔下，英雄和奸佞、君子和小人的形象泾渭分明。为了突出威廉的明君形象，麦考莱不惜抑此扬彼，浓墨重彩地刻画威廉睿智、审慎和不屈不挠的品质，将詹姆士描绘为一个几乎没有什么优点的固执的暴君。此外，威廉默许的英军屠杀苏格兰高地格林科部落的残暴行为也被加以粉饰。弗斯对此曾评论说："同样的事情，发生在詹姆士二世身上就是罪行，发生在威廉三世身上，只算小的过失。"①

第三，麦考莱的通俗史学实践使历史学与文学的边界变得模糊不清，威胁到历史学的学科独立性。在希利看来，麦考莱《英国史》的成功向大众传达了一种错误的认识，即历史著作的可读性而非科学的精确性成为衡量作品优劣的唯一标准。希利指责麦考莱"写作的有趣的历史造成了一种很难修复的伤害，它损害了公共品味，自然这一侵蚀也反作用于写历史的人"。如果历史不能保持其学科的独立性，"最后的结果便是对于普通大众来说，历史和文学之间没有分别。"②希利也反对历史学家采取戏剧性的表现手法去写作历史，他指出，"因为生活并不等同于传奇，所以当使用原始档案来研究历史时，结果看上去不像历史学家习惯上对历史的传统的表现。"③ 普通的历史不能以戏剧的形式加以编排和呈现，将史学戏剧化的大众史学写作有使复杂的历史简单化的倾向。另一位科学派史家弗斯批评麦考莱等近代史家"将历史学视为科学而非文学的一个分支，他们扩大了发现真相的困难，而麦考莱

---

① C. N. Firth, *A Commentary on Macaulay's History of England*, London：Macmillan and Co.，1938，p. 256.

② J. R. Seeley, "History and politics：No. I," *Macmillan's magazine*, vol. 40, 1879, p. 292.

③ Ibid.，p. 291.

扩大了讲述历史的困难"①。麦考莱将史学的文学性推向极端，偏重历史的叙述，没有充分认识到史料的考订和分析在历史研究过程中的重要性和困难。

麦考莱历史著作的文学性得到了一些通俗史学支持者的赞同。英国著名史家乔治·麦考莱·屈威廉（George Macaulay Trevelyan，1876－1962，麦考莱的曾外甥）重视历史学的艺术性。在《克莱奥：一位缪斯》一文中，他指出英国具有"自由、通俗和精通文学的史学传统"，吉本、卡莱尔、麦考莱以及格林等人是这一史学传统链条中的关键史家，麦考莱是英国"文学型"史家的代表，推动了英国史学的通俗化。②在屈威廉看来，科学史学因为追求事实的精确性而忽视历史表达，导致历史叙述索然无味，史学作品离公众越来越远。这一科学化倾向需要加以纠正。

（二）服务大众和同行交流：史学的读者之争

科学史学和通俗史学之争的第二个方面是对历史著作应该面向何种读者的认识。一般来说，职业史家或科学史家的著作大都是写给同行看的，以获得学术界对自己研究成果的关注和认可，最终形成多数学者都能够接受的观点和理论体系。通俗史学以服务大众——普通读者为自己的写作目标，而不仅仅是历史学家这一职业群体。

对于麦考莱面向大众的通俗史学写作模式，希利不以为然。他认为历史学的合法代表是科学史学，只有专家而非普通读者能够完全理解科学史家的著作。"我把历史看作是一个科学的主题，我不期望普通公众能够正确地思考它。所有普及历史知识的直接尝试对于我来说都可能失败，因为只有历史掺杂了满足大众趣味的漂亮和腐败的材料，它才会使

---

① C. H. Firth, *A Commentary on Macaulay's History of England*, London：Macmillan and Co. 1938，pp. 29－30.

② G. M. Trevelyan, "Clio, a muse," in *Clio, A Muse and other Essays literary and Pedestrian.* London：Longmans, Green and Co.，1914, p. 4.

普通公众觉得有趣。"①可见，希利所说的历史是一种态度严谨的学院派史学，是为少数专家学者而写，并不针对普通人。一些通俗史家的支持者按照科学和批判的方法写作历史，他们销量惊人的学术著作回应了以希利为代表的科学史家对麦考莱通俗史学的质疑。屈威廉的《英国社会史》出版后7年内共售出40万册，足见其受欢迎程度。这部著作虽然运用了计量史学的方法，却没有阅读一般计量史学著作时的枯燥感，各种图表和统计数据被用来说明英国社会的发展状况，全书的叙述简洁流畅。屈威廉是以严格的科学方法治史的专业学者，其成功的实践表明吸引公众的历史著作也可以是既科学严谨又有趣的作品。

希利将史学的读者范围局限于专家学者之列，低估了普通读者的阅读能力。随着整个社会文化水平的提高，民众掌握的历史知识更全面，他们的需求也更为多元化，不能排除一些对历史有强烈兴趣和深入研究的业余史学工作者的存在。这要求科学史学应该主动与通俗史学沟通，为推动史学的社会普及和发展做出贡献。

（三）通俗史学的功用之争

科学史学与通俗史学之争的第三个方面是关于历史学功用的看法。科学史家认为历史学家应该主要承担社会教化的功能。通俗史家则认为历史著作既能够提供历史教训，又能够让读者体会到历史阅读的快乐和趣味性。

一些科学史家认为，历史的教益与娱乐功能不可两全，史学的娱乐化、大众化会损害历史的客观性和真实性。在科学史家看来，麦考莱的《英国史》提供的只是一个有趣的历史故事，而不是科学准确的历史经验总结，他的历史论述不够严谨，史实也有错误缺漏之处，他确实向普通大众传播了详细的历史知识，但人们不能从他的历史叙述中获取任何一般的规律性认识。希利认为，因为麦考莱的史学作品是不准确的，所以它无法向公众提供可以指导其未来实践的经验教训。他还指出，"历

---

① J. R. Seeley, "History and Politics: No. Ⅳ," *Macmillan's Magazine*, 1879, vol. 4, pp. 31 – 32.

史中真正富有教益的东西是难以阅读，要费一番功夫才能理解的东西，这些是可读性强的作品所缺乏的。"① 麦考莱历史作品的特征是内容通俗易懂，缺乏对人物、事件深入的分析和解释。希利所说的"教益"是比麦考莱归纳的原始经验主义更为深刻和抽象的理论认识，他将专业史家的深奥晦涩等同于历史作品富有教益的保证。屈威廉反对希利的上述看法，他认为麦考莱的"历史写作不仅仅是学者之间的相互对话，也是向所有读者广泛和深入地传播有关历史的喜爱与知识，严肃和批判性的爱国主义，以及特定的思维与心灵特征的方式"②。屈威廉高度评价《英国史》对社会大众的教育意义。"在他的时代和他去世后的一代之中，成千上万的人读过《英国史》，它使我们的历史与制度为全世界所熟悉。如果我认为历史的最终价值不是科学性而是教育性的主张是正确的，那么他使历史为人所知的工作就是所有工作中最为本质和切题的。"③希利认为浪漫主义史学不能提供历史的经验教训的看法是站不住脚的，因为麦考莱的《英国史》就成功地做到了这一点。普通读者在阅读《英国史》的过程中不仅可以熟悉英国的历史文化知识，也可以从中获得历史教训和启迪。

四　麦考莱通俗史学范式的历史影响

尽管存在诸多争议，麦考莱的通俗史学范式还是对英国史学界产生了深远的影响，成为后辈史家学习的榜样。

牛津大学的历史学教授弗里曼虽然是科学史学的支持者，但他的撰史风格带有麦考莱注重修辞的文风的特征。正如伯罗指出的，"弗里曼完成他著作的方法确实受到麦考莱《英国史》范例的影响，或许还有夫鲁德，尽管他敌视麦考莱，但还是受到后者的影响。这赋予三人的著

---

① J. R. Seeley, "History and Politics：No. I," *Macmillan's Magazine*, 1879, vol. 4, p. 294.

② Ibid., p. 4.

③ G. M. Trevelyan, "Clio, a muse," in *Clio, A Muse and other Essays literary and Pedestrian.* London：Longmans, Green and Co., 1914, p. 46.

作特定的同一性，它们都渴望叙述生动，可读性强，能广泛流传。"①麦考莱为弗里曼提供了历史知识的教导，也为后者树立了一种历史写作的范式。弗里曼曾说："我像任何人一样能够看到麦考莱巨大和显著的缺点，我也像其他人一样小心谨慎地考察他光彩夺目的历史叙述。但是我不认为我有权力轻视他，我从他那里获得大量实际的历史知识，比起其他历史叙述大师，我受惠于他的地方更多。"②弗里曼欣赏麦考莱简洁清晰的风格，在他的成名作《诺曼征英史》中借鉴了麦考莱经常使用的对比这一修辞手法。他将诺曼征服前外族对英国的入侵与诺曼征服进行比较。公元5世纪哥特人、勃艮第人等蛮族在征服西欧的过程中保留了自己民族的语言与法律，没有改变被征服的罗马人的语言与法律。与公元5世纪的蛮族入侵不同，公元11世纪威廉领导的诺曼征服促进了英国人与诺曼人的融合。③弗里曼在1884—1894年任牛津大学的钦定近代史教授，而希利从1869年到1895年一直担任剑桥的钦定近代史教授，他们在英国史学界具有相当高的学术地位。作为科学史家，他们对麦考莱都有不同程度的批判，但希利对麦考莱的评价比弗里曼的更为严厉。这一态度分歧的原因在于两人对读者能力的不同评估。希利不相信普通读者能够读懂科学史家的著作，弗里曼则对普通读者的思维能力充满信心，他认为普通读者能够理解和欣赏科学史学的原则。

牛津学派的另一位历史学者格林早年在伦敦的贫民区传教，利用业余时间从事历史研究，后来他放弃牧师的工作，担任伦敦朗伯斯图书馆的管理员，有了比较充足的时间进行历史写作。严格来说，格林并不是职业的历史学家。但格林毕业于牛津大学，与弗里曼的学术来往和私人关系甚为密切，在史学研究方面也做出了自己特殊的贡献。格林于1874年出版的《英国人民简史》引发学术界的轰动，奠定了其在英国

① J. W. Burrow, *A liberal Decent: Victorian Historians and the Past*, p. 286.
② E. A. Freeman, "The Difficulties of Historical Study," in *The Methods of Historical Study*, London: Macmillan and co. , 1886, p. 105.
③ E. A. Freeman, *The History of the Norman Conquest of England*, the third edition, vol. 1, Oxford: The Clarendon Press, 1877, p. 4.

史学界的地位。《英国人民简史》的一大特征是将人民作为历史研究的主要对象，它是"人民的历史，而不是帝王、教会的历史，也不是历代君主的军事功勋和政治兴衰的历史"①。麦考莱的《英国史》虽然论及了普通人民的历史，但内容比较简单，君主是其历史叙述的主体。格林的《英国人民简史》打破了这一传统，将叙述的重点转移到普通大众身上，格林所说的人民是指诸如"传教士、诗人、印刷商、店主和哲学家"这类不被普通史书留意的人群②，也包括农民和手工业阶层。格林在伦敦的贫民区当过多年的牧师，与社会底层人民有过密切的接触，他对劳动人民的疾苦能够抱以真诚的同情和理解。格林的民主倾向表现在他对君主及其专制统治的批判。"它是一篇民主宣言，它理想化了人民而轻视了他们的统治者。詹姆士一世被描写成了一个不道德的丑角、懦夫与酒徒；查理一世成了贪婪与卑鄙的化身；乔治三世成了浮夸、自私与残忍的君主。"③《英国人民简史》还专门讨论城镇的起源和发展。格林对人民历史的关注，对英国城镇发展的叙述应该受到了麦考莱《英国史》相关内容的启发。④在文风上，格林的文笔可以和麦考莱相媲美，他是牛津学派的历史学家之中文采最好的一位。格林对人物的描写生动、形象，叙述充满想象力。评论者布鲁尔曾指出，"社会上对于历史的需求——那种将历史写得生动，引人，精彩的需求，已经使这种货色应运而生。这个引诱力是巨大的，格林也往往抵抗不了它。他具有这样一种天然的倾向，即以他丰富而狂热的想象来提供他那些冰冷而无色彩的资料中所缺乏的戏剧性情节。"⑤

---

① ［美］J. W. 汤普森：《历史著作史》下卷第三分册，孙秉莹、谢德风译，商务印书馆1996年版，第439页。

② J. R. Green, *A Short History of the English People*, vol. 1, London：Macmillan and co.，1892，p. XXV.

③ ［英］乔治·古奇：《十九世纪历史学与历史学家》下册，耿淡如译，商务印书馆1989年版，第569页。

④ J. R. Green, *A Short History of the English People*, vol. 1, London：Macmillan and co.，pp. 368 – 384.

⑤ ［英］乔治·古奇：《十九世纪历史学与历史学家》下册，耿淡如译，商务印书馆1989年版，第570页。

　　进入 20 世纪，麦考莱的通俗史学写作依然有其传承者。英国著名历史学家屈威廉继承了麦考莱的遗风，重视历史学的艺术性和历史研究的社会功能。屈威廉 1927 年担任剑桥大学的钦定近代史教授，1942 年出版了颇为畅销的《英国社会史》。在这本著作中，屈威廉对复辟时期英国的资源开采、城市发展和社会阶层等方面的描述与麦考莱的《英国史》第三章有关社会史的内容相互呼应。①

　　屈威廉的学生，当代史家普拉姆（J. H. Plumb）也非常重视历史叙述和史学的社会功用。普拉姆高度肯定麦考莱的学术贡献：

　　　　尽管有许多针对它的批评，麦考莱的《英国史》仍然是一部具有文学性和学术性的伟大著作，他的散文也是如此。一百年内，英国还未产生和他一样的史家。……他未能完成威廉三世时期的作品，他诚恳地承认他的著作还没有达到历史写作的最高成就。不管怎样，它仍然是仅次于吉本的用英语写成的最伟大的历史著作。②

　　普拉姆是一位受过严格科学训练的史家，在进行学术写作的同时，他把推动史学的大众化作为自己的奋斗目标，"不用向你所说的真相或复杂性妥协而获得广泛的读者是你作为学者的最激动人心的挑战"③。从当代史家普拉姆的上述观点中，我们可以看到英国通俗史学传统的延续。

　　总之，麦考莱对英国史学的通俗化和大众化做出了重要贡献，他是英国通俗史学的早期实践者。他的历史著作不仅是一部专业的史学作品，也是一部可以流传后世的文学佳作。学术界对麦考莱史学思想的不同评价反映了大众史学与科学史学之争，这场争论的实质是历史学的性质与功用之争。麦考莱认为历史学是一门偏重艺术的学问，重视历史的

---

　　① G. M. Trevelyan, *English social History: A Survey of Six Centuries: Chaucer to Queen Victoria*, Middlesex: Penguin Books, 1994, p. 293.

　　② J. H. Plumb, "Thomas Babington Macaulay," *University of Toronto University*, vol. 26, 1956, pp. 28, 30.

　　③ R. E. Sullivan, *Macaulay: The Tragedy of Power*, p. 487.

叙述和政治镜鉴功能，科学史家强调历史学的科学性，奉兰克的"如实直书"与"不偏不倚"的治史原则为佳皋，他们要求精确地再现历史事实，忽视历史的表达和读者的感受。

在今天的学术环境下，历史学变得高度专业化，历史学者自觉地在职业与业余，精英与大众之间做出明确的划分，他们局限于自己狭窄的研究领地，不愿与公众交流，也不试图了解普通大众对历史知识的需求。大量的学术论文和历史著作以分析为主，叙述枯燥无味，毫无感情色彩，只被少数专业学者阅读和评价，无法与普通读者产生共鸣。单独将公共史学从历史学中独立出来，说明原来专业化的历史学已经不能满足今天急剧变化的社会需要，史学的社会性在当代的地位和作用更加凸显，公共史学或公众史学也就应运而生。麦考莱《英国史》的成功经验及其影响告诉我们。第一，历史学要实现社会普及，就需要重视文字表达的技巧，运用各种文学表现手法和修辞方法来增强艺术的感染力。第二，职业史家应该打破狭隘的职业壁垒，取大众史学之长，树立读者意识，将大众的需要融入历史研究的选题和写作，扩大学术成果的社会影响力。第三，大众史学不是纯粹的文学产物，它必须遵循史学自身的学术规范，不能随意编造事实和情节，要做到论从史出。今天的大众史家应该努力吸收学术界最新的研究成果，发挥自己的优势，将专业精神的历史知识生动地表述出来，避免专业史家严肃单调地说教。大众史学与科学史学不是截然对立的，他们应该各取所长，共同发展进步。

结　　论

一　麦考莱史学思想的古典气质

麦考莱是一位具有古典气质的历史学家，不少史家都指出了这一点。伯罗声称麦考莱的历史著作具有"奥古斯都时代的英国和苏格兰启蒙运动的芬芳"①，詹恩认为"麦考莱著作主要具有奥古斯都时代的特征"②，苏利文直接称麦考莱是最后一位"古典史家"。

麦考莱浸淫于古典著作多年，对荷马史诗，希罗多德、修昔底德和塔西坨等人的著作熟读能诵，其中修昔底德是麦考莱最为崇拜的历史学家。麦考莱对修昔底德的认识是逐渐深化的。他起初认为修昔底德"在历史叙述的艺术，制造想象的效果的技艺方面是无人可以相提并论的"，但又认为修昔底德关于政治道德、党派缘起、军队构成和社会团体之间关系的思考是肤浅的，因此不能算是一位真正的"哲学史家"。③ 1835年，麦考莱重读修昔底德，纠正了自己原先的看法，他"震惊于自己先前的无知，感到修昔底德的伟大"④。1848 年 11 月，麦考莱完成了《英国史》前两卷的写作，再次重读修昔底德的《伯罗奔尼撒战争史》，在阅读过程中，他一直将修昔底德与希罗多德两位伟大的古典史家相比

---

① J. W. Burrow, *A liberal Decent*：*Victorian Historians and the Past*, p. 287.

② Rosemary Jann, *The Art and Science of Victorian History*, p. 102.

③ T. B. Macaulay, "History," in Lady Trevelyan, ed., The Miscellaneous Works of Lord Macaulay, vol. 1, New York and London：G. P. Putnam's Sons, 1898, pp. 193, 196.

④ G. O. Trevelyan, *The Life and Letters of Lord Macaulay*, vol. 1, p. 399.

较。他认为修昔底德"在总体上比希罗多德要逊色",但读完一卷后,又"发现他是一个比希罗多德有趣的作家",在比较自己的著作和修昔底德之后,"遗憾地承认修昔底德的著作比自己的好太多",最后他总结说,"总体上,修昔底德是一流的史家,他的长处要远远胜过其他人,但是他书中枯燥的部分相当枯燥,他的编排也不是很好,纯粹按编年史的时间顺序无法处理复杂的历史。"①在麦考莱看来,修昔底德的文笔虽然没有希罗多德那般生动,但修昔底德的史学才能更为全面,他在确保历史事实准确性的同时,也能注意历史叙述的趣味性。这更为符合麦考莱认为的理想的历史学家的特征。

麦考莱的历史著述鲜明地体现了古典史学的一些基本特征。首先,麦考莱继承了古典史家以政治军事史为主的史学编纂方式。他的《英国史》以政治史为主,同时延续了历史学之父希罗多德开创的社会文化史传统,试图打破以高贵自称的政治史研究,将历史研究的范围扩大到社会史领域。他在《英国史》的开篇指出一个出色的历史学家不能仅仅满足于叙述政治兴衰、宫廷阴谋、军事斗争和议会争论,还应该提及民众的历史,将民众的历史与政治史结合起来。"假如我能成功地为19世纪的英国人呈现出一幅有关其先辈生活的真实画卷,即便被指责为贬低了历史的高贵性,我也乐于接受。"②但实际上,麦考莱没有能够将政治史与社会史真正有机地结合起来,《英国史》第三章的社会史研究与主体的政治史叙述是相互脱节的。贯穿《英国史》始终的还是国王出逃、蒙茅斯叛乱、威廉远征英国、英格兰对爱尔兰和苏格兰叛乱的镇压与英法争霸战争等政治军事史。对这些历史事件带给英国社会的影响,比如英国社会阶层的变化,人民生活水平的发展麦考莱则没有论及。他论述较多的是这些事件发生前后的普通民众的心态,他对民众心态的解释比

---

① T. B. Macaulay, 23 November, 1848, in William Thomas ed., The Journals of Thomas Babington Macaulay, vol. 2, London: Pickering and Chatto, 2008, p. 5; T. B. Macaulay, 24 November, in ibid, p. 6; T. B. Macaulay, 26 November, in ibid. p. 7; T. B. Macaulay, 2 December, 1848, in ibid, p. 11.

② T. B. Macaulay, *The History of England*, vol. 1, London: Longman, Brown, Green, and Longmans, 1849, p. 3.

较机械化。麦考莱很好地将战争史的描述与经济史的论述结合起来，他对国债，英格兰银行起源及发展情况的说明服务于其政治、军事史的研究。毕竟，决定国家之间战争成败的最为重要的因素是一个国家的综合国力，特别是其经济实力。麦考莱论述的社会史和经济史只是对传统的政治史叙述的一种补充，它不可能从根本上改变麦考莱历史著作偏重政治史的性质。

其次，麦考莱秉承了古典史学的历史镜鉴传统，重视历史对现实的指导作用。麦考莱的民族史叙事实现了教化民众的功能。他歌颂英国的个人自由和宗教自由，重视英国的宪政传统，倡导温和妥协的革命道路，强调审慎的政治家品质，这些都是光荣革命的历史带给麦考莱的启发，也是他希望传达给政治家和普通读者的政治经验和智慧。他以英格兰为中心的军事史叙述展现了英国日趋增强的国家实力，特别是强大的海军力量，表现出强烈的爱国主义，无形之中培育了英国民众的民族自信心和自豪感。

最后，麦考莱借鉴了古典史家的叙述艺术和修辞技巧。相比于修昔底德的冷峻，希罗多德的生动文笔显然更符合麦考莱的个人气质。麦考莱还吸收了塔西坨的戏剧性笔法，引入情感和体验来推动情节发展。学者列文也指出了麦考莱对古典主义风格的追求。"麦考莱喜欢清晰和对称的艺术，尽管他喜欢小说，大多数还是非古典题材的，但他的理想是古典的。如果他能写一部小说的话，他希望能够具有菲尔丁的古典主张和奥斯丁的对称与准确。……他试图寻找一种有尊严的古典艺术，其中浪漫主义可以和事实一致。"[1]麦考莱希望在他的史学实践中既能体现古典史家的求真精神，也能保留他们精美的修辞技巧。

二　麦考莱史学思想的调和性

麦考莱的史学思想表现出一种调和的特征，既不激进也不保守。他试图协调过去与现在，传统与变革，自由与秩序，理性与想象，进步与落后，政治活动与文学写作等相互矛盾冲突的复杂关系。

---

① George Levine, *The Boundaries of Fiction*: *Carlye*, *Macaulay*, *Newman*, p. 117.

麦考莱尊重但不迷恋英国古老的宪法。他指出，随着时间的演变宪法和法律将会变得愈加完善。他认为，13世纪是英国民族和自由起源的时期，当时英国实行的君主制在整个欧洲都是最好的制度。斯图亚特王朝时期英国专制主义王权发展到顶峰，光荣革命的发生肇始于国王个人权力的膨胀，民众自由受到侵犯，英国的政治家为了避免内战之类的暴力革命的重演，为了维护社会秩序的稳定，以党派妥协的方式解决了国家的宪政危机。光荣革命使英国恢复了基本的宪政制度，从有限君主制转变为立宪君主制。麦考莱热情赞扬的光荣革命提供了政治妥协的成功范例，此后19世纪英国的议会改革遵循着先辈的妥协方案，实行温和的政治改革。

在《英国史》中，我们更多地感受到的是麦考莱对维多利亚时代英国的自由和进步的歌颂。在古今之争中，麦考莱更加偏爱当下的社会发展和政治制度，由此造成了他的历史著作中历史主义感的削弱和现在中心主义的凸显。麦考莱的进步观的主要内容是强调英国在物质、道德和政治领域的进步，但同时他也指出，人类精神领域的创造并非是一种累积和渐进式的进步，人类的想象和演说的能力相比于古代处于衰退之中，他感慨自身所处时代的史家的历史叙述能力的退化。司各特等历史小说家的大受欢迎提醒麦考莱回归古典史家的叙述传统，为此，麦考莱 的《英国史》复活了想象、修辞在历史著作中的地位，这也给他增加了新的挑战，需要保持理性和想象，浪漫主义和经验主义之间的平衡。

麦考莱是一位业余史家，一位职业的政治家。从他步入政坛的那天起，麦考莱从没有完全脱离政治活动。他的演说能力使他在议会改革时期大放异彩，为他赢得了巨大的政治声誉。麦考莱十分享受公共生活带给他的高贵身份和崇高感。他对国内外潜藏在社会之下的革命趋势保持了较高的警惕，在议会中积极论证妥协的统治政策的合理性，要求政府满足普通民众扩大选举权的政治要求和工业资产阶级废除《谷物法》的诉求。麦考莱先后两次入阁，最后受封为勋爵，在政治上已经取得相当高的地位。但麦考莱并不满足于此，他有更大的雄心抱负。在他看来，政治家的命运随着政治环境的变化而起伏，只有文学作品才具有永恒不变的价值。他希望《英国史》成为一部流传后世的名著，他自己也能名留青史。麦考莱对名利的追求其实是对永恒性的追求，从这个意义上说，麦考莱不仅是浪漫主义者，也是启蒙运动的思想产儿。

三　麦考莱史学思想的自由主义实质

麦考莱虽然是一位辉格史家，但他没有强烈的党派偏见，是一位自由主义的热情宣传者。自由主义是麦考莱一切思想的原点，无论是坚守传统，还是锐意改革，自由都是他极力守护的权利。他所说的自由是近代意义上的，尤其是指中等阶级的自由，包括人身、财产、信仰、集会和出版自由。他的《英国史》描绘了自由最终战胜专制的历史过程，向世人展示了英国人引以为豪的自由制度的优越性。正是对自由的有效保障才使得英国取得物质、道德等诸多领域的进步和殖民霸主的地位。不仅在历史著作中，麦考莱还在议会演讲中鼓吹个人自由与贸易自由，在为印度起草的法案中践行自由主义的原则。

麦考莱的自由主义史学思想受到了一些著名史学家和政治学家的关注。剑桥大学的历史学家阿克顿尤其强调麦考莱史学思想的自由主义特征，他将麦考莱与伯克、格拉斯通并称为三位最伟大的自由主义者，阿克顿还宣称，麦考莱是宣传自由主义观念的文学家中最伟大的和最具代表性的一位。[1]作为自由主义的史学大师，阿克顿对麦考莱史学思想的评价无疑具有相当大的说服力。另一位学者——战后西方的自由主义大师哈耶克也肯定了麦考莱的自由主义思想。哈耶克1960年在其《自由秩序原理》中，对英国法治的渊源进行了考察。他认为，"伴随着18世纪的终结，英国对于自由诸原则之发展的重大贡献亦告终结"，"麦考利（按：指麦考莱）为19世纪做出了一如休谟为18世纪所做的贡献"。[2]哈耶克所说的麦考莱的贡献是指他通过《英国史》将法治和自由的观念传播给广大公众，他成功地使得英国历史中立宪斗争的成果再一

---

① Herbert Paul ed., *Letters of Lord Acton to Mary Gladstone*, 1904, pp. 57, 210.
② [英] 弗里德利希·冯·哈耶克：《自由秩序原理》，邓正来译，生活·读书·新知三联书店1997年版，第219、396页。

次成为 19 世纪受过教育的英国人关注的焦点。上述两位学者的论述表明，麦考莱虽然不是自由主义的理论家，却是一位非常成功的宣传家，其著作具有鲜明的自由主义底色。

参 考 文 献

一　麦考莱的著作

T. B. Macaulay, Thomas Babington, *The History of England from the Accession of James the Second*, 5 vols, London：Longman, Brown, Green, and Longmans, 1849 – 1861.

T. B. Macaulay, *Napoleon and the Restoration of the Bourbons* ［1830］, ed. Joseph Hamburger, London：Longman, 1977.

Thomas Pinney, ed. , *The Letters of Thomas Babington Macaulay*, 6 vols, Cambridge：Cambridge University Press, 1974 – 1981.

Lady Trevelyan, ed. , *The Miscellaneous Works of Lord Macaulay*, 10 vols, New York and London：G. P. Putnam's Sons, 1898.

William Thomas, ed. , *The Journals of Thomas Babington Macaulay*, 5 vols, London：Pickering and Chatto, 2008.

G. O. Trevelyan, *The Life and Letters of Lord Macaulay*, 2 vols, London：Longman, Green and Co. , 1876.

二　英文研究著作

Edward Adams, *Liberal Epic：The Victorian Practice of History from Gibbon to Churchill*, Charlottesville and London：University of Virginia Press, 2011.

R. D. Altick, z *The English Common Reader: A Social History of the Mass Reading Public*, 1800 – 1900, Chicago: University of Chicago Press, 1957, Columbus: Ohio State University Press, 1998.

Walter Bagehot, *Literary Studies*, 3 vols, New York: Longman's Green and Co. , 1898.

Michael Bentley, *Modernizing England's Past: English Historiography in the Age of Modernism*, 1870 – 1970. Cambridge: Cambridge University Press, 2005.

P. B. M. Blass, *Continuity and Anachronism: Parliamentary and Constitutional Development in Whig Historiography and in the anti-Whig Reaction between 1890 and 1930*, The Hague: Boston M. Nijhoff, 1978.

J. W. Burrow, *A Liberal Descent: Victorian Historians and the Past*, Cambridge: Cambridge University press, 1981.

Herbert Butterfield, *The Whig Interpretation of History*, New York: The Norton library, 1965.

A. S. G. Canning, *Lord Macaulay: Essayist and Historians*, London: Smith Elder, and Co. , 1882.

John Clive, *Macaulay: The Shaping of the Historian*, New York: Knopf, 1973.

C. H. Firth, *A Commentary on Macaulay's History of England*, London: Macmillan and Co. 1938.

E. A. Freeman, *The History of the Norman Conquest of England*, Oxford: The Clarendon Press, 1877.

E. A. Freeman, *The Growth of the English Constitution*, London: Macmillan and Co, 1873.

E. A. Freeman, *The Methods of historical Study*, London: Macmillan and Co. , 1886.

Peter Gay, *Style in History*, New York: Basic Books, INC. , 1974.

J. R. Green, *A Short History of the English People.* London: Macmillan and Co. , 1892.

Catherine Hall, *Macaulay and Son: Architects of Imperial Britain*, New Haven and London: Yale University Press, 2012.

Henry Hallam, *The Constitutional History of England*, London: William Clowes and Sons Limited, 1897.

Joseph Hamburger, *Macaulay and the Whig Tradition*, Chicago: University of Chicago Press, 1976.

A. R. Hassard, L. *A New light on Lord Macaulay*, Toronto: Rockingham Press, 1918.

Rosemary Jann, *The Art and Science of Victorian History*, Columbus: Ohio State University Press, 1985.

Theodore Koditschek, *Liberalism, Imperialism, and the Historical Imagination: Nineteenth-Century Visions of a Greater Britain*, New York: Cambridge University Press, 2011.

Krishan Kumar, *The Making of English National Identity*, London: Cambridge University Press, 2003.

George Levine, *The Boundaries of Fiction: Carlyle, Macaulay, Newman*, Princeton: Princeton University Press, 1968.

James Mackintosh, *History of the Revolution in England in* 1688, London: Longman, 1834.

Peter Mandler, *History and National Life*, London: Profile Books Ltd. , 2002.

Peter Mandler, *The English National Character: the History of an Idea from Edmund Burke to Tony Blair*, New Haven and London: Yale University Press, 2006.

Jane Millgate, *Macaulay*, London and Boston: Routledge and Kegan Paul, 1973.

William Minto, *A Manual of English Prose Literature*, Boston: The Ginn and Company, 1892.

J. C. Morrison, *Macaulay*, London: Macmillan and co. , 1882.

John Paget, *The New Examen*; *or an Enquiry into the Evidence relating to certain Passages in Lord Macaulay's History*, Edinburgh and London: William Blackwood and Sons, 1861.

Herbert Paul ed. , *Letters of Lord Acton to Mary Gladstone*, New York: The Macmillan Company; London: George Allen, 1904.

Steve Pincus, *1688*: *The First Modern Revolution*, New Heven and London: Yale University Press, 2009.

Theodore Roosevelt, *History as Literature and Other Essays*, New York: Charles Scribner's sons, 1913.

William Stubbs, *The Constitutional History of England*, the Second edition, Oxford: The Clarendon Press, 1875.

R. E. Sullivan, *Macaulay*: *The Tragedy of Power*, Cambridge, MA: Harvard University Press, 2009.

G. M. Trevelyan, *Clio, A Muse and other Essays Literary and Pedestrian*, London: Longmans, Green and Co. , 1914.

G. M. Trevelyan, *English social History*: *A Survey of Six Centuries*: *Chaucer to Queen Victoria*, Middlesex: Penguin Books, 1994.

Hugh Trevor-Roper, *Counter-Refmation to Glorious Revolution*, Chicago: University of Chicago Press, 1992.

William Thomas, *The Quarrel of Macaulay and Croker*: *Politics and History in the Age of Reform*, New York: Oxford University Press, 2000.

三 英文论文

Edward Adams, "Macaulay's History of England and the Dilemmas of Liberal Epic," *Nineteenth-Century Prose*, Vol. 33, No. 2 (2006) .

Archibald Alison, "Macaulay's History of England," *Blackwood's Edinburgh Magazine*, Vol. 65 (April 1849).

Anonymous, "Macaulay's history of England," *Bentley's Miscellany*, Vol. 39 (January1856).

Andrew Browning, "Lord Macaulay, 1800 – 59," *The Historical Journal*, Vol. 2, No. 2 (1959).

John Clive, "Macaulay's Historical Imagination," A. N. Jeffares ed. Special Issue of *A Review of English Literature*, Vol. 1. No. 4 (1960), reprinted in John Clive, *Not by Fact alone: Essays on the Writing and Reading of History*, London: William Collins Sons and Co. Ltd, 1989.

John Clive, "Macaulay, History and the Historians," *History Today*, Vol. 9, No. 12 (1959).

John Clive, "Amusement and Instruction: Gibbon and Macaulay," *Proceedings of the Massachusetts Historical Society*, Third Series, Vol. 87 (1975).

R. A. Cosgrove, "Reflection on the Whig Interpretation of History," *Journal of Early Modern History*, Vol. 4, No. 2, 2000.

Godfrey Daves, "The Treatment of Constitutional History of Macaulay's History of England," *Huntingdon Library Quarterly*, Vol. 2, No, 2 (1939).

D. C. Hanson, "Precocity and sibling relations: Goethe and Macaulay family life writing." *Nineteenth-Century Prose*, Vol. 33, No. 2 (2006).

P. H. Ditchfield, "The Errors of Lord Macaulay in His Estimation of the Squires and Parsons of the Seventeenth Century," *Transactions of the Royal Historical Society*, Third Series, Vol. 9 (1915).

Catharine Edwards, "Translating Empire? Macaulay's Rome," in Catharine Edwards ed., *Roman Presences: Receptions of Rome in European Culture* 1789 – 1945, Cambrige: Cambridge University Press, 1999.

O. D. Edwards, "The Ranks of Tuscany: Macaulay on Ranke's Die romischen Papste," *Nineteenth-Century Prose*, Vol. 33, No. 2 (2006).

E. A. Freeman, "Lord Macaulay," *The International Review*, vol. 3, 1876.

W. E. Gladstone, "Macaulay," *Gleanings of Past Years*, *1844 – 1878*, vol. 2, London: John Murray, 1879, pp. 265 – 341, reprinted from *Quarterly Review* (July 1876).

Catherine Hall, "At Home with History: Macaulay and the *History of England.*" In Catherine Hall and Sonya O. Rose, eds., *At Home with the Empire: Metropolitan Culture and the Imperial World*, Cambridge: Cambridge University Press, 2006.

Catherine Hall, "Macaulay's Nation," *Victorian Studies*, Vol. 51, No. 3 (Spring, 2009).

Henry Reeve, "Lord Macaulay," *Edinburgh Review* 111 (January 1860).

Ian Hesketh, "Writing History in Macaulay's Shadow: J. R. Seeley, E. A. Freeman, and the Audience for Scientific History in Late Victorian Britain," *Journal of the Canadian Historical Association*, Vol. 22, No. 2, 2011.

W. A. Davis, "This Is My Theory: Macaulay on Periodical Style," *Victorian Periodicals Review*, Vol. 20, No. 1 (Spring, 1987).

K. H. Lodge, "Macaulay Up to Date," *The Sewanee Review*, Vol. 28, No. 1 (Jan., 1920).

William Madden, "Macaulay's Styles," George Levine and William Madden eds., in *The Art of Victorian Prose*, London: Oxford University Press, 1968.

Mark Knights, "The Tory Interpretation of History in the Rage of Parties," *The Huntington Library Quarterly*; Vol. 68, No. 1, 2005.

James Moncreiff, "Macaulay's History of England," *Edinburgh Review*, Vol. 105 (January 1857).

James Moncreiff, "Macaulay's History of England-Fifth Volume," *Edinburgh Review*, vol. 114 (October 1861).

John Morley, "Macaulay," *Critical Miscellanies*, vol. 1, London: Macmillan and co. , 1886.

Margaret Oliphant, "Macaulay," *Blackwood's Magazine*, Vol. 80 (August 1856).

Margaret Oliphant, "Macaulay," *Blackwood's Magazine*, Vol. 80 (September 1856).

Margaret Oliphant, "Macaulay," *Blackwood's Magazine*, Vol. 80 (August 1856).

Herbert Paul, "Macaulay and his Critics," *Men and Letters*, London: John Lane, 1901.

John Paget, "Macaulay and Marlborough," *Blackwood's Magazine* 85 (June 1859).

John Paget, "Lord Macaulay and the Massacre of Glencoe," *Blackwood's Magazine* 85 (July 1859).

John Paget, "Macaulay and the Highlands of Scotland," *Blackwood's Magazine* 86 (August 1859).

John Paget, "Lord Macaulay and Dundee," *Blackwood's Magazine* 88 (August 1860).

Mark Phillips, "Macaulay, Scott, and the Literary Challenge to Historiography," *Journal of the History of Ideas*, Vol. 50, No. 1 (Jan/Mar. , 1989).

J. H. Plumb, "Thomas Babington Macaulay," *University of Toronto Quarterly*, Vol. 26 (1956).

G. J. V. Prasad, "A Minute Stretching into Centuries: Macaulay, English, and India," *Nineteenth-Century Prose*, Vol. 33. No. 2 (2006).

R. L. Schuyler, "Macaulay and his History-A Hundred Years," *Politi-*

cal Science Quarterly, Vol. 63, No. 2 (Jun 1948).

J. R. Seeley, "History and Politics: No. Ⅰ," *Macmillan's Magazine*; Vol. 40, 1879.

J. R. Seeley, "History and Politics: No. Ⅳ," *Macmillan's Magazine*, Vol. 41, 1879.

J. R. Seeley, "Lord Macaulay as an Historian," *North American Review*, Vol. 93 (October 1861).

W. A. Speck, "Thomas Babington Macaulay," in John Cannon ed. , *The Historian at Work*, London: George Allen & Unwin, 1980.

Leslie Stephen, "Macaulay," *Hours in a library*, third series, London: Smith, Elder, and Co. , 1879.

W. R. Thayer, "Macaulay Fifty Years After," *North American Review*, Vol. 190 (July/Dec 1909).

William Thomas, "Macaulay, Thomas Babington, Baron Macaulay (1800 – 1859)," *Oxford Dictionary of National Biography*, Oxford University Press, 2004; online edn, Jan 2008 [http://www. oxforddnb. com/view/article/17349].

四　英文博士论文

D. S. Brigman, "English History through the Historians' Eyes: Revisiting David Hume and Thomas Babington Macaulay," Ph. D. Dissertation, University of Central Missouri, 2012. (http://centralspace. ucmo. edu/ xmlui/ bitstream/handle/10768/151/DBrigman_HISTORY. pdf? sequenc).

T. P. Culviner, "The Style of Change: Historical Attitudes in the Prose of Scott, Carlyle, Macaulay and Thackeray," Ph. D. Dissertation, University of Wisconsin-Madison, 1984.

J. R. Griffin, "The Intellectual Milieu of Lord Macaulay," Ph. D. Dissertation, University of Ottawa, 1963.

D. A. Hughes, "Thomas Babington Macaulay: the Rhetorician, an Examination of his Structural Devices in the History of England," Ph. D. Dissertation, Cornell University, 1898.

五 中文译著

［英］伯克:《法国革命论》, 何兆武、许振洲、彭刚译, 商务印书馆1998年版。

［英］约翰·伯瑞:《进步的观念》, 范祥涛译, 上海三联书店2005年版。

［英］约翰·布罗:《历史的历史: 从远古到20世纪的历史书写》, 黄煜文译, 广西师范大学出版社2012年版。

［英］巴特菲尔德:《历史的辉格解释》, 刘北成译, 商务印书馆2012年版。

［美］波考克:《德行、商业和历史: 18世纪政治思想与历史论辑》, 冯克利译, 生活·读书·新知三联书店2012年版。

［英］边沁:《道德与立法原理导论》, 时殷弘译, 商务印书馆2000年版。

［英］乔治·古奇:《十九世纪历史学与历史学家》, 耿淡如译, 商务印书馆1997年版。

［美］海登·怀特:《元史学: 19世纪欧洲的历史想象》, 陈新译, 译林出版社2004年版。

［英］弗里德利希·冯·哈耶克:《自由秩序原理》, 邓正来译, 生活·读书·新知三联书店1997年版。

［德］哈贝马斯:《公共领域的结构转型》, 曹卫东译, 学林出版社1999年版。

［英］柯林武德:《历史的观念: 增补版》, 何兆武、张文杰、陈新译, 北京大学出版社2010年版。

［英］罗素:《论历史》, 何兆武等译, 广西师范大学出版社2001

年版。

　　［英］梅特兰：《英格兰宪政史》，李红海译，中国政法大学出版社 2010 年版。

　　［英］麦考莱：《英国史》，刘仲敬译，1—3 卷，吉林出版集团有限责任公司 2014—2016 年版。

　　［英］麦考莱：《英国史》，周旭等译，1—5 卷，时代华文出版集团 2013—2016 年版。

　　［美］珍妮弗·皮茨：《转向帝国：英法帝国自由主义的兴起》，金毅、许鸿艳译，江苏人民出版社 2012 年版。

　　［美］J. W. 汤普森：《历史著作史》，下卷，第三分册，孙秉莹、谢德风译，商务印书馆 1996 年版。

　　［苏］维诺格拉多夫：《近代现代英国史学概论》，何清新译，商务印书馆 1961 年版。

　　［美］格特鲁德·希梅尔法布：《新旧历史学》，余伟译，新星出版社 2007 年版。

　　［英］M. 阿莫诺，蔺志强：《英国中古政治史研究的学术系谱与模式转换——关于斯塔布斯、麦克法兰和新宪政史的对话》，《史学史研究》2013 年第 3 期。

　　［德］斯坦凡·贝格尔：《职业历史学家与大众历史学家，1800—1900—2000》，载陈恒、耿相新编《新史学：职业历史学家与大众历史学家》，第 11 辑，大象出版社 2013 年版。

六　中文著作

　　何平：《西方历史编撰学史》，商务印书馆 2010 年版。

　　何兆武主编：《历史理论与史学理论——近现代西方史学著作选》，商务印书馆 1999 年版。

　　钱乘旦、陈晓律：《在传统与变革之间：英国文化模式溯源》，江苏人民出版社 2010 年版。

钱乘旦、许洁明：《英国通史》，上海社会科学院出版社 2012 年版。

田汝康、金重远主编：《现代西方史学流派文选》，上海人民出版社 1982 年版。

王觉非主编：《近代英国史》，南京大学出版社 1997 年版。

王利红：《诗与真：近代欧洲浪漫主义史学思想研究》，上海三联书店 2009 年版。

易兰：《西方史学通史》第 5 卷近代时期下，复旦大学出版社 2011 年版。

阎照祥：《英国政治制度史》，人民出版社 2012 年版。

张本英：《自由帝国的建立——1815—1870 年英帝国研究》，安徽大学出版社 2009 年版。

张广智：《西方史学史》，复旦大学出版社 2000 年版。

七　中文论文

陈明鉴：《马考莱的史学观点》，《世界历史》1981 年第 4 期。

赖元晋：《19 世纪西方浪漫主义史学的性质和地位》，《武汉大学学报》（社会科学版）1986 年第 2 期。

刘志来、周巩固：《论麦考莱的浪漫主义史学思想》，《史学史研究》2015 年第 1 期。

刘志来：《麦考莱的历史撰述与英国国家认同的建构》，《湖北第二师范学院学报》2015 年第 11 期。

刘志来：《论 19 世纪末 20 世纪初英国的通俗史学与科学史学之争——以麦考莱为中心的讨论》，《重庆交通大学学报》（社会科学版）2016 年第 3 期。

刘志来：《19 世纪西方史家建构国家认同的修辞策略——以兰克、米什莱和麦考莱为例》，《历史教学问题》2018 第 6 期。

谭英华：《试论马考莱的史学》，《世界历史》1983 年第 1 期。

王云龙：《诺曼征服与英格兰民族认同——基于历史文献学的阐

析》，《古代文明》2011 年第 4 期。

阎照祥：《英国辉格史学派先驱者论略》，《河南大学学报》（社会科学版）2007 年第 6 期。

李铭宇：《米什莱、卡莱尔浪漫主义史学思想研究》，硕士学位论文，陕西师范大学，2012 年。

宋新影：《重评托马斯·卡莱尔的历史思想》，硕士学位论文，山东大学，2005 年。

肖英芳：《论 19 世纪英国辉格派史学》，硕士学位论文，山东大学，2008 年。

朱联璧：《英国的公众史学》，《历史教学问题》2014 年第 2 期。

张大川：《约翰·理查德·格林〈英国人民简史〉史学思想研究》，博士学位论文，南开大学，2010 年。

附录一 麦考莱年表

1800 年 10 月 25 日	出生于英国莱彻斯特郡洛特莱坦普尔（Roth-ley Temple）
1802 年—1812 年	在伦敦克拉彭区生活
1813 年—1818 年 8 月	就读于剑桥附近的小谢尔福德的 Rev. Matthew Preston 中学
1818 年 10 月	全家搬到伦敦的克洛根普莱斯（Cadogan Place）
1818 年 10 月—1822 年 1 月	在剑桥大学三一学院求学
1823 年 6 月	第一次给《骑士季刊》投稿
1824 年 10 月	当选剑桥大学三一学院的研究员
1825 年 1 月	第一篇文章在《爱丁堡评论》发表
1830 年 2 月	当选代表卡恩（Calne）市的下院议员
1831 年 3 月 2 日	第一次发表关于改革法案的演讲
1832 年 12 月	当选代表利兹市（Leeds）的下院议员
1833 年 12 月	被任命为印度最高委员会的立法委员
1834 年 2 月	启程前往印度
1834 年 12 月	被任命为印度教育委员会主席
1835 年 2 月	《印度教育备忘录》出台
1835 年 5 月 25 日	被任命为印度法律委员会主席
1837 年 5 月	完成《印度刑法典》草案

1838 年 6 月	从印度回到英国
1838 年 9 月—12 月	在意大利旅行
1839 年 6 月 4 日	当选爱丁堡市议员
1839 年 10 月—1841 年	进入墨尔本内阁,担任国防大臣
1841 年	开始集中精力写作《英国史》
1842 年	《古罗马之歌》出版
1843 年	《爱丁堡评论》等期刊上的论文汇集成《评论和史论集》出版
1848 年 12 月 2 日	《英国史》第一、二卷问世
1849 年 2 月	开始《英国史》第二部分的写作
1849 年 8 月—9 月	游历爱尔兰
1850 年 6 月—7 月	游历苏格兰
1852 年 1 月	短暂出任内阁大臣
1853 年	开始写作《英国史》第四卷
1855 年 12 月	《英国史》第三卷、四卷出版
1856 年 1 月	从议会退休
1856 年 10 月	开始《英国史》第五卷的写作
1857 年	受封男爵
1859 年 12 月 28 日	去世
1861 年 4 月	《英国史》第五卷出版

附录二 麦考莱评论和史论作品目录

1. Fragments of a roman tale（Knight's Quarterly Magazine，June 1823.）

2. On the royal society of literature（Knight's Quarterly Magazine，June 1823）

3. Scenes from "Athenian revels."（Knight's Quarterly Magazine，January 1824）

4. Criticisms on the principal Italian writers（Knight's Quarterly Magazine. January 1824）

5. Some account of the great lawsuit between the parishes of St. dennis and St. george in the water（*Knight's Quarterly Magazine*，April 1824）

6. A conversation between Mr. Abraham Cowley And Mr. John Milton，touching the Great Civil War. Set down by A Gentleman of the Middle Temple（Knight's Quarterly Magazine，August 1824）

7. On the athenian orators（Knight's Quarterly Magazine，August 1824）

8. A prophetic account of a grand national epic poem，to be entitled "the wellingtoniad," And to be published a. d. 2824（Knight's Quarterly Magazine，November 1824）

9. On mitford's history of greece（Knight's Quarterly Magazine，November 1824）

10. Milton（The Edinburgh Review，August 1825）

11. Machiavelli（The Edinburgh Review，March 1827）

12. John Dryden（Edinburgh Review, January 1828）

13. History（Edinburgh Review, May 1828）

14. Hallam（Edinburgh Review, September 1828）

15. Mill on government（Edinburgh Review, March 1829）

16. Westminster Review's Deffence of Mill（Edinburgh Review, June 1829.）

17. Utilitarian theory of Government（Edinburgh, Review, October 1829）

18. Southey's colloquies（Edinburgh Review, January 1830）

19. Mr. Robert Montgomery（Edinburgh Review, April 1830）

20. Sadler's law of population（Edinburgh Review, July 1830）

21. John Bunyan.（Edinburgh Review, December 1830）

22. Sadler's refutation refuted.（Edinburg Review, January 1831）

23. Civil disabilities of The Jews（Edinburgh Review, January 1831）

24. Moore'S Life of Lord Byron（Edinburgh Review, June 1831）

25. Samuel Johnson（Edinburgh Review, September 1831）

26. John Hampden（Edinburgh Review, December 1831）

27. Burleigh and his times（Edinburgh Review, April 1832）

28. Mirabeau（Edinburgh Review, July 1832）

29. War of the succession in Spain（Edinburgh Review, January 1833）

30. Horace Walpole（Edinburgh Review, October 1833）

31. William Pitt, Earl of Chatham（Edinburgh Review, January 1834）

32. Sir James Mackintosh（Edinburgh Review, July 1835）

33. Lord Bacon（Edinburgh Review, July 1837）

34. Sir William Temple（Edinburgh Review, October 1838）

35. Gladstone on Church and State（Edinburgh Review, April 1839）

36. Lord Clive（Edinburgh Review, January 1840）

37. Von Ranke（Edinburgh Review, October 1840）

38. Leigh Hunt（Edinburgh Review, January 1841）

39. Lord Holland (Edinburgh Review, July 1841)

40. Warren Hastings (Edinburgh Review, October 1841)

41. Frederic The Great (Edinburgh Review, April 1842)

42. Madame D' Arblay (Edinburgh Review, January 1843)

43. The life and writings of Addison (Edinburgh Review, July 1843)

44. Barère (Edinburgh Review, April 1844)

45. The Earl of Chatham (Edinburgh Review, October 1844)

46. Francis Atterbury (Encyclopodia Britannica, December 1853)

47. John Bunyan (Encyclopaedia Britannica, May 1854)

48. Oliver Goldsmith (Encyclopaedia Britannica, February 1856)

49. Samuel Johnson (Encyclopodia Britannica, December 1856)

50. William Pitt (Encyclopædia Britannica, January 1859)

后　记

　　这本著作是我在东北师范大学十余载学习生涯的总结。回想 2004 年我考入东北师范大学历史系时还是青涩少年，如今已过而立之年。学生时代的往事依然历历在目。初进大学时，我自由自在地阅读和学习，师大历史系的诸位老师都是各自研究领域的专家学者，他们以渊博的学识、生动的授课以及崇高的人格魅力引领我们进入历史研究的大门。我现在还记得詹子庆先生七十多岁高龄坚持站着为我们讲课，周巩固老师纵论古今的西方思想史课堂总是充满欢声笑语。未曾想到的是，本科毕业后我竟有幸拜在周老师的门下继续读研，走上了西方史学的研究道路，并于 2015 年获历史学博士学位。承蒙我的导师周巩固教授的指导和推荐，我的博士论文获得 2016 年吉林省优秀博士学位论文的称号。虽然获此荣誉，但我深知自己的研究成果还有不少提升改进的空间。

　　都说好的选题意味着成功了一半。我的博士论文选题经历了一番艰难和漫长的探索。我的导师没有给我划定具体的研究范围，而是建议我从文献阅读中自己发现问题，研究一些宏观而有普遍价值的课题。刚开始，我打算研究的对象是英国牛津、剑桥学派的史家，后来我从这一学派延伸出去，梳理了涵盖牛津、剑桥历史学派的辉格史学的发展脉络，最终决定将辉格史学的集大成者——历史学家麦考莱作为自己博士论文的研究方向。为了给辉格史学作出科学准确的界定，我查阅大量国外文献。在这一过程中，我一度将注意力转向战后英国著名历史学家巴特菲尔德，四处收集他本人的著作和相关的研究文献。经过初步的研究，我发现已有的研究成果非常深入，便放弃了研究巴特菲尔德的想法，开始集中精力研究麦考莱。为此，我从国家图书馆、北京大学等高校图书馆和网上收集了麦考莱几乎所有的原始著作和一些研究麦考莱史学思想的重要文献。选题获得通过后，我完全沉浸于阅读有关麦考莱的各种文献之中。麦考莱的著作非常丰富，一手文献的阅读量已经相当庞大。在我写作博士论文期间，麦考莱的《英国史》前两卷的中译本陆续问世，这为论文的写作提供了一些便利，但我还是坚持阅读英文原著，从原文译出相关的引文。由于时间紧迫，我最后提交的博士论文还是有许多不尽如人意之处，在章节结构、内容深度和语言准确性等方面还有待完善。

2015年7月来到湖北第二师范学院工作后，我继续沿着博士论文涉及的问题扩展研究，写了两篇有关国家认同的建构方式和策略的论文，还写了一篇讨论19世纪科学史学与通俗史学争论的文章。这些文章不少源于我对博士论文一些章节的修改。在得到学校的出版资助后，我开始利用寒暑假的时间修改博士论文以准备出版。这次修改主要有下面几点内容。首先是论文框架的修改和完善。对论文的章节结构作了调整和改动。论文的各章是按照历史观和史学观这两个方面展开论述的。按照国内学术界的看法，历史观主要是历史本体论层面上对历史的性质、特征、规律等方面的认识。史学观则是在历史认识论层面上的研究。对于本书而言，麦考莱的历史观主要表现为崇尚宪政传统和自由的辉格历史观，辉格历史观实际上是关于英国议会政治及法律制度发展特点的认识。麦考莱的史学观主要涉及他的辉格式历史解释、浪漫主义史学观念和通俗史学的实践。其次，增加了一些新的内容。在阐释辉格史学观的特征时，加入了目的论叙事的内容。通过阅读相关文献，我对光荣革命期间社会经济与政治的关系的认识比原来深入，所以有关麦考莱的社会经济史研究这一章的内容作了大幅的改写。我也注意吸收国内学术界对麦考莱所制定的印度刑法草案的研究成果。有关19世纪学术界围绕麦考莱通俗史学的争论的章节也作了修改。最后，添加了麦考莱的年表和史论类文章的附录，以方便研究者查找。

本书的完成不仅是个人努力的结果，也包含了我在师大求学期间诸位老师的教诲。我要特别感谢我的导师周巩固教授，周老师十分关心我的学习和生活，他不仅耐心解答我在论文写作中的各种疑问，为我提供安静舒适的研究条件，还划出一部分个人研究经费添补我论文答辩的费用。来二师工作后，虽然与恩师相隔千里，但他对我的成长多有提携。此外，参加我的博士论文的开题、答辩会上的诸位老师——答辩委员会主席河南大学阎照祥教授，吉林大学陈景彦教授，东北师范大学的赵轶峰教授、王晋新教授、王云龙教授、王邵励教授和谢进东老师都对我的论文提出了宝贵的修改意见，他们的真知灼见保证了本书的严谨和学术性。在此，我对他们致以深深的谢意。

在本书出版的过程中，我所在单位的学校学科办肖明主任，马克思主义学院黄红发院长、尹德蓉书记大力支持青年老师的学术发展和学术著作出版，积极为我争取经费支持。中国社会科学出版社的宋燕鹏主任、冯正好编辑对我的书稿提出了许多切实的修改意见，对他们的辛苦付出我也一并表示感谢。

最后，我还要感谢我的母亲和姐姐。在我读博期间，母亲一度重病住院，在她病后恢复期间，我的姐姐承担起照顾母亲的重任，感谢姐姐的付出让我能够安心完成学业。我的母亲在生病之后非常坚强地应对病情的折磨，她的坚毅给了我强大的精神动力，激励我克服任何困难，奋勇向前。

这本书只是我学术研究的起点，希望今后在西方史学史研究领域有更多更深入的探索。

刘志来

2019 年 6 月于二师教师公寓